Franz-Theo Gottwald, Peter-Cornelius Mayer-Tasch,
Linda Sauer (Hg.)

Zeitenwende?

Zur Dialektik von sozialer und ökologischer Gerechtigkeit

Franz-Theo Gottwald,
Peter-Cornelius Mayer-Tasch, Linda Sauer (Hg.)

Zeitenwende?

Zur Dialektik von
sozialer und ökologischer Gerechtigkeit

Metropolis-Verlag
Marburg 2020

Gefördert durch die Schweisfurth Stiftung

Bibliografische Information Der Deutschen Nationalbibliothek
Die Deutsche Nationalbibliothek verzeichnet diese Publikation in der
Deutschen Nationalbibliografie; detaillierte bibliografische Daten sind
im Internet über <https://portal.dnb.de> abrufbar.

Metropolis-Verlag für Ökonomie, Gesellschaft und Politik GmbH
https://www.metropolis-verlag.de
Copyright: Metropolis-Verlag, Marburg 2020
Alle Rechte vorbehalten
ISBN 978-3-7316-1445-6

Vorwort

Am 16. Und 17. März 2018 führte die Schweisfurth Stiftung ein Symposium durch, das unter dem Leitthema des vorliegenden Buches stand. Anlass war der 80. Geburtstag von Prof. Dr. Peter Cornelius Mayer-Tasch, einem langjährigen Wegbegleiter der Stiftung. Schon in den späten 80er Jahren des vergangenen Jahrhunderts war sein wissenschaftlicher Ansatz der Politischen Ökologie für die Stiftung wegweisend. Er hat diesen mit vielen Schriften belegten Forschungsansatz, bei dem es um die politischen Bedingungen und Gestaltungen des menschlichen Umgangs mit Natur geht, inspiriert und immer wieder neu impulsiert. Durch seine sachkundige und weitsichtige Begleitung konnte die Schweisfurth Stiftung ihre Wissenschafts- und Forschungsförderung genauso wie ihre zahlreichen Bildungsmaßnahmen, Wettbewerbe und Publikationen immer wieder neu in politisch wirksame Denkzusammenhänge stellen, die es vermochten, den zunehmend virulenter werdenden ökologischen Krisen zeitgemäße Lösungsansätze entgegenzusetzen.

Aus der Zusammenarbeit erwuchsen auch mehrere Projekte der Forschungsstelle für Politische Ökologie am Geschwister Scholl Institut der Ludwig-Maximilians-Universität in München, mit Publikationen, die alle um drei Kernideen kreisen:

(1.) die politischen und sozialen Lebensbedingungen befinden und entwickeln sich in vielfältigen Rückkoppelungen mit der natürlichen Mitwelt;

(2.) diese sind Grundlage eines Beziehungsraums, der nicht von Politiken zur einseitig technologischen Naturbeherrschung dominiert werden sollte, sondern vielmehr als gegenseitiges Teilhabeverhältnis zu gestalten ist;

(3.) daraus folgt ein konkretes politisches Handeln vor Ort – in lokalen, regionalen Partizipationsprozessen zur Identifikation und Durchsetzung von standortangepassten Lösungen.

Auch die hier vorgelegten Texte knüpfen an diese Grundlagen politischökologischen Denkens an. Sie stellen Analysen und Überlegungen zur Diskussion, die beim Symposium von einigen der Autoren vorgetragen und mit ihnen debattiert wurden. Die Veröffentlichung versammelt aber auch Beiträge von jüngeren KollegInnen, die mit ganz eigenen, stets politisch kritischen Denkfiguren, den derzeit herrschenden Zeitgeist auf den Begriff bringen. Damit spiegelt sie die aktuelle Breite möglicher Perspektiven der Politischen Ökologie wider.

Allen Beiträgen gemeinsam ist die Wahrnehmung der gesellschaftlichen Umbrüche, die sich derzeit anbahnen oder ihren Lauf nehmen. Das Ringen um Klimaschutz, Biodiversitätserhalt, Postwachstum, Digitalisierung wird von neuen Strategien der Gesunderhaltung begleitet, die ebenfalls weltumgreifend sein sollen. Und das in einer Zeit, wo die sogenannte Weltinnenpolitik immer weniger schlagkräftige internationale Institutionen zur Durchsetzung möglicherweise hilfreicher Politiken hat und aller Orten sich verstärkt Nationalismen breitmachen.

Der Umbruch, der sich auf sozialer wie ökologischer Ebene abzeichnet, bedarf einer neuen Sichtweise auf die sozioökologischen Zusammenhänge der Welt und fordert breite Kreise der Bevölkerung heraus: zum Aufbruch ins Handeln, zum Beenden von sozialer Lethargie und ökologischer Gleichgültigkeit. Der Druck der Verhältnisse ist gewaltig: Klimawandel und Erderwärmung, globale Umweltstreiks und internationale Klimaproteste, Luftverschmutzung und Energieknappheit, weltweite Pandemien und der Kampf gegen sie, Hungersnöte und Armut auf der einen Seite, Konsumzwang und Verschwendung auf der anderen Seite, sozialer Mangel gegenüber materiellem Überfluss, ökologische Notstände gegenüber dem Wissen, dass die Natur ihren Tribut für jahrelanges Wegsehen und folgenschwere Ausbeutung fordert. Und dazu die zunehmende Unsicherheit, was denn nun Fakt und was Fiktion ist.

Die sich abzeichnende Zeitenwende macht eines überdeutlich: Die Welt, wie wir sie kannten, wird nicht mehr lange existieren, wenn wir so weitermachen wie bisher. Die sozialen und ökologischen Probleme, denen die Menschheit im 21. Jahrhundert klug begegnen muss, sind in ihrer Brisanz und Komplexität einzigartig. Eine Wiederentdeckung des dialektischen Denkens könnte möglicherweise hilfreich sein, um dieser Dringlichkeit und dem hohen Schwierigkeitsgrad der verschränkten Problemlagen angemessen entgegenzutreten.

In diesem Sinne unternehmen es die im vorliegenden Band versammelten Beiträge, genau hinzusehen. Die AutorInnen verbindet das Bewusstsein, dass jeder einzelne Mensch genauso wie die Menschheit als Ganze eine entscheidende Rolle in dieser Wendezeit spielt. Sie plädieren für eine neue Entschlossenheit, den Wandel gemeinsam zu bewältigen und so zu gestalten, dass auch künftige Generationen noch eine lebenswerte Zukunft haben.

Dabei werden die Texte geeint in dem jeweilig eigenständigen Herangehen an die beiden großen Themen der Zukunft, die Frage nach der sozialen und der ökologischen Gerechtigkeit und dem Erforschen, was beide Gesichter der Gerechtigkeit miteinander vereint. Der vorliegende Band widmet sich dieser Vereinigung auf ebenso vielfältige wie ganzheitliche Weise. Er blickt auf den Zusammenhang zwischen Ökologie und Sozialem und zeigt ihn aus den verschiedenen Blickwinkeln: aus dem der Philosophie, der Politischen Theorie, der Politikwissenschaft, der Ökonomie, der Kommunikationsforschung und aus der zivilgesellschaftlichen Sicht der Bürgerbewegungen, unter denen sich vor allem die junge Generation heute vereinigt und sich für Klimagerechtigkeit im sozialen Miteinander engagiert. Der Band soll ein Bewusstsein für die Komplexität dieser Phänomene schaffen und Mut machen, die Zeitenwende gemeinsam dialektisch anzugehen.

Die Schweisfurth Stiftung dankt allen Autor*innen und den Herausgebern für ihr Engagement. Sie wünscht dem Band eine breite Rezeption.

Für die Schweisfurth Stiftung
Prof. Dr. Franz-Theo Gottwald

Inhaltsverzeichnis

Peter Cornelius Mayer-Tasch
Sozial, ökologisch – und auch noch gerecht?
Ein (sehr persönlicher) Rück-, Rund- und Ausblick 11

Manuel Knoll
Das Gerechte in der Philosophie und die Dialektik von sozialer
und ökologischer Gerechtigkeit 21

Harald Seubert
Oikos und Polis – Zur sozioökologischen Gerechtigkeit aus
ganzheitlicher Perspektive 33

Ulrich Weiß
Billigkeit und Tyrannei der Werte:
Zwei dialektische Grenzbereiche von Gerechtigkeit 49

Franz Kohout
Können wir Ökologie und Soziales versöhnen?
Politikwissenschaftliche Überlegungen im Zeichen des
Klimawandels 59

Maria-Elisabeth Stalinski und Nicki K. Weber
Die soziale Bedingtheit des Ökologischen:
Vom Ausschluss im Kulturprozess 69

Monika Csigó
Institutioneller Wandel in Zeiten der ökologischen Krise.
Eine ganzheitliche Perspektive 99

Kurt-Peter Merk
Sozialstaat versus Umweltstaat?! 117

Franz-Theo Gottwald
Zur Dialektik ökologischer und sozialer Gerechtigkeit.
Ein Versuch am Beispiel der Landwirtschaft 127

Winfried Schulz
Wie es das Klima schließlich auf die politische Agenda schaffte.
Der Greta-Effekt und weitere Erklärungen 149

Severin Böhmer
Zum Potenzial junger sozioökologischer Bewegungen 165

Linus Pohl und Joana Bayraktar
Kooperation statt Konkurrenz:
Die Grünen und Fridays for Future 179

Manfred O. Hinz
Entwicklungsziel „Nachhaltigkeit"! Und Afrika? 199

Linda Sauer
Die soziökologischen Bedingungen unserer Zeit und
wie wir sie gestalten können. Ein Nachwort 209

Über die Autorinnen und Autoren 233

Sozial, ökologisch –
und auch noch gerecht?

Ein (sehr persönlicher) Rück-, Rund- und Ausblick

Peter Cornelius Mayer-Tasch

Gerechtigkeit – welch ein großes Wort! Neben der Liebe ist es das wohl bedeutsamste Thema des menschlichen Zusammenlebens. Ein Thema freilich auch von hoher Komplexität, dessen Infragestellung keine einfachen Antworten zulässt. Nicht von ungefähr wird das Thema Gerechtigkeit von Platon in der *Politeia* im Gespräch zwischen Sokrates und Adeimantos im Blick auf die Vielfalt und Komplementarität der menschlichen Veranlagungen, Neigungen und Fähigkeiten erörtert. Nicht von ungefähr wird die Gerechtigkeit von dem großen Platonschüler Aristoteles neben der Tugendhaftigkeit in den Mittelpunkt seiner *Nikomachischen Ethik* gestellt. Und nicht von ungefähr durchzieht dieses normative Motiv der Gerechtigkeit die gesamte Geschichte der Sozial-, Rechts- und Politikphilosophie von den ersten dokumentierbaren Anfängen bis in unsere Tage. Kein Wunder deshalb auch, dass es bis in die demokratischen Wahlkämpfe auch unserer Gesellschaft eine bedeutsame Rolle spielt, wie nicht zuletzt im Vorfeld der Bundestagswahlen des Jahres 2017 überdeutlich wurde. Eindrucksvoll gezeigt hat dieser Wahlkampf aber auch, dass sich der Begriff der Gerechtigkeit (wenn überhaupt) nur sehr bedingt als politischer Kampfbegriff eignet, weil der Gerechtigkeit als normativem Postulat eine allzu hohe Komplexität eignet.

Lassen Sie mich, den nun tatsächlich Achtzigjährigen, auf ein sich allmählich vollendendes Menschenleben Zurückblickenden, dies zum Auftakt unseres Symposiums am Beispiel einiger persönlicher Erinnerungsbilder illustrieren:

Geboren wurde ich an demselben Tag des Jahres 1938, an dem die Nazistiefel in Österreich einmarschierten, um dort ihr gerechtigkeitsvergessenes und friedloses Treiben fortzusetzen. Als Dreijähriger, gerade zu einigem Bewusstsein Erwachender, musste ich dann mitansehen wie Männer in schwarzen Ledermänteln und hochgeschlagenen Krägen meinen in seiner Wirtschafts-Kanzlei bis zuletzt jüdische Klienten betreuenden „arischen" Vater als sog. Judenknecht verhafteten und mit ihm auch gleich noch unseren noblen Achtzylinder mitnahmen, was mich (der ich gerade einen Möbelwagen aus Papier bastelte) zugegebenermaßen fast genauso bekümmerte wie die Verschleppung meines Vaters. Wiederum drei Jahre später sah ich dann, an der Hand meiner Mutter vor unserem hoch über Stuttgart in einen Weinberg getriebenen Bunker stehend, was nach der biblischen Geschichte Lots Weib sah – wie Feuer und Schwefel aus einer alliierten Bomberflotte auf meine Geburtsstadt niederregnete und sie in eine Flammen- und Trümmerhölle verwandelte. Danach durfte ich (eines der stärksten Schlüsselerlebnisse meines Lebens) in unserem *Dei gratia* gewährten Bombenasyl überleben – einem Bauerndorf von althergebrachter Sozialprägung und Bewirtschaftungsstruktur. Nach den Hungermonaten des Jahres 1946 und der völlig unerwarteten Rückkehr meines Vaters erlebte ich dessen für damalige Verhältnisse spektakulären sozialen Wiederaufstieg, den er neben seiner Charakterstärke nicht zuletzt der Dankbarkeit zweier jüdischer Industrieller zu verdanken hatte, deren Familien er zur Flucht über die Schweiz nach England und in die U.S.A. verholfen hatte. Die Wahrnehmung der Ambivalenz dieses Wiederaufstiegs konzentriert sich für mich in zwei Erinnerungsbildern, die geradewegs ins Zentrum der Thematik unseres Symposiums führen. Der Fluss nach der – nun wieder entarisierten – großen Papierfabrik, die meinem Vater neben einer Lederfabrik zunächst als Generaldirektor (wie es damals hieß), später als geschäftsführendem Gesellschafter anvertraut wurde, war – gelb. Nie werde ich die gelben Chemikalienströme vergessen, die aus dicken Rohren in den Zellulosebrei schossen, der in den riesigen „Holländern" zur Papierproduktion in den nicht minder riesigen Papiermaschinen aufbereitet wurde. Nie werde ich aber auch das Bild von Arbeitern vergessen, die nicht etwa dem Schah von Persien, sondern meinem Vater (einem persönlich äußerst bescheidenen ehemaligen Zisterzienser-Zögling, dem jegliches Großmannsgehabe zuwider war) die Hände küssten. Erst nach meinem späten, dann aber umso heftigeren Erwachen zu soziökologischem Bewusstsein Mitte der 60er Jahre wurde mir wirklich klar, warum der Fluss damals gelb war und dass mein Vater nicht zuletzt dieser Farbe des Flusses die (von ihm stets abgewehrten) Handküsse zu „verdanken" hatte – und ich meine *jeunesse dorée*. Einschneidende persönliche Begegnungen mit den zivilisatorischen Kollateralschäden des in den euphorischen Anfängen von des ökologischen Gedankens Blässe noch kaum angekränkelten deutschen Wirtschaftswunders führten dann dazu, dass ich mich schon vergleichsweise früh – auch als ein apokrypher Versuch der Wiedergutmachung vielleicht – in vielfältiger Form an den zunächst sehr zögerlichen Bemühungen um eine umweltpolitische Kurskorrektur beteiligte. Als frischgebackener Privatdozent für Öffentliches Recht, Rechtsphilosophie und Politikwissenschaft bot ich im Sommersemester 1971 an der rechts- und wirtschaftswissenschaftlichen Fakultät der Universität Mainz eine Lehrveranstaltung über Umweltrecht und Umweltpolitik an – nach Ermittlungen des Oldenburger Historikers Eberhardt Schmidt angeblich die erste dieser Art, die an einer deutschen Universität angeboten wurde. Und in den Jahren danach rückte das, was Manfred Hinz, Charles Doran und ich in unserem 1974 erschienenen ersten Buch zur Thematik „Politische Ökologie" nannten, neben der Politischen Philosophie in den Mittelpunkt meines rechts- und politikwissenschaftlichen Engagements innerhalb und außerhalb des universitären Arbeitsbereichs. Neben und im Verein mit zunächst noch wenigen – nicht selten angefeindeten – Kollegen, Publizisten, Journalisten, Verlagslektoren, Studienleitern von Akademien, Unternehmern und Mäzenen,[1] vor allem aber auch unter wissenschaftlicher Begleitung von Umweltverbänden, Bürgerinitiativen und Gemeinden (für die Stadt Schweinfurt zum Beispiel erstatteten Manfred Hinz und ich ein Rechtsgutachten im Kampf gegen Grafenrheinfeld) wurde aus dem *on the sunny side of life* aufgewachsenen jungen Professor (nach München wurde ich mit 33 Jahren berufen) ein hochaktives Glied jener durchweg für sozioökologische Belange eintretenden „Bürgerinitiativbewegung", deren Strukturen ich dann auch in einem

---

[1] Ich denke außer an die bereits Genannten u.a. an Udo Simonis, Martin Jänicke, Hartmut Bossel, Eckart Rehbinder, Günter Altner, Rolf-Peter Sieferle, Klaus-Michael Meyer-Abich, Burkhard Strümpel, Lutz v. Rosenstiel, Rudolf zur Lippe, Alfred Barthelmeß, Peter Schütt, Alexander Roßnagel, Martin Pfeiffer, Kurt Vester, Carl Amery, Hubert Weinzierl, Rudolf Brun, Christian Schütze, Horst Stern, Franz Alt, Klaus-Werner Kiefer, Lennart Graf Bernadotte, Beat Sitter, Hans-Christoph Binswanger, Hans-Joachim Ziersch, Ulrich Beck und – last, not least – in den 80er Jahren Carl-Ludwig Schweisfurth und Franz-Theo Gottwald.

gleichnamigen Buch analysierte, das seinen Erfolg dem allmählichen Erwachen eines kritischen Segmentes der sich mit Riesenschritten zur Wegwerf- und Risikogesellschaft entwickelnden Nachkriegsgeneration zu verdanken hatte. Während sich die Bürgerinitiativbewegung allmählich zur immer weitere Kreise ziehenden Ökologie- und Alternativbewegung entwickelte, kümmerte sich die offizielle Politik noch lange primär um die Beschleunigung des Wirtschaftswachstums, die Schaffung materiellen Wohlstands und den – politische Stabilität sichernden – Abbau sozialer Disparitäten. Während unter der Ägide der Regierung Brandt dann aber doch auch ökologische Impulse aus der Zivilgesellschaft aufgegriffen wurden und die Bemühungen des damaligen Innenministers Genscher Ansätze zu einer progressiven Umweltschutz-Gesetzgebung erkennen ließen, wurden diese Ansätze von der wirtschaftszentrierten Regierung Helmut Schmidts in ähnlich abrupter Weise abgewürgt oder aber doch (wie u.a. das Abwasserabgabegesetz) bis zur Unkenntlichkeit verwässert, wie dies später die Präsidenten Reagan und Trump in den U.S.A. mit dortigen Ansätzen zu einer effizienten Umweltpolitik unternahmen. Dort, wo etwas geschah, geriet es in Deutschland vielfach zu jener „Politik des peripheren Eingriffs", die wir in dem schon genannten Buch kritisiert hatten. Statt die Einleitung von Abwässern durch die Erhebung hoher Abwassergebühren zu drosseln oder gänzlich zu unterbinden, wurden Badeverbote erlassen oder ähnlich hilflose Alibiaktionen unternommen. Dass sich der „grüne Protest" angesichts solcher Tendenzen in immer stärkerem Maße auf die Straße verlagerte und im Zeichen des Widerstands gegen hochriskante und die Grenzwerte selten einhaltende Atomkraftwerke in Wyhl, Brokdorf, Malville und später auch Wackersdorf geradezu bürgerkriegsähnliche Formen annahm, ist jedenfalls kaum verwunderlich. Eskalationen solcher Art führten gegen Ende der 70er und zu Beginn der 80er Jahre nicht nur zu erheblichen innenpolitischen Turbulenzen, sondern auch zur Vermehrung, Neuformierung und Aktivierung von Umweltverbänden. In Bayern sollte fortan der Bund Naturschutz in Bayern, auf Bundesebene der BUND und das 1977 begründete Freiburger Öko-Institut (zu dessen ersten Mitgliedern ich gehörte) eine bedeutende umweltpolitische Rolle spielen. Die Kirchen öffneten sich mit unterschiedlicher Schrittgeschwindigkeit der Thematik. Während die Evangelische Kirche sehr rasch reagierte, gelang dies der katholischen erst nach langem qualvollem Zögern. Ich konnte dies auch persönlich erfahren. An Evangelischen Akademien in ganz Deutschland wurde ich circa fünfzig Mal zu Vorträgen über Umweltthemen eingeladen, an Katholischen kein einziges Mal, was mich als Katholiken besonders befremdete. Unter Aufnahme dieser zivilgesellschaftlichen Impulse formierten sich nun neue themenzentrierte Parteien wie die Grünen und die ÖDP. Und auch die regierenden etablierten Parteien sahen sich in einem Land, dessen ökologische Standards gegen Ende der 70er Jahre in etwa denen der ehemaligen DDR zu Zeiten der Wende entsprachen, zur Abfederung des ökologischen Protestes gezwungen, Natur- und Umweltschutzministerien im Bund und in den Ländern zu begründen. Ökologische Zielsetzungen erfuhren nun auch in der offiziellen Politik eine beachtliche Karriere und wurden ebenso auf internationaler Ebene in wachsendem Maße nicht nur gesellschafts-, sondern auch politikfähig. Der mit der Gründung des Club of Rome im Jahre 1968 und der ersten internationalen Umweltkonferenz in Stockholm im Jahre 1972 angeschlagene Akkord sollte trotz zahlreicher Unterbrechungen und Misstöne nicht mehr gänzlich zum Verstummen kommen. Bei dieser Entwicklung darf allerdings nicht vergessen werden, dass es bei der Berücksichtigung sozioökologischer Zielsetzungen wie Immissionsschutz, Gewässerreinhaltung, Naturschutz, Landschaftsschutz etc. damals wie heute stets um einen Balanceakt ging. Einerseits galt es, die kurz- wie langfristigen Gesundheitsinteressen der Bürger zu schützen, andererseits aber auch die materiellen Grundlagen ihrer Existenz. „Als Staatsmann ist nur geeignet, wer sich auf die Sache des Weizens versteht", soll schon Sokrates gesagt haben. Keine erfolgreiche Politik kann es sich leisten, nicht um „die Sache des Weizens", d.h. also um ein akzeptanzsicherndes Maß an Versorgungssicherheit für die ihr Anvertrauten, besorgt zu sein. Gelingt es ihr, das Versorgungs- und Wohlstandsniveau zu sichern, oder gar zu erhöhen, kommt sie auch in die vom eigenen Machterhaltungsinteresse diktierte Lage, über das unmittelbare Gesundheits- und Wohlfühlniveau der Bürger hinausgehende Zielsetzungen anzustreben und durchzusetzen.

Während dieser Balanceakt in der – mit kleineren Unterbrechungen über die Jahre hin wirtschaftlich prosperierenden – Bundesrepublik Deutschland recht gut gelang und der Staat sogar den Abbau des sozialen Gefälles zwischen West- und Ostdeutschland nach der Wiedervereinigung im Jahre 1989/90 zu schultern vermochte, gelang dies in manchen anderen europäischen Ländern in weit geringerem Maße, was denn auch zu den in den letzten Jahren immer deutlicher zutage tretenden Spannungen innerhalb der Europäischen Union führte. Im Hinblick auf diese Spannungen konnten jedoch die von Deutschland und einigen anderen „Nettozahlern" erwirtschafteten Überschüsse wesentlich dazu beitragen, deren politische Virulenz in Grenzen zu halten. Was freilich nicht gelang (und wohl auch kaum gelingen konnte), war, diesen potenziellen Friedenspfad eines sozioökologischen Ausgleichs zwischen den europäischen Industrienationen und der in beängstigendem Maße wachsenden Bevölkerung Afrikas mit der dringend erforderlichen Konsequenz und Stringenz zu beschreiten. Dies freilich liegt nicht nur an den Vorgaben und Modalitäten der vom Westen dominierten Welthandelspolitik und den Unbedachtheiten und Halbherzigkeiten der westlichen Entwicklungspolitik, sondern nicht zuletzt auch an den Struktur- und Funktionsschwächen der vielfach korrupten Eliten der Entwicklungsländer. Wie sehr diese Unfähigkeit, in gemeinsamen nationalen und internationalen Anstrengungen einen gerechten sozialen Ausgleich auch innerhalb dieser Länder herbeizuführen und dabei zugleich auch deren (und indirekt auch unsere) ökologischen Existenzgrundlagen zu sichern und zu schonen, das innere Gleichgewicht der Industrieländer des Westens zu gefährden droht, zeigen die Implikationen und Konsequenzen der im Gange befindlichen Migrationsbewegungen aufs deutlichste. Dies gilt für Europa und neuerdings auch die U.S.A. im Allgemeinen, und es galt zeitweise und teilweise auch heute noch im Besonderen für das wegen seiner historischen Altlasten zu humanitären Sonderopfern bereite Deutschland, das im Hinblick auf seine (wenn auch nicht von der ganzen Gesellschaft gepflegte) „Willkommenskultur" zum Hauptadressaten der Migrationsbewegung wurde und innerhalb der Europäischen Union deren finanzielle soziale und ökologische Hauptlast zu tragen hat. Die Attraktivität Deutschlands wiederum ist seinem seit dem 2. Weltkrieg erwirtschafteten Wohlstandsniveau und seinen hohen Sozialstaatlichkeits- und Rechtsstaatlichkeitsstandards zu verdanken, die trotz der auch hier ständig zunehmenden Einkommens- und Vermögensdisparität einer breiten Mittelschicht einen vergleichsweise hohen Lebensstandard und damit dem Land auch einen bislang stabilen sozialen Frieden garantieren. Und dies umso mehr, als diese sozioökonomischen und soziopolitischen Errungenschaften Deutschland trotz Defiziten in einigen Umweltbereichen spätestens nach der Energiewende und einer ständig verschärften Umweltgesetzgebung im internationalen Vergleich zwar nicht eine Spitzenposition, aber doch ein beachtliches ökologisches Durchschnittsniveau ermöglicht haben. Während – um nur ein Beispiel zu nennen – die weltweite CO_2-Belastung von 1990-2010 um 50% anstieg, wurde sie in Deutschland während desselben Zeitraums um 17% reduziert. Weniger erfreulich sieht es im Hinblick auf die Stickoxid-Bilanz aus. Dass die Bundesregierung aus politischen Gründen von ihren Klimazielen bis 2020 abrücken musste, ist bedauerlich. Auch ist sie von ihrem Ziel, den Anteil des Öko-Landbaus an der agrarischen Gesamtproduktion auf 20% zu erhöhen, noch weit entfernt. Heute sind erst knapp 8% der Betriebe der Bio-Branche zuzurechnen, was sich aber am Weltmaßstab gemessen doch sehen lassen kann!

Dass trotz dieser bei oberflächlicher Betrachtung einigermaßen stabilen soziökologischen „Lage der Nation" kein Grund zu Selbstzufriedenheit besteht, ist jedoch unverkennbar. Auch für dieses vergleichsweise gesegnete Land gilt die auf Rabindranath Tagore zurückgehende und von Tomasi di Lampedusa in seinem *Gattopardo* aufgegriffene Devise „Alles muss sich ändern, wenn es bleiben soll, wie es ist". Der von der Politik zur Sicherung des sozialen Friedens zu moderierende ständige Wettlauf zwischen dem Hasen wirtschaftlicher Existenz- und Wohlstandssicherung und dem Swingel ökologischer Verelendung kann aller Voraussicht nach auf lange Sicht nur von Letzterem gewonnen werden. Da zahllose Menschheitserfahrungen belegen, dass Brechts unschöne Maxime „Zuerst kommt das Fressen, dann die Moral" zum anthropologischen Grundbestand zählt, wird sie von jeder politischen Gruppierung, die an die Macht kommen oder an der Macht bleiben will, bis zu einem gewissen Grade respektiert werden. Wenn ein sozialverträglicher Ausgleich zwischen soziökonomischen Wohlstands- und soziökologischen Wohlfahrtsinteressen nicht oder nicht mehr gefunden werden kann, wird sich auch in demokratischen Staaten die Mehrheit im Zweifel der Gruppierung zuwenden, die, wenn nicht Spiele, so doch wenigstens Brot verspricht, wie hoch auch immer die ökologischen Kosten hierfür sein mögen. Die ganzseitige Annonce mit der Einladung „Come and pollute us", die der einstige ugandische Diktator Idi Amin in der *New York Times* platzieren ließ, erhellt diese dramatische Eventualität aufs deutlichste. Im Augenblick scheinen uns solche Perspektiven auf unserer Insel der Seligen noch ziemlich unwahrscheinlich zu sein. Aber machen wir uns nichts vor: Wenn sich durch politische Entwicklungen – ein Zerfall der Europäischen Union, ein sich verschärfender Konflikt mit der Türkei, eine auch ökonomisch nicht mehr zu verkraftende Überflutung durch Millionen von *ante portas* stehenden Migranten, eine durch Torheiten à la Trump ausgelöste kriegerische Auseinandersetzung mit Nordkorea, China oder Russland (vor der sich ein Großteil der Deutschen noch heute fürchtet, wie Umfragen belegen) und dergleichen Unwägbarkeiten mehr – eine existentielle Gefährdung unserer Lebenssituation ergeben würde, könnten die Flüsse schneller wieder ungestraft gelb werden, als wir uns dies heute in unseren schwärzesten Phantasien vorzustellen vermögen. Not kennt bekanntlich kein Gebot. Nicht nur ein Blick in unsere eigene Vergangenheit, sondern auch ein Blick über unsere Grenzen hinaus belegt dies deutlich genug. Obwohl wir das, historisch gesehen, wenn nicht einmalige, so doch äußerst seltene Privileg genossen, 75 Jahre lang im Frieden gelebt zu haben, scheint das von Joachim v. Fiore prognostizierte und von der Aufklärung allzu eng verstandene ‚Reich des Hl. Geistes' selbst in Europa noch in weiter Ferne. Auch wir müssen noch „mit allem rechnen". „Das Vorausschauende ist das von Natur aus Herrschende", heißt es bei Aristoteles. Im Blick auf unsere Thematik geht es freilich nicht um soziale oder politische Herrschaft, sondern vielmehr um die Vorbereitung auf das nicht oder nur schwer Vorhersagbare und die Verbesserung der Chancen auf eine Beherrschung künftiger existentieller Herausforderungen. Solche aber zeichnen sich – jenseits der gegenwärtigen – bei einem Blick auf die sozioökologische Weltlage deutlich genug ab. Wenn es uns bis zu einem bestimmten Grade auf nationaler Ebene gelungen ist, allzu krasse sozioökonomische Disparitäten durch stete Bemühungen zu einem gewissen Ausgleich zu bringen, so ist dies im Verhältnis der westlichen Länder zu den ständig von Umwelt- und Hungerkatastrophen und zu allem Überfluss auch noch demografischen Zeitbomben bedrohten Ländern Afrikas noch keineswegs gelungen. Um beim Abbau dieser Disparitäten Fortschritte zu erzielen, bedarf es dessen, was von den alternativen Eliten der westlichen Industrieländer seit langem gefordert wird – eines fundamentalen Umdenkens nämlich, in dessen Mittelpunkt eine Verschlankung bzw. Umpolung unseres eigenen materiellen Wachstums- und Glücksverlangens steht. Nur so lässt sich auch national eine sozioökologisch zukunftsfähige Solidaritätspolitik einleiten und gegebenenfalls auch international durchsetzen. Diese unausweichliche Verschlankung der materiellen zugunsten der spirituellen Wachstumserwartungen muss allerdings auch im Blick auf das – alles andere als unwahrscheinliche – Scheitern dieser fast übermenschlichen Aufgabe als Garantin eines Minimums an Zukunftsfähigkeit gesehen werden. Auf existenzielle Krisen nämlich sind unsere westlichen Industrie- und Wohlstandsgesellschaften weniger vorbereitet als je zuvor. Das Dorf, von dem ich eingangs sprach, war mit Sensen, Sicheln, Dreschflegeln, Kühen als Zugtieren, wenig Man- und viel Womanpower ausgerüstet – und sehr wohl in der Lage, die eigene Bevölkerung wie auch viele Bombenflüchtlinge in seine Arbeitsprozesse zu integrieren und zu ernähren. Ein heutiges Dorf, das noch eine Reihe landwirtschaftlicher Betriebe aufweist – eine immer seltener werdende Erscheinung also –, wäre bei Ausfall der Stromversorgung, der Elektronik und dem Fehlen von Diesel-Treibstoff gänzlich lahmgelegt und kaum mehr in der Lage die eigenen Bewohner, geschweige denn stadtflüchtige Neuankömmlinge, zu versorgen. Über das Diktum von Wilhelm II. „Das Automobil ist eine vorübergehende Erscheinung. Ich glaube an das Pferd" wurde viel gespottet. Schon die Teilnehmer des russischen Winterfeldzugs von 1940-1944 konnten darüber nicht mehr lachen. Russische Ponje-Pferde waren oft ihre einzige Rettung, wenn sie mit ihren Fahrzeugen und Geschützen im Schnee oder im Schlamm steckenblieben. Zumindest im Hinblick auf Krisenzeiten hatte der Urheber so zahlreicher hohltönender Sprüche einmal ins Schwarze getroffen. Auch die Nicht- oder Schwerintegrierbarkeit zahlreicher halbanalphabetischer Flüchtlinge in unsere Arbeitsprozesse spricht eine deutliche Sprache.

Angesichts der nach allen Menschheitserfahrungen aquisitiven und expansiven Natur des *Homo (non satis) Sapiens* ist die in diesen Aussichten verborgene Forderung nach einer Rücknahme der eigenen materiellen Erwartungen für die meisten Angehörigen unserer Wohlstandsgesellschaft wie auch für viele noch auf deren künftige Segnungen Hoffenden eine Zumutung. Und dies umso mehr, wenn ein Teil der Bürgerschaft (und erst recht der dramatisch wachsenden Menschheit) bei und für sich im Verhältnis zu einem anderen Teil der Bürgerschaft (und erst recht der Menschheit) noch einen großen Nachholbedarf sieht, ohne sich mit religiösen oder philosophischen Überlegungen darüber hinwegtrösten zu können. Selbst die von ihrem „Hunger nach Macht und abermals Macht, der erst im Tode endet" getriebenen menschlichen Wölfe der Hobbes'schen Anthropologie aber kommen dort zur Besinnung, wo sie an die Grenzen ihrer Existenz stoßen. An diese Grenzen einer zukunftsfähigen und friedenversprechenden Sozialverträglichkeit ist die heutige Weltgesellschaft aber seit langem gestoßen. Und dies umso schmerzlicher, als diese Grenzen mit den ökologischen Grenzen unseres Handels und Wandels weithin zusammenfallen, was ihre Unausweichlichkeit und Unüberwindlichkeit noch augenfälliger werden lässt. In den inzwischen mehrfach (und zuletzt 2007) aktualisierten Berechnungen aus den 70er Jahren des letzten Jahrhunderts von Dennis und Donella Meadows und ihrem Team zu den *Limits to Growth* wird dies immer wieder eindrucksvoll vor Augen geführt. Um die Erderwärmung – wie vom Pariser Klimagipfel gefordert – auf dem Niveau von 2°C halten zu können, müsste der CO_2-Ausstoß bis zum Jahr 2050 (bei einer bis dahin erwarteten Erdbevölkerung von 9 Mrd. Menschen) auf 0 reduziert werden, lautet die optimistischste von mehreren divergierenden Prognosen! Dies allein mithilfe technischer Innovationen wie Kernfusion, Superkollektoren, Elektromobilität, CO_2-Bindung etc. erreichen zu wollen, halte ich für utopisch. Ohne eine drastische Abflachung des sog. ökologischen Fußabdrucks jedes Einzelnen wären solche Zielperspektiven völlig unrealistisch. Und zu glauben, dass dies ohne drastische Beschneidung unseres – durch die Zusatzbelastungen im Gefolge der Corona-Pandemie ohnedies erheblich geschmälerten – materiellen Wohlstandsniveaus möglich wäre, dürfte ebenfalls eine Illusion sein. Die diversen theoretischen Erwägungen zu einer Postwachstumsökonomie im Sinne von Niko Paech gehen allesamt von solchen Erwägungen aus. In dem 1916 in der Schweisfurth-Stiftung vorgestellten Buch mit dem Titel „Die unerschöpfliche Kraft des Einfachen" haben Franz-Theo Gottwald, Bernd Malunat und ich selbst die Richtung zu markieren versucht, in der unseres Erachtens der Friede unter den Menschen wie der Friede mit der Natur wenn auch nicht gleich gefunden, so doch wenigstens mit einer gewissen Aussicht auf Erfolg gesucht werden kann. Dass inzwischen die Luft, die wir atmen, und die Flüsse, in denen unsere Vorfahren ohne Bedenken schwimmen konnten, noch immer nicht wirklich sauber sind, weil unsere Löhne, Gehälter und Pensionen erwirtschaftet werden müssen, ist unabweisbar. Insoweit ist alles gut gemeinte und hoffentlich in die richtige Richtung weisende Reden, Schreiben und Handeln ebenfalls eine Philosophie und Politik des peripheren Eingriffs – wenn auch ganz anderer Art. In dunklen Stunden frage ich mich, ob all dieses sogenannte Alternative nicht ein frommer Selbstbetrug für im Weltmaßstab Oberschichtige ist, vergleichbar der Schäferidylle Marie Antoinettes in Trianon. In den lichten Stunden bemühe ich mich, daran zu glauben, dass es doch ein Schritt in die richtige Richtung ist. Und auch dies ist angesichts unendlich vieler lebenswidriger Tendenzen unserer Zivilisation nicht wenig. Man mag sich dabei von der Hoffnung tragen lassen, die Hilde Domin in einem kleinen Vers zum Ausdruck gebracht hat, in dem es heißt:

> „Ich setzte meinen Fuß
> in die Luft.
> Und sie hielt."

Das Gerechte in der Philosophie und die Dialektik von sozialer und ökologischer Gerechtigkeit

Manuel Knoll

1. Gerechtigkeit als zentrales Thema der praktischen Philosophie

Gerechtigkeit ist ein zentraler Begriff der Ethik, der politischen Philosophie und der Rechtslehre. In der Tradition des Aristoteles werden diese drei Bereiche unter den Begriff der praktischen Philosophie subsumiert. Spezifikum des ihr entsprechenden praktischen Wissens ist, dass es nicht Selbstzweck, sondern Mittel für die Praxis ist, d.h. durch moralische, politische und rechtliche Handlungen umgesetzt bzw. verwirklicht werden soll. Der aristotelischen Tradition zufolge sollten Philosophen über Gerechtigkeit nachdenken, um selbst gerechter zu werden und ihre politischen Gemeinschaften und deren Rechts- und Verteilungssysteme gerechter zu machen. Aristoteles, der Buch V seiner *Nikomachischen Ethik* und Teile seiner *Politik* – insbesondere in Buch III, V und VII – diesem Thema widmet, wurde als „der wahre Meister der Gerechtigkeitsphilosophie" bezeichnet (Nef 1941, 80). Dennoch war er keineswegs der erste Denker, der über dieses Thema geforscht hat. Seine Gerechtigkeitstheorie verdankt seinem Lehrer Platon sehr viel (vgl. Knoll 2010). Der vorliegende Aufsatz gibt einen Abriss des abendländischen philosophischen Denkens über Gerechtigkeit von den Anfängen bis heute und schließt mit einigen Überlegungen zur Dialektik von sozialer und ökologischer Gerechtigkeit.

2. Die Anfänge in der frühgriechischen Philosophie: Hesiod, Solon und Anaximander

Die ersten griechischen Denker, die unserer Überlieferung zufolge über Gerechtigkeit nachdachten, waren die Dichter Homer und Hesiod. Letzterer, der um 700 v. Chr. in Böotien lebte, wurde als erster Philosoph der Griechen verstanden (Gigon 1968, 14-25). Hesiod verfasste nicht bloß eine Geschichte von der Entstehung der Götter und der Welt, sondern kritisierte auch die Adelsgesellschaft und die Ungerechtigkeit des herrschenden Adels, die er selbst erfahren musste. In seiner Dichtung „*Erga kai hemerai*" (*Werke und Tage*) mahnt er zur Arbeit und zu Recht und Gerechtigkeit. In diesem Werk erklärt Hesiod, dass der Mensch auf das Recht und die „Tugend" (*aretê*) abzielen sollte, die er am besten durch selbstständige Erkenntnis erlangt (278-296). Er nimmt darin zudem bereits eine zentrale These der politischen Philosophie der klassischen Antike vorweg, der zufolge eine politische Gemeinschaft, in der Recht und Gerechtigkeit herrschen, auch eine gedeihende und glückliche Gemeinschaft ist. Wie seine ethischen Ansätze und moralischen Ermahnungen begründet Hesiod diese These jedoch nicht primär weltlich-rational, sondern religiös mit den göttlichen Strafen für Unrechttun (*Werke und Tage*, 218-272). Die Gerechtigkeit, Dike, ist ihm zufolge göttlich; sie ist die Tochter des Zeus (*Theogonie*, 901-903).

Wie Hesiod begreift der Athener Staatsmann, Gesetzgeber und Dichter Solon die Gerechtigkeit in seinen Elegien theologisch. Auch Solon zufolge greift Gott in das weltliche Geschehen ein und bestraft die Menschen für ihre ungerechten Handlungen, die sie aus Hybris und Habgier begehen. Sein Eingriff findet allerdings nicht direkt und auf magische Weise statt. Gott schickt den Menschen keine Hungersnöte und Plagen. Vielmehr ist die göttliche Gerechtigkeit nach Solon Teil der Weltordnung. Als immanente Gerechtigkeit wirkt sie in der Polis und bestraft die ganze Stadt unausweichlich nach kausaler Notwendigkeit für die schlechten, exzessiven und dummen Handlungen der Menschen.[1]

In *Werke und Tage* reflektiert Hesiod über die spezifische Existenzform des Menschen und versucht zu erklären, warum das menschliche Leben voll von Mühen und Leiden ist, obwohl doch der gerechte, alles

---

[1] Vgl. hierzu und zur Kompatibilität von Solons *Elegie zu den Musen* und seiner *Eunomia-Elegie* Bonazzi 2019.

sehende und allmächtige Zeus herrscht (*Werke und Tage*, 266; *Theogonie*, 403). Wie bereits Homer bemüht er sich um eine Theodizee, um eine Rechtfertigung Gottes (*theos* = Gott; *dikê* = Gerechtigkeit). Eine solche Rechtfertigung wird in Anbetracht der Existenz des Leidens und Übels in der Welt notwendig, das der gerechte Gott zulässt oder nicht abschafft, obwohl er die Macht dazu hätte. Homers Theodizee zufolge sind nicht die Götter am Übel und am menschlichen Unglück schuld, sondern die Menschen, weil sie es durch ihre frevelhaften Taten selbst herbeiführen (Homer: *Odyssee* I, 32ff.). Hesiod gibt seine Theodizee vor allem durch seine Gestaltung des bekannten Mythos von Prometheus (*Theogonie*, 507-616; *Werke und Tage*, 42-105). Prometheus, der Freund der Menschen, versucht Zeus beim Opfer zu betrügen. Zeus durchschaut den Betrug und enthält den Menschen als Strafe das Feuer vor. Daraufhin raubt Prometheus das Feuer und bringt es ihnen. Zwar belässt Zeus den Menschen das Feuer, aber er bestraft sie und Prometheus hart. Nach der Version der *Theogonie* erschafft er den Männern als Strafe die Frauen, die ihnen Übel und Leid bringen. Nach der Version von *Werke und Tage* schickt er den Menschen Pandora, ein reizendes Mädchen, deren Krug voll von Unheil und Übeln ist, die sich unter den Menschen verbreiten. Zudem verbirgt Zeus den Menschen die Nahrung, wodurch sie zu mühseliger Arbeit gezwungen werden.

Die Form von Gerechtigkeit, über die Hesiod und Solon nachdenken, betrifft vor allem die zwischenmenschlichen Verhältnisse in der Polis und die göttlichen Strafen für menschliches Unrechttun. Dagegen reflektiert der milesische Philosoph Anaximander über eine Form der Gerechtigkeit, die innerhalb des Kosmos besteht. Die Wirksamkeit dieser kosmischen Gerechtigkeit bringt der berühmte „Satz des Anaximander" zum Ausdruck. Der zentrale Terminus von Anaximanders Lehre ist das Apeiron, ein unbegrenztes und aktives göttliches Prinzip. Seinem Satz und dessen Überlieferung zufolge ist das Apeiron eine

> „unbegrenzte Natur, aus der alle Himmel und die in ihnen enthaltenen Ordnungen hervorgehen. Woraus die seienden Dinge entstehen, dorthinein vergehen sie auch mit Notwendigkeit. Denn sie zahlen einander Strafe und Entschädigung für ihre Ungerechtigkeit nach der Ordnung der Zeit, wie er es mit diesen eher poetischen Worten ausdrückt" (*DK* 12A9, B1).

In der Literatur lassen sich zwei Interpretationen dieser Passage unterscheiden. Nach der ersten Auslegung interpretiert Anaximander in moralisch-rechtlichen Termini die kosmisch-göttliche Ordnung, nach der zweiten die natürliche Ordnung der Welt. Der ersten Deutung zufolge bringt das Apeiron im Verlauf der Zeit jeweils eine begrenzte Ordnung des Kosmos hervor. Damit werden jedoch andere potenziell mögliche Ordnungen ausgeschlossen, denen dadurch ein Unrecht geschieht. Als Strafe und Wiedergutmachung für diese Ungerechtigkeit müssen die entstandenen kosmischen Ordnungen notwendig untergehen bzw. wieder ins Apeiron vergehen. Auf das Vergehen einer bestimmten Ordnung folgt als Ausgleich das Entstehen einer anderen und immer so weiter. Alle diese sukzessiven kosmischen Ordnungen bestehen zwischen ihrer Entstehung und ihrem Untergang gleich lange, wodurch sich ein Ausgleich des Unrechts und eine Entschädigung nach „der Ordnung der Zeit" realisiert. Dieser kosmische Prozess der ausgleichenden Gerechtigkeit, der ewig wiederkehrt, ist der Ausdruck der göttlichen Steuerung und Kontrolle des Kosmos.

Nach der zweiten Auslegung der Passage nimmt Anaximander keine Entstehung von sukzessiven kosmischen Ordnungen an. Ihr zufolge drückt sein Satz eine Gesetzmäßigkeit aus, die sich lediglich auf die Gegensätze innerhalb der *einen* Ordnung bzw. Welt bezieht, die aus dem Apeiron hervorgegangen ist. Solche Gegensätze sind „das Warme, Kalte, Trockene, Feuchte usw.", die sich den Jahreszeiten und den Elementen zuordnen lassen (*DK* 12A9). Im Sommer ist es warm und trocken, im Winter kalt und feucht bzw. regnerisch. Das Feuer ist warm und das Wasser feucht. Die Ungerechtigkeit, von der Anaximander spricht, besteht nach dieser Interpretation etwa darin, dass im Sommer das Warme und Trockene das Kalte und Feuchte zurückdrängen. Dies stellt ein Unrecht dar, das im Verlauf der Zeit mit dem Wechsel der Jahreszeiten ausgeglichen wird. Als Strafe für ihr vorangehendes Übergewicht werden das Warme und Trockene durch das Kalte und Feuchte verdrängt, wodurch Letztere entschädigt werden. Es handelt sich hierbei um einen kontinuierlichen Prozess und gleichmäßigen Wechsel wie denjenigen zwischen Tag und Nacht, in dem gleichwertige Gegensätze jeweils für eine gleiche Zeitdauer die Vorherrschaft in der natürlichen Ordnung erlangen. Anaximanders Gedanke eines Ausgleichs von Unrecht und von Entschädigung nach „der Ordnung der Zeit" könnte sich auf diesen Prozess beziehen. Die Interpretation, nach der sich Anaximanders Satz auf die natürliche Ordnung der Welt bezieht, stellt einen Ansatzpunkt für die Entwicklung einer Theorie der ökologischen Gerechtigkeit dar.

3. Die Gerechtigkeit in der Polis bei Protagoras, Platon und Aristoteles

Im späteren griechischen Denken erklärt der Sophist Thrasymachos, dass die Götter nicht auf die ungerechten Handlungen der Menschen und die Gerechtigkeit unter ihnen achten (*DK* 85B8). Eine grundsätzlich skeptische Haltung gegenüber der Existenz der Götter und damit auch gegenüber einer göttlichen oder kosmischen Gerechtigkeit nimmt der bedeutende Sophist Protagoras ein (*DK* 80B4). Ein Wissen könne der Mensch nur davon haben, dass in verschiedenen Städten unterschiedliche Meinungen und Gesetze über das Gerechte existieren. Protagoras kann als ethischer Relativist interpretiert werden, weil er diese jeweils als gültig ansieht. Diese Deutung verträgt sich jedoch nicht damit, dass er manche dieser Meinungen für besser hält als andere. Zweifellos ist Protagoras ein ethischer Skeptiker, weil er keine von ihnen als wahr ansieht und bestreitet, dass es ein Gerechtes an sich bzw. von Natur gibt (Platon, *Theaitetos*, 167c, 172b, 177d-e, 166e-167d).

Platons politisches Denken strebt danach, Protagoras' ethischen Relativismus oder Skeptizismus zu überwinden. Im Gegensatz zu Protagoras ist für ihn nicht der Mensch das Maß aller Dinge, sondern Gott (Platon, *Theaitetos*, 152a; Platon, *Nomoi* IV, 716c). Im Einklang damit skizziert er in seiner *Politeia* das „göttliche Musterbild" (*theiôn paradeigma*) der Kallipolis, einer guten und gerechten Ordnung, die dem Menschen im Bereich der Ideenwelt vorgegeben sei (*Politeia* VI, 500e). In dieser Ordnung ist es gerecht, wenn jeder Bürger als Angehöriger eines von drei Ständen seine spezifische Fähigkeit ausübt und damit „das Seinige tut" (*Politeia* IV, 433b). Vorbild der guten und gerechten Ordnung der Polis ist die wohlgeordnete Seele. Daher kommt der Gerechtigkeit in der Seele der Vorrang vor derjenigen in der Polis zu (*Politeia* IV, 443c-d). Die Gerechtigkeit ist genau dann in der Seele ausgebildet, wenn jeder Seelenteil das Seinige tut, so dass die Vernunft im Bündnis mit dem Mut über die Begierden regiert. Platon versteht die psychische Gerechtigkeit als innere Ordnung und Harmonie. Die Ausbildung der Gerechtigkeit in der Polis und in der Seele sind die notwendigen Bedingungen dafür, dass ihre Bürger ein gutes und glückliches Leben führen können.

Die Ausführungen zur Gerechtigkeit, die Platon in der *Politeia* präsentiert, sind nicht unproblematisch. Dagegen skizziert er in den *Nomoi* eine bedeutende Theorie der politischen Gerechtigkeit, die Aristoteles weiterentwickeln und explizieren wird (VI 757b-e).[2] Aristoteles unterscheidet verschiedene Formen der Gerechtigkeit und führt in Buch V der *Nikomachischen Ethik* aus, dass diese in verschiedenen Sphären zur Anwendung kommen. Die in der Seele auszubildende Gerechtigkeit versteht er als eine ethische „Tüchtigkeit" (*aretê*) und als eine „feste Grundhaltung" (*hexis*), die einen Menschen zu habituell gerechtem Handeln befähigen. Grundsätzlich unterscheidet Aristoteles zwischen einer allgemeinen und einer besonderen Gerechtigkeit. Ersterer zufolge bedeutet „gerecht", die Vorschriften der Gesetze der Polis zu befolgen. Trotz dieser Definition sollte Aristoteles nicht als Rechtspositivist oder Legalist missverstanden werden. Denn richtige Gesetze sind für ihn unlösbar mit den verschiedenen ethischen Tüchtigkeiten verknüpft.

Die besondere Gerechtigkeit unterteilt Aristoteles nochmals in eine verteilende und eine ausgleichende Gerechtigkeit, die in verschiedenen Bereichen zur Anwendung kommen. Die distributive Gerechtigkeit ist vor allem dann relevant, wenn in der Polis politische Ämter und damit Macht und öffentliche Anerkennung verteilt werden. Dagegen regelt die ausgleichende Gerechtigkeit sowohl den Ausgleich von Unrecht als auch die freiwilligen Geschäfts-, Tausch- und Vertragsbeziehungen. Das Gerechte der ausgleichenden Gerechtigkeit ist die arithmetische bzw. numerische Gleichheit, die etwa dann besteht, wenn zwei Personen die gleiche Anzahl von demselben Gut besitzen oder gleichwertige Güter austauschen. Das Gerechte der verteilenden Gerechtigkeit ist die geometrische bzw. proportionale Gleichheit, die jedem gemäß seinem Wert oder Rang zuteilt. Ihr zufolge dürfen nur Gleiche Gleiches erhalten. Diese Form der Gerechtigkeit, die auch für Platons Theorie der politischen Gerechtigkeit in den *Nomoi* zentral ist, geht auf Pythagoras zurück. In modernen Bildungssystemen kommt sie bei der Vergabe der Zensuren zur Anwendung, die dann gerecht ist, wenn gleiche Leistungen gleich benotet werden.

---

[2] Siehe zur Problematik der Definition der Gerechtigkeit in der *Politeia*, zu einer alternativen Deutung der in der Kallipolis enthaltenen Form von Gerechtigkeit und zu Platons Einfluss auf Aristoteles Knoll 2010.

Aristoteles versteht die verteilende Gerechtigkeit vor allem als die politische Gerechtigkeit. Was unter einer gerechten Verteilung der Ämter und damit der Macht und der öffentlichen Anerkennung verstanden werden muss, ist unter den Bürgern allerdings umstritten. Denn die Demokraten, die Vermögenden, der Geburtsadel sowie die moralisch und intellektuell tüchtigen Bürger haben verschiedene Konzeptionen der distributiven Gerechtigkeit. Sie stellen jeweils unterschiedliche Ansprüche auf entweder gleiche oder ungleiche Beteiligung an der politischen Macht, die sie mit verschiedenen Argumenten rechtfertigen.[3] Der Streit um die gerechte Verteilung der politischen Macht muss vor allem als Streit um die richtige Verfassung der Polis verstanden werden. Denn Verfassungen verkörpern ihnen entsprechende Konzeptionen der distributiven Gerechtigkeit. Deren Aufgabe besteht darin zu rechtfertigen, wie die Regierungs- und Herrschaftsgewalt verteilt wird (vgl. Knoll 2010). Nach Platon und Aristoteles wäre es am besten, wenn die moralisch und intellektuell tüchtigsten Bürger alleine regieren könnten. In der Praxis machen sie jedoch beide aus Gründen der Stabilität von politischen Ordnungen den verschiedenen Bürgergruppen und ihren Ansprüchen Zugeständnisse und plädieren für eine Mischverfassung (vgl. Knoll 2020).

4. *Vom Hellenismus bis zur Neuzeit*

In der hellenistischen Philosophie knüpfen die Stoiker an Sokrates an und definieren die Tugenden Gerechtigkeit, Besonnenheit und Tapferkeit, die bereits für Platon und Aristoteles zentral sind, als Einsicht bzw. Wissen. In der Ausbildung und Ausübung dieser Tugenden bestehe die Glückseligkeit. Gerechtigkeit sei Einsicht im Zuteilen, Tapferkeit im Ertragen und Besonnenheit bei der Wahl der Dinge (*SVF* I, 200-202). Auch für Epikur ist ein lustvolles Leben eng mit einem tugendhaften Leben verknüpft. Tugenden wie Gerechtigkeit und vernünftige Einsicht sieht er allerdings nicht als Selbstzweck an. Recht und Gerechtigkeit sind keine intrinsischen, sondern instrumentelle Güter und Werte (*DL* X, 150-154). Sie sind nur wegen ihrer erfreulichen Folgen zu wählen. Für Epikurs konsequenzialistische Moralphilosophie sind die Tugenden deshalb entscheidend, weil sie für ein ruhiges, lustvolles und glückliches Leben nützlich sind.

---

[3] Siehe zu den verschiedenen Ansprüchen und Argumentationen Knoll 2010.

Nach Epikur gibt es kein vorgegebenes Naturrecht. Wie die Sophisten betrachtet er die Gerechtigkeit aus vertragstheoretischer Perspektive (vgl. Sprute 1990).

Das spätantike und mittelalterliche Denken bringt wenig neue Perspektiven auf die Gerechtigkeit hervor. Thomas von Aquin greift auf die Gerechtigkeitstheorie des Aristoteles zurück und prägt die bis heute gängigen Termini wie „iustizia distributiva" und „iustizia regulativa". Die Unterarten der Letzteren sind die „Tauschgerechtigkeit" (*iustitia commutativa*) und die „richtende" oder „strafende Gerechtigkeit" (*iustitia correctiva*). Bemerkenswert ist, dass Ambrogio Lorenzetti in seinem Fresko über die gute und schlechte Regierung im Palazzo Pubblico in Siena die „iustizia correctiva" als Unterart der „iustizia distributiva" darstellt. Der Engel, der Letztere repräsentiert, krönt nicht bloß einen Herrscher, sondern enthauptet auch einen Übeltäter. Lorenzettis Modifikation der Lehre des Aristoteles, nach der die distributive Gerechtigkeit sowohl politische Macht als auch Strafen verteilt, stellt eine plausible Alternative zu ihr dar.

Im neuzeitlichen Denken über Gerechtigkeit vertritt Thomas Hobbes neben einer individualistischen Naturrechtslehre auch einen Rechtspositivismus. Was der Souverän eines Staates als Gesetz erklärt, hat auch als gerecht zu gelten. Nach der politischen Theorie von Hobbes – wie auch derjenigen seines Vorgängers Jean Bodin – soll der Souverän den bürgerlichen Gesetzen, die er gegeben hat, nicht unterworfen sein (*Leviathan*, Kap. 26). Die Exklusion des Souveräns vom Prinzip der Rechtsstaatlichkeit stellt jedoch einen Rückschritt gegenüber Platon und Aristoteles dar, weil sie eine zentrale Sicherung gegen den Machtmissbrauch der Herrschenden aufgibt. Denn wie später John Locke argumentiert bereits Platon in seinen *Nomoi* überzeugend dafür, dass in Anbetracht der Stärke der menschlichen Leidenschaften das Gesetz herrschen soll und die Regierenden ihm unterworfen sein müssen (IV, 713c, 715d; IX, 875b-d; in *Politik* III, 1287a33, bezeichnet Aristoteles das Gesetz als „Vernunft ohne Streben"). Im neuzeitlichen politischen Denken erfährt die Verteilungsgerechtigkeit eine reduktionistische Betrachtung. Denn dessen Protagonisten zufolge betrifft sie vor allem die gerechte Aneignung und Übertragung von Privatbesitz (vgl. Kersting 2000, 51f.). In der zeitgenössischen politischen Philosophie greift Robert Nozick mit seiner „entitlement theory" der Gerechtigkeit auf diese Auffassung zurück (Nozick 1974, 149-182).

5. Moderne und zeitgenössische Theorien der sozialen Gerechtigkeit

Im heutigen Diskurs wird die Verteilungsgerechtigkeit mit der sozialen Gerechtigkeit gleichgesetzt. In seiner 1971 veröffentlichten *Theory of Justice* begründet John Rawls zwei „Grundsätze der sozialen Gerechtigkeit" und erklärt: „sie ermöglichen die Zuweisung von Rechten und Pflichten in den grundlegenden Institutionen der Gesellschaft, und sie legen die richtige Verteilung der Früchte und der Lasten der gesellschaftlichen Zusammenarbeit fest" (Rawls 1979, 20f.). Auch wenn Rawls in der Vorrede zur 1999 erschienenen „Revised Edition" seines Buchs eine „property-owning theory" gegenüber einem „welfare state" präferiert, begründet er mit seiner Gerechtigkeitstheorie doch letztlich einen Wohlfahrtsstaat (Knoll 2012). Durch die Erhebung von Steuern finanziert der Wohlfahrtsstaat Institutionen, die vor allem der Bildung und der Gesundheit der Bürger dienen. Durch Umverteilungen sichert er den am wenigsten begünstigten Bürgern die Befriedigung ihrer Grundbedürfnisse und strebt danach, allen ein gutes Leben zu ermöglichen. Nach einem zentralen Prinzip des Wohlfahrtsstaats ist es gerecht, wenn Güter und Leistungen nach dem Prinzip der Bedürfnisse verteilt werden (vgl. zum Prinzip der Sozialstaatlichkeit Mayer-Tasch 2009, 104-138).

Die wohlfahrtsstaatliche Auffassung der sozialen Gerechtigkeit reicht bis zu „Gracchus" Babeuf und Johann Gottlieb Fichte zurück, denen zufolge die staatliche Umverteilung von Gütern an die Armen ein Gebot der Gerechtigkeit ist (vgl. Fleischacker 2004, 76, 160f.). Sie findet sich auch bei Karl Marx, der die Arbeitsbeiträge der Bürger zur Gesellschaft von den Ansprüchen abkoppelt, die sie an die Gesellschaft stellen können. Marx zufolge würde sich eine höhere Form der Gesellschaft auf ihre Fahnen schreiben: „Jeder nach seinen Fähigkeiten, jedem nach seinen Bedürfnissen!" (Marx 1973, 21). Nach diesem kaum konsensfähigen Prinzip hat die Verteilung des gesellschaftlichen Reichtums ausschließlich auf der Grundlage der ungleichen individuellen Bedürfnisse zu erfolgen. Ob es sich hierbei tatsächlich um Marx' Prinzip der sozialen Gerechtigkeit handelt, ist in der Literatur umstritten (Geras 1989). Dass dies jedoch tatsächlich der Fall ist, zeigt sich daran, dass bedeutende zeitgenössische politische Philosophen das Bedürfnisprinzip als Prinzip der Verteilungsgerechtigkeit ansehen. In seiner Theorie der distributiven Gerechtigkeit argumentiert Michael Walzer dafür, dass soziale Grundgüter wie Sicherheit, Gesundheitsvorsorge und allgemein Wohlfahrt nach dem Prinzip der „sozial anerkannten Bedürfnisse" verteilt werden sollen (Walzer 2006, 145, 108-149). David Miller entwirft wie Walzer eine pluralistische Theorie der Verteilungsgerechtigkeit, die die Prinzipen *Bedürfnis*, *Verdienst* und *Gleichheit* als Prinzipien und „criteria of social justice" anerkennt (Miller 2003, 41, 93, 245). Im Gegensatz zu den vorherrschenden Theorien der sozialen Gerechtigkeit hält Nozick die Erhebung der Steuern und die Umverteilungen, die für die Finanzierung eines Wohlfahrtsstaats erforderlich sind, für *ungerecht* (Nozick 1974).

6. *Die Dialektik von sozialer und ökologischer Gerechtigkeit*

Nach der vorherrschenden Auffassung erfordert die soziale Gerechtigkeit, die Befriedigung der Grundbedürfnisse aller Bürger zu sichern und ihnen ein gutes Leben zu ermöglichen. Die ökologische Gerechtigkeit dagegen verlangt, den verschiedenen Lebewesen auf dem Planeten sowie der Natur und ihren inneren Maßen und ihrem Gleichgewicht gerecht zu werden. Die Dialektik dieser beiden Formen der Gerechtigkeit lässt sich am Beispiel der Kohlekraftwerke veranschaulichen, deren hoher Ausstoß an Kohlendioxid bekanntlich einen beträchtlichen Beitrag zur anthropogenen Klimakrise leistet.

Der Wohlfahrtsstaat hat die Aufgabe, die Verwirklichung der sozialen Gerechtigkeit zu sichern. Dazu muss er auf die weitestgehende Vollbeschäftigung der Bürger und auf ausreichend Steuereinnahmen abzielen, die seine Finanzierung ermöglichen. Aus diesen beiden Zielen lässt sich die Forderung ableiten, die bestehenden Kohlekraftwerke und die Arbeitsplätze im Kohlebergbau zu erhalten. Die ökologische Gerechtigkeit fordert dagegen die Schließung der Kohlekraftwerke, um der weiteren Aufheizung des Planeten und ihren destruktiven Folgen entgegenzuwirken. Im Falle der Frage nach der Abschaltung der Kohlekraftwerke in einem wohlhabenden Land wie Deutschland lässt sich überzeugend dafür argumentieren, dass die Dialektik von sozialer und ökologischer Gerechtigkeit durch die Schließung der Kraftwerke aufgelöst werden sollte. Im globalen Maßstab, insbesondere wenn ärmere Länder betroffen sind, lässt sich dagegen nicht pauschal entscheiden, welcher Form der Gerechtigkeit aus ethischer Perspektive der Vorrang gebührt. In ärmeren Ländern lässt sich die Sicherung eines minimalen Wohlfahrtsniveaus oft kaum mit der

Verwirklichung der hohen Standards vereinbaren, die von der ökologischen Gerechtigkeit gefordert werden.[4] Die beste Lösung für die Auflösung dieser Dialektik besteht darin, in angemessenem Ausmaß Mittel von den wohlhabenderen an die ärmeren Länder umzuverteilen.

Siglen

DK   Hermann Diels/Walther Kranz (Hg.), *Die Fragmente der Vorsokratiker*
DL   Diogenes Laertius, *Leben und Meinungen berühmter Philosophen*
SVF   *Stoicorum veterum framenta*, hrsg. von Hans von Arnim (zitiert nach Nummer des Bandes und des Fragments)

Literatur

Bonazzi, M. (2019): Acting and Knowing before Plato: on Solon's Theodicy, in: Bonazzi, M.; Forcignanò, F.; Ulacco, A. (Hg.), Thinking, Knowing, Acting. Epistemology and Ethics in Plato and Ancient Platonism. Leiden, S. 1-19.

Fleischacker, S. (2004): A Short History of Distributive Justice, Cambridge, Mass.

Geras, N. (1989): The Controversy about Marx and Justice, in: Callinicos, Alex (Hg.), Marxist Theory. Oxford, S. 211-267.

Gigon, O. (1968): Der Ursprung der griechischen Philosophie. Von Hesiod bis Parmenides. 2. Auflage, Basel/Stuttgart (zuerst 1945).

Kersting, W. (2000): Theorien der sozialen Gerechtigkeit. Stuttgart.

Knoll, M. (2010): Die distributive Gerechtigkeit bei Platon und Aristoteles, in: Zeitschrift für Politik (ZfP), 57(1), S. 3-30.

Knoll, M. (2012): Ist staatliche Umverteilung gerecht? John Rawls' Begründung des Wohlfahrtsstaats, in: Spieker, Michael (Hg.), Der Sozialstaat. Fundamente und Reformdiskurs. Baden-Baden, S. 39-63.

---

[4] Diese Problematik betrifft auch Martha Nussbaums Konzeption der sozialen Gerechtigkeit und einer sozialdemokratischen globalen Ethik, die die soziale Gerechtigkeit eines Staates daran misst, ob er seinen Bürgern die Entfaltung einer Liste von Grundfähigkeiten ermöglichen kann (Nussbaum 2011).

Knoll, M. (2020): Verfall und Stabilität politischer Ordnungen. Zur Aktualität des antiken politischen Denkens, in: Philosophisches Jahrbuch, Heft II, S. 207-226.

Marx, K. (1973): Kritik des Gothaer Programms. Randglossen zum Programm der deutschen Arbeiterpartei, MEW, Bd. 19. Berlin.

Mayer-Tasch, P.-C. (2009): Politische Theorie des Verfassungsstaats. Eine Einführung. 2., neubearb. und akt. Aufl., Wiesbaden.

Miller, D. (2003): Principles of Social Justice. Third printing. Cambridge, MA. (zuerst 1999).

Nef, H. (1941): Gleichheit und Gerechtigkeit. Zürich.

Nozick, R. (1974): Anarchy, State, and Utopia. Oxford.

Nussbaum, M. C. (2011): Creating Capabilities. The Human Development Approach. Cambridge, Mass./London.

Rawls, J. (1979): Eine Theorie der Gerechtigkeit. Frankfurt a.M. (zuerst 1971).

Sprute, J. (1990): Vertragstheoretische Ansätze in der antiken Rechts- und Staatsphilosophie. Die Konzeptionen der Sophisten und Epikureer, in: Nachrichten der Akademie der Wissenschaften in Göttingen, I. Philologisch-Historische Klasse, Nr. 2, Jg. 1989. Göttingen, S. 41-93.

Walzer, M. (2006): Sphären der Gerechtigkeit. Ein Plädoyer für Pluralität und Gleichheit. Frankfurt a.M./New York.

Oikos und Polis –
Zur sozioökologischen Gerechtigkeit aus ganzheitlicher Perspektive

Harald Seubert

Unstrittig ist die Thematik einer Gerechtigkeit, die gleichermaßen den natürlichen Raum der Welt, in der der Mensch zuhause sein kann, und seine politische Existenz betrifft, so akut wie komplex. Mit dieser Thematik ist gleichermaßen der Raum des Oikos und des Politischen gemeint – und damit ein Leitfaden im eindrucksvollen Lebenswerk und nach wie vor sehr lebendigen und dynamisch widerständigen Denken des Jubilars.

In der grundlegenden, Ausblick und Vorblick, Mahnung und nüchterne Praktische Vernunft souverän verbindenden Rede zur ‚Sozioökonomischen Gerechtigkeit' anlässlich seines 80. Geburtstags hat Peter Cornelius Mayer-Tasch das Zentrum seines rechtlichen, politisch-philosophischen und real-politischen Denkens über die Ökologie erneut durchdacht und nochmals zentral in den Fokus genommen. Von grundsätzlichem Charakter ist bereits seine Eingangsbeobachtung, dass Gerechtigkeit, neben der in ähnlicher Weise transzendenten und inkommensurablen Liebe, das bedeutsamste Thema menschlichen Zusammenlebens sei.[1] Ob es etwas wie Gerechtigkeit (und vielleicht auch Liebe) unter Engeln oder Göttern geben könne, mag man für scholastische Spezialdiskussionen offen lassen. Es scheint aber fast, als würden solche Güter wie Liebe und Gerechtigkeit der Knappheit der Ressourcen, der Endlichkeit bedürfen.

Humane Grundbegriffe wie Gerechtigkeit gehen gerade am einfachen, elementarisierten Leben auf. Ihnen entsprechen nicht einzelne herausgelöste Phänomene, sondern, mit Goethe, die „Naturformen" unseres Am-

---

[1] Vgl. Mayer-Tasch in seiner Rede, die als erster Beitrag in den vorliegenden Band aufgenommen wurde.

Leben-Seins, und sie führen vor Existenz oder Nicht-Existenz humaner Lebensformen im Ganzen. Damit dürfte zugleich der Bereich angezeigt sein, in dem sich das Unterscheidende des Humanum gegen die digitalen technomorphen Simulationen eines vermeintlich höheren post- oder transhumanen Daseins zeigt.

Es ist jedenfalls charakteristisch und stimmig, dass Mayer-Tasch zu seinem Geburtstag keine akademische Thesenfolge an den Anfang des Symposions stellt, sondern ein dichtes, sprachlich prägnantes, elegantes Gewebe aus Reflexion und vergegenwärtigter Vergangenheit. Nachgerade wie unter Anleitung eines chinesischen Weisen wird man von der Beobachtung in spirituelle Tiefen und von dort wieder zurück zu einer Lehre vom klugen Handeln geführt. Auch darin ist Mayer-Taschs intellektuelle Physiognomie spürbar.

Eindrücklich beschreibt Mayer-Tasch, wie er sich in seiner Jugend, „den finsteren Zeiten entronnen", durch familiäre Glücksumstände in den Sog einer potenziellen Komplizenschaft zu den seinerzeit noch weitgehend unbemerkten, tiefreichenden Naturzerstörungen versetzt sah und diesen Aspekt künftig nicht mehr vergessen konnte. Die eigene Jeunesse dorée war durch eine Papierherstellung mit erwirtschaftet worden, die den Fluss gelb färbte. Die Suche nach der abgelebten Zeit macht in dieser Reminiszenz deutlich, wie eine Sensibilität Gestalt gewann, die in Störung und Zerstörung des ökologischen Äquilibriums sowohl die Lebensverwicklungen des Einzelnen wie die großflächigeren Probleme von Politik und Recht erfasst; in Wahrnehmung, Reflexion und Urteilskraft. Eine uralte, gleichsam archetypische Verbindung von Polis und Kosmos, der so gleichsam zum Haus (Oikos) der Polis wird, wird im Horizont der Bedrohung wieder gegenwärtig und verbindet sich mit der Einsicht in die schwerwiegende, ja aporetische Aufgabe, zu klären, wie ein Äquilibrium hergestellt werden kann.

Nicht nur lässt sich die Spur des Themendreiecks von Polis, sozialer Gemeinschaft und Natur, cum grano salis, in der Geschichte politischen Denkens auffinden, der Mayer-Tasch in den folgenden Jahren nachspürte. Zumindest ebenso zeigt sie sich in der Kosmologie und Naturphilosophie. Zu denken ist etwa an den Platonischen Dialog ‚Timaios', der die Polis nicht nur als Statue, sondern in Bewegung zeigt, und dafür auf kein anderes Paradigma (was ja immer ein „nebenher Gezeigtes" meint) verfällt als auf die Kosmogonie, den lebendigen Organismus, der aus Natur und Vernunft gemeinsam hervorgebracht ist.

1. Politische und soziale Gerechtigkeit: Ein „dialektisches" Grundverhältnis

Mit den biographischen und archetypischen Wurzeln verbindet sich die geradezu brennende Aktualität des Themas. So viel scheint festzustehen, gerade auch in einer Zeit, in der sich eine neue Generation an der Frage nach dem Klima politisiert: Politische und ökologische Gerechtigkeit erfordern einander, sie dürfen einander nicht blockieren. Und dennoch besteht zwischen beiden Gerechtigkeitsdimensionen keineswegs eo ipso ein Grundkonsens. Brüche, Blockierungen und Gegenläufigkeiten stellen sich nicht nur im Gedanken, sondern in Planung und veränderten Realitäten ein. Während ein gängiger politischer Begriff von ausgleichender und verteilender Gerechtigkeit ein Wachstum nahelegt, das nach Möglichkeit unbegrenzt sein soll, um verteilend unterschiedlichen Interessen gerecht werden zu können, fordern ökologische Gerechtigkeitserwägungen offensichtlich die Begrenzung des Wachstums, im Bewusstsein um das „factum brutum" begrenzter Ressourcen, das der Meadows-Report 1973 überdeutlich ins Bewusstsein brachte und das wie eine Art Kategorischer Imperativ in allen Handlungen und Unterlassungen omnipräsent sein müsste, tatsächlich aber permanent verdrängt wird.

Zwischen den beiden Brennpunkten von Gerechtigkeit kann man eine „Dialektik" konstatieren.[2] Ich will, nach Philosophenart, am Anfang den Problemtitel der „Dialektik" selbst zum Problem machen, wobei „Problematon" wörtlich das „Vorgebirge" meint, von dessen Höhen aus man die Fragen klarer sehen kann. Welche Dialektik ist gemeint? Einfach eine Spannung, die es auszuhalten gilt, die sich aber auch, irgendwie, aushalten lässt, so dass der Bogen nicht bricht? Möglicherweise in der Art, wie die Franzosen, etwa Paul Ricoeur, wenig spezifiziert, aber permanent von „*dialectique*" sprechen, und das eher metonymisch-metaphorisch als in einem präzisen Sinn.[3] Die Dialektik erweist sich dann als eine lebensweltliche Differenz, in der auf beiden Seiten Gutes gewollt und beabsichtigt ist, das eine Gute aber gegen das andere steht. Jene Dialektik scheint Ökologie und sozialen Ausgleich miteinander zu verbinden, gerade indem Entzweiung und ein endgültiger Bruch zwischen beiden drohen.

---

[2] Von „Dialektik" war auch bereits im Untertitel des Geburtstagscolloquiums die Rede.
[3] Vgl. Ricoeur 1996, 21ff., mit einem geradezu inflationären Gebrauch des Ausdrucks „Dialektik".

Ist aber auf einer etwas tieferen Ebene nicht auch auf die Dialektik von Kant angespielt, die zu Antinomien führende Neigung des endlichen Menschengeistes über transzendente Gegenstände nachzusinnen, obwohl sie ahnt, dass sie nicht zu gesichertem Wissen kommen kann? Dann liegt es nahe, dass zwischen politischer und ökologischer Gerechtigkeit letztlich kein Konsens zu erreichen ist, auch beim besten Willen nicht. Beide bleiben in einen Widerstreit verstrickt. In der Folge eines kantischen Gedankengangs müsste aber eine kritische Metaperspektive möglich sein, die die beiden Seiten in eine Dynamik und ein verändertes Grundverhältnis bringt. Eine solche Metaperspektive ist nicht in Sicht.

Schließlich und letztlich ist aber auch die Dialektik nach platonischem Verständnis gemeint, die „pros allelas", auf das Andere hin, die Probleme durchspricht und sie so in eine Schwingung und ein Resonanzverhältnis bringt, aus dem die beiden Passionen von Mayer-Tasch, die Philosophie und die Politik, leben. Ein platonisches Dialektikverständnis lege ich stillschweigend zugrunde, um bis an die Grenze der Hegelschen Real- und Widerspruchsdialektik zu kommen, wonach die Furcht vor dem Irrtum und Widerspruch schon der Irrtum und Widerspruch selbst ist. Der gebürtige Stuttgarter Peter Cornelius Mayer-Tasch weiß nur zu gut, dass dieses Schibboleth auf dem Stuttgarter Hauptbahnhof geschrieben steht; keineswegs als Vorbote von Stuttgart 21, doch als Vademecum eines Denkens, wie es allein den Problemen des 21. Jahrhunderts gewachsen sein kann. Nämlich in einer begründeten Verbindung des Unterschiedenen, die Mayer-Tasch einmal vor Jahrzehnten auf die Formel gebracht hat, er sei „rechts von der CSU" und „links von den Grünen". Eine offensichtliche, nichtsdestoweniger aber treffende Pointierung des Denkers von Maß und Mitte, die zeigt, wie die herkömmliche politische Struktur angesichts der ökologischen Frage und der Klarheit und Tiefe eines politischen Denkens wie des seinen in Unruhe gerät.

Mayer-Tasch ist, wie sein vorläufiger Rückblick zeigt, von Anfang seines ökologisch beeinflussten, politisch-engagierten Denkens an deutlich, dass eine bloße Wahrung des Status quo, die vielbeschworene „Politik des peripheren Eingriffs", von der erstmals in der Zeit der sozialliberalen Koalition der 1960er Jahre die Rede war, an der Wucht der ökologischen Krise vorbeigeht. Bis in die Gegenwart ist diese auf Fehlperzeption beruhende Handhabung der großen Lebensfragen anzutreffen. Die Diesel-Skandale der letzten Jahre zeigen es nur in besonders grellem Licht. Sie ist aber weder intellektuell noch moralisch der anbrandenden Gefährdung angemessen. Wir werden also tiefer graben müssen, wozu das Denken des Jubilars genug Anlass gibt.

2. Das Soziale und seine Dialektik

Auf bestimmte Regionen oder nationale Einheiten begrenzt, erst recht aber im globalen Maßstab, suggerieren die sozialen Ideale und Konzeptionen einer gerechteren Welt gemessen an der Realität stets Mängel, sei es an Gütern, sei es an Verteilungen. Diese Mängel zu kompensieren scheint weiteres Wachstum zu erfordern, bis in ein utopisches *non plus ultra*, über alle Säulen des Herakles hinaus. Da die gegebenen Verhältnisse aber, und das nicht erst seit dem Meadows-Bericht aus dem Jahr 1973, auf harte Grenzen des Wachstums stoßen, auf endliche Ressourcen und Haushalte, sind die Anforderungen der sozialen Frage *prima facie* gleichsam prinzipiell unerfüllbar. Seit Jahrzehnten allzu bekannte Positionen und Probleme konnten in einer Zeit, die sich auf ihre Problemlösungskompetenz besonders viel zugetutet, nicht gelöst werden. Verheißungen der Sozialtechnologie führten sich ad absurdum. Die sogenannte „Erste Welt" lebt nach wie vor in unverantwortlicher Weise auf Kosten der Bevölkerung anderer Weltteile. Realitätsausblendungen und innere Illusionen, die das soziale Versagen im Weltmaßstab verdrängen, werden im globalen Zeitalter nicht auf Dauer aufrechterhalten werden können. Die Verarmungen und Verelendungen erreichen durch Flucht- und Migrationsströme die politischen Debatten, die Systeme der Sozialpolitik und ihre Vorsorgeoptionen in Mitteleuropa. Fliehen kann die westliche Welt nicht mehr räumlich, sondern allenfalls noch in eine „gestundete Zeit" (Ingeborg Bachmann), eine zeitlich ausgestreckte *actio per distans*: das Leben auf Kosten der Güter der nachlebenden Generationen, denen wenig mehr bleiben wird an Arbeit, Rente, Lebensraum, wenn die ökonomischen und sozialen Praktiken so weitergehen wie bisher. Darunter werden soziale und ökologische Gerechtigkeit gleichermaßen leiden, und daran drohen sie beide zu zerbrechen. Der (von Peter Sloterdijk[4] brillant als Grundsatz neuzeitlichen Selbstbewusstseins freigelegte) Slogan „Nach uns die Sintflut" bewahrheitet sich faktisch noch immer. Insofern werden die Träume einer hypertrophen Moderne fortgeträumt, auch wenn es da-

---
[4] Sloterdijk 2014.

für längst keine ethische Rechtfertigung mehr gibt, seitdem die Falle bekannt ist, in die dieses Weltverhältnis tappen wird.

Die klarsichtige Maxime einer Fernstenethik, im Sinn der Sorge für die vielberufenen Nachgeborenen, die Hans Jonas 1979 in seinem ‚Prinzip Verantwortung' formulierte,[5] ist, wie Mayer-Tasch es in seinem Rückblick eindrücklich formulierte, in den späten 70er Jahren ein Caveat und Mahnzeichen gewesen. Sie wurde dann im folgenden Jahrzehnt zu einem Teilmoment politischer Diskurse und der Erfolgswege ökologischer Parteien, vor allem der Grünen, und sie bleibt heute, im emphatischen Sinn, eine „notwendige Hoffnung", die aber immer noch auf aporetisches Handeln trifft. Wenn das Empfinden sozialer Generationengerechtigkeit weiterhin fundamental verletzt wird und aufgrund der Ressourcenbegrenzungen auch nicht mehr zu bedienen ist, wie zu erwarten ist, wird die demütige Brechtsche Bitte „ihr, die ihr auftauchen werdet aus der Flut ... gedenkt unser mit Nachsicht" zum Zynismus. Der Generationenkonflikt um die enteigneten Senioren in den wohlhabenden Industrienationen, dessen Szenarium Frank Schirrmacher vor einigen Jahren entworfen hat, hat neben der Migrationsproblematik, wenn auch weniger beachtet als sie, ein hochgradig spaltendes Potenzial. Jenes Strukturprinzip dürfte sich auch im internationalen Maßstab fortsetzen: Zwischen jungen und alten Gesellschaften dürften ähnliche Formen eines „hiatus irrationalis" entstehen wie zwischen Einwanderungsgesellschaften und anderen, die eine hohe Abwanderungsdrift kennen.

Damit deuten sich zwei große Problemlinien an: 1. Eine ‚soziale Gerechtigkeit', die nicht die begrenzte Belastbarkeit des großen Welthauses mit in Betracht zieht, die also auf unbegrenztes Wachstum setzt, nicht ökologisch plant und geradezu anti-ökologisch lebt, kann allenfalls kurzfristige und räumlich eng begrenzte chimärische Leistungen für sich verbuchen. Sie vernichtet ihre Grundlage und hebt sich damit selbst auf. Sie errichtet allenfalls Potemkinsche Dörfer von Welfare und Sozialpolitik. Die Dividenden haben eine kurze Halbwertszeit. Schon ihre innere Logik gibt zu verstehen, dass die ‚Soziale Gerechtigkeit' der ökologischen Perspektive bedarf, einer Schonung und Achtsamkeit, die das Welthaus achtet und respektiert, nicht nur in einem funktionalen Sinn, sondern um seiner selbst willen. Checks and Balances müssen sich daher der Doppelperspektive sozialer und ökologischer Gerechtigkeit bedienen.

---

[5] Jonas 1979.

2. Damit hängt zusammen, dass die großformatigen Sozialentwürfe, die aus dem 20. Jahrhundert überliefert sind, in einer Entsetzen erregenden Weise das Telos des Sozialen verfehlen, ja pervertiert haben, auch wenn sie jeweils anspruchsvolle und hypertrophe Sozialentwürfe entwickelten. Dies gilt *prima facie* für linke Fortschritts- und Wachstumsutopien, in denen die Zukunft besetzt werden sollte, bis kein freier Raum mehr bleibt, während im Rücken das Golgatha der Individuen wächst (so W. Benjamin in seiner Metakritik und -dialektik gegenüber Hegel)[6]. Die rechte Option ist dagegen durch die unsichtbaren Dispositive der Macht geprägt, durch Ein- und vor allem Ausschlussmechanismen und Selektionen, in denen ein nackter Vulgärdarwinismus und die Präferenz für die Ingroup dominieren. Auf diese Weise werden identitäre Vermauerungen und Verengungen nach jeder der beiden Seiten hervorgebracht. Die Maxime ist nun keineswegs so trivial, wie es vielleicht scheinen könnte, dass man beide Fallen vermeiden sollte. Wenn man jüngere Wahl- und Parteiprogramme weltweit studiert, sind vielmehr beide Probleme latent als Gefährdungen sichtbar.

Peter Cornelius Mayer-Tasch ist wie wenige andere der aristotelischen Matrix von Mitte und Maß gefolgt, die für sich genommen in seinem freien Blick weder ideologischer noch religiöser Untermauerung bedarf. Die Suche nach dem Mittleren wird zu Gewinnung eines ‚sensus communis', der die Weltgesellschaft tragen muss, zugleich aber die kleinen kommunitaristischen Einheiten und Eigenheiten konstituieren soll, unabdingbar: vorsorgend, mit Skepsis und Achtsamkeit, die hochgestimmte Humanität mit Demut vor den Lebenszusammenhängen verbindend.[7]

Diese Neigung zu Mitte und Maß ist die Quintessenz einer politischen Klugheit, die zunächst und *prima facie* sichtbar geeignet ist, das Abgleiten in eine Freund-Feind-Entzweiung zu verhindern. Ein solcher Ansatz denkt Probleme zu Ende, ohne in Ernstfallszenarien zu verfallen, die Politik weniger begründen, als sie vielmehr zu unterminieren. In der Radikalisierung nach beiden Seiten zeigt sich aber auch die vermutlich nicht weniger gravierende, drohende Feindschaft zu der Lebenswelt und den Bedingungen menschlichen In-der-Welt-Seins. Politische Parrhesia aber verlangt selbst die Tugend des Maßes.

---

[6] Benjamin 1974, 687f.
[7] Dazu Mayer-Tasch 2006.

Für die Lebenslinien von Peter Cornelius Mayer-Tasch ist es nicht unwichtig, dass ein im Grunde auf Konservatismus und Bewahrung orientierter Geist, der als Jurist, Philosoph und Homme de lettres die Signaturen der Zeit lesen kann, zu radikalen Warnungen kommt. Dass er dies allerdings niemals im Rückfall auf schematische Links-Rechts-Konstellationen tat, zeigt, dass Mitte und Maß auch im Strittigen und der Auseinandersetzung bewahrt bleiben. So wie der Kämpfer nach hinduistischer Vorstellung, wie der Prinz im Epos ‚Mabharata', mitten im Kriegszustand den inneren Frieden haben kann, so ist auch die Kunst des Maßes und Ausgleichs, der „Frieden mitten im Streit" (Heraklit), auch die politische Kunst, die dort zu fordern ist, wo es buchstäblich um alles geht. Dabei müssen allerdings Wirklichkeiten benannt werden, die lieber beschwiegen werden, bis irgendwann beim nächsten Hype ein neuer hysterischer Alarmismus greift, der wieder keine lange Dauer hat. Dergleichen liegt Mayer-Taschs Denklogik fern. Nüchternheit und Vorausschau sind erforderlich, die dem Gefälligen oft widersprechen. So weist Mayer-Tasch auch in seinem rückblickenden Text darauf hin, dass die anwachsenden Migrationsströme im Zentrum Europas zu Verwerfungen führen können, die ökologisch schlechterdings nicht mehr zu bewältigen sind.[8] Damit hängt eng zusammen, dass die hinter dem geeinten und sich zunehmend wieder zersplitternden Europa liegenden mehr als 70 Friedensjahre keinerlei Garantie für die Zukunft bieten, wie Mayer-Tasch zu Recht bemerkt. Ein Paradies auf Erden oder „Reich des Heiligen Geistes", von dem die Eschatologen des späten Mittelalters träumten, ist nicht errichtet worden. Der ewige Friede ist noch immer Ideal, nicht einfach Realität. Der Firnis ist dünn, „auch wir müssen noch mit ‚allem rechnen'".[9] Mit dieser Diagnostik erweist sich Mayer-Tasch als politischer Theoretiker auf der Höhe der Zeit, der mit gleichermaßen leidenschaftlichem und nüchternem Blick die Situation erkennt, der aber zugleich weiß, in welche Einseitigkeiten ein Dezisionismus führen würde, und sei er noch so ökologisch begründet; und in welche umgekehrten Katastrophen ein planerischer Commonsense führt, der die Zukunft aus einer Hochrechnung der Gegenwart zu gewinnen hofft.[10] Mayer-Taschs Hinweis, der der Maxime aus Lampedusas ‚Gattopardo' folgt: „Alles muss sich ändern, wenn es bleiben soll,

---

[8] Mayer-Tasch in diesem Band, S. 16.
[9] Ebd., S. 18.
[10] Popper 1984 u.ö.

wie es ist"[11] hat nur auf der Vordergrundseite Ähnlichkeiten mit dem postmodern global-kapitalistischen Diktum: „Alles bleibt anders", das Peter Sloterdijk einmal evozierte. Auf ihre normative Tiefengrammatik hin wahrgenommen, enthält die Maxime eine Forderung nach Umsicht und Voraussicht, soweit sie sich endlicher Urteilskraft überhaupt öffnet.

Ein Ausweg im Sinn des möglichen Besten, der Mesotes, kann es ganz in diesem Sinn sein, wenn ‚das Soziale' eben keineswegs ausschließlich als der Bereich von Verteilungen missverstanden wird, sondern umfassend, noch einmal, und in unserer hochkomplexen, spät-, nach- und hypermodernen Welt als ‚politike koinonia', als Bürgerlichkeitszusammenhang gesehen wird. In diesem dynamischen Gewebe sind wir Bürger einzelner, spezifisch bleibender Nationen ebenso, wie wir europäische Bürger und Weltbürger in abgestuften Zusammenhängen sind, so dass soziale Gerechtigkeit auch als eine Gerechtigkeit an Partizipation, Austausch und der freimütigen, ihre Gründe offenlegenden Rede verstanden werden kann.[12] Gegenüber Aristoteles wird sich auch der Gedanke der Grenzen der Bürgerlichkeit nach ihrem Potentialis verändern: Das *mögliche Beste* ist jenes Beste, das die Möglichkeiten der gegebenen Lebenswelt weder zerstört noch bedroht. Dies führt im besten Fall zu einer sich selbst-bestimmenden Form des Politischen, in der auch Askese, Verzicht und Geben jenseits des „Do ut des" eine entscheidende Rolle spielen können. Dass es subsidiärer welt-republikanischer Strukturen bedarf, um den begrenzten blauen Planeten und das mögliche Leben auf ihm in die Zukunft zu steuern, wird vielfach und zu Recht eingefordert und wird zunehmend zu einem allgemeinen Bewusstsein, bis hin zu den Schülerprotesten, die Freitag für Freitag das schleichende ökologische Elend ins Bewusstsein bringen. Im Bild des Weltstaats schwingt allerdings immer das bedrohliche Gespenst einer Weltdiktatur mit, die „top down" eine als moralisch ausgegebene Politik realisiert und darüber Berufungsinstanzen, Instanzenwege und unbedingt erforderliche republikanisch-gewaltenteilige Strukturen vernachlässigt.

Ich folge an diesem Punkt Überlegungen von Otfried Höffe, denen zufolge die soziale Weltrepublik nur subsidiär sinnvoll zur Geltung ge-

---

[11] Zitiert nach Mayer-Tasch in diesem Band, S. 17.

[12] Dazu exemplarisch Habermas 2011.

bracht werden kann.[13] Allerdings kann es, über Höffe hinausgehend, nicht einfach um die Subsidiarität von Strukturen und Verfahrenswegen gehen, die in den Mitgliedstaaten schon bestehen, sondern vielmehr um eine schonende Subsidiarität zu dem Vertrag der Natur mit ihren Bewohnern, einem „foedus naturae", den der Welt-Oikos auf Zeit mit den Menschen schließt, die nach Kant an jeder Stelle des Welthauses leben können. Wie sich dieses ökologisch-politische Band als Ethik der Grenze, des Schonens und Gebrauchens darstellt, müsste im Einzelnen exponiert werden, und es wäre in die gängigen Sozialcharten und -entwürfe in concreto einzutragen. Sozial- und Human-Ökologie, von Rudolf Bahro, Hans Jonas und gleichrangig und -berechtigt Mayer-Tasch, bleiben auch auf diese Seite der Medaille hin auszuweiten.

Es dürfte jedenfalls ein Anachronismus sein, wenn man die systemtheoretische, luhmanneske Unterscheidung von System und Umwelt um jeden Preis festschreiben wollte. Im mondo civile, der sozialen Welt, durchdringen sich Ökonomie, Politik, Recht, Religion und erheben vielstimmig ihre claims of justice: Deshalb muss ökologisches Denken in einer Verbindung von Urteilskraft und praktischer Vernunft eine ebenso universelle Reichweite haben.

3. Etwas über ‚Gerechtigkeit'

Gerechtigkeit ist ein zutiefst zweideutiger Begriff. Sie wird, wie Manuel Knoll in diesem Band eindrucksvoll gezeigt hat, in der politischen Philosophie der Gegenwart weitgehend mit Verteilungsgerechtigkeit, distributiver Gerechtigkeit, gleichgesetzt. Durch den Kontraktualismus, insbesondere seine innovative Fortführung durch John Rawls und den Topos vom Schleier des Nicht-Wissens ist der Begriff der distributiven Gerechtigkeit auch zu einem Kriterium und Legitimationsmoment von Demokratien gemacht worden, mit Parametern, die den „Grenzen des Wachstums" ebenso wie den Erwartungen an einen globalen Welfare-State Rechnung tragen können. Die verschiedenen kommunitaristischen Konzepte wird man m.E. von heute her weniger als totalen Gegenentwurf,

---

[13] Höffe 1999 u.ö. Mittlerweile gibt es eine profilierte weltweite Debatte über diese Fragen. Vgl. auch nach wie vor den klassischen Entwurf bei von Weizsäcker 1990.

sondern als sinnstiftende Kompensationen zu der liberalistischen Gerechtigkeitsidee interpretieren müssen.

Durch das kommunitaristische Gegengewicht gewinnt soziale Gerechtigkeit, was ihr heute besonders nottut, einen kultur- und differenzsensitiven Blick, und im besten Fall kann Gerechtigkeit so auch auf den zweiten Typus, die Tauschgerechtigkeit, die aus Fließgleichgewichten lebt und sich in actu im Handeln der Märkte einstellen muss, transparent werden. Im Feld einer gestaffelten (kommunalen, nationalen, europäischen, globalen) Gesellschaft und ihrer verschiedenen Bereiche werden bereits Überlegungen implementiert, die beide Begriffe von Gerechtigkeit im Blick haben.

Doch reicht dies aus? Ist dies schon die ganze und volle Gerechtigkeit? Eben gerade nicht! Gerechtigkeit ist von Platon her, wie auch in der jüdischen, in Psalmen und Propheten dokumentierten, und der christlichen Überlieferung der Bergpredigt, als *dikaiosyne theou*, zuerst und zuletzt auch ein transzendenter Begriff. Meine These: Diese Dimension muss, wenn auch nur als kritischer Vorbehalt und frei von konkreten Theologoumena, dem operativen Konzept der Verteilungs- und Tauschgerechtigkeit wieder zugrunde gelegt werden, gerade angesichts der globalisierten Dimension und der offensichtlichen Verwiesenheit der sozialen auf die ökologische Seite des Problems, und angesichts der Notwendigkeit, dass das äußere Wachstum in die Katastrophe führt. Platons Grundformel von Gerechtigkeit, das „ta heautou prattein", das zunächst in der Seele, dann in der Polis aufzufinden ist, ist insofern geeignet, die Verschränkungen von Ökologie und sozialer Anforderung grundsätzlich und eben nicht nur okkasionell zu bedenken. Es ist selbst eine Formel, aus der die „unerschöpfliche Kraft des Einfachen" spricht.

Darin sollte man nicht nur einen, vielleicht sogar überzeichneten, Idealismus sehen, sondern gerade einen Realismus. Denn die kontraktualistischen Konzeptionen des Sozialen drohen an den Realitäten vorbeizusehen, eben weil sie unter der Laborbedingung des Urzustandes inszeniert werden. Solche Gerechtigkeitsoptionen gehen allenfalls de iure und kontrafaktisch vom Neubeginnen-Können aus, tatsächlich aber spielen sie sich immer schon in gegebenen Zusammenhängen ab. Alles Neubeginnen bleibt in einem gewissen Maß Fiktion, ebenso wie jeder Akt der Freiheit. Doch diese Fiktionalität eröffnet das Feld der anti-totalitären Parrhesia, jener Freimut, auf die sich Polis und Seele gründen.

4. Oikos und Gerechtigkeit

Verstöße gegen ökologische Gerechtigkeit melden sich indirekter als andere Rechts- und Gerechtigkeitsverstöße. Sie bleiben lange unbemerkt. Dann aber zeichnen sie sich als ontologische Defizite ab, ablesbar am menschlichen Leib, an der menschlichen Seele und an den Erscheinungen der Natur. Die Krankheiten schwelen und sind unversehens so weit fortgeschritten, dass eine Therapie unmöglich wird. Erst nach langer Verzögerung, wenn überhaupt, nehmen sich Mandatsträger oder Lobbyisten ihrer an. Zu spät gekommene Ärzte. Wird gegen die ökologische Gerechtigkeit verstoßen, so empören sich nicht Personen, sondern Organismen und fragile Systeme. Die Indikatoren melden sich wie Zerrüttungen unserer, wenn sie intakt ist, immer verborgenen Gesundheit. Sie zeigen sich als Störungen des Gleichgewichts, als ein unterbrochenes und vergiftetes In-der-Welt-Sein, wenn diese Welt selbst durch Sozial-, Wachstums- und Bauprogramme, durch Düngungen und Versiegelungen gestört und mitunter zerstört ist. Deshalb lässt sich ‚ökologische Gerechtigkeit' auch nicht als eine spezifische Güterform in die soziale Gerechtigkeit einspeisen, sondern ist schlechterdings für sie und den mondo civile grundlegend. Dass die Zerstörung der ökologischen Gerechtigkeit lange Zeit ungestraft vonstattengehen kann, dass man sie nicht sofort sieht, hat damit zu tun, dass Gesundheit und Gleichmaß des Oikos immer verborgen sind, während sich erst Störung und Krankheit artikulieren. Die Indizien zu spüren, im einen wie im anderen Fall, ist eine seltene und doch dringende Gabe. Dass Mayer-Tasch über sie in besonderem Maß verfügt, dass er ein genialer Diagnostiker ist, der die Symptomlagen lesen kann, wissen alle, die ihn etwas kennen.

Aufgrund der objektiven Schwierigkeiten ist es ein transzendenter Gerechtigkeitsbegriff, das ‚ta heautou prattein', das bei der ökologischen ebenso wie der sozialen Gerechtigkeit ins Spiel kommen muss.

Auch zu dieser Facette hat Platon den Text geschrieben, zu dem man sich weitere Fußnoten in einer langen Auslegungsgeschichte denken kann: Der kosmologische Dialog ‚Timaios' gibt, so sahen wir am Anfang, der ‚Politeia' erst die Fundierung. Die in der normativen und idealen Verfassung ungeklärten Voraussetzungen werden am Folgetag, im ‚Timaios' verhandelt. Die Vorstellung dahinter: Der Oikos, in seiner Verbindung von Regularität und Irregularität, von Leben und Gesetz, ist eigentlich die Matrix, von der die politische Ordnung abhängt. Eine naturwidrige

Polis würde sich nicht erhalten können. Die Ordnungen in diesem Welthaus bemessen sich auch danach, dass die äußerliche Ökologie einen inneren Resonanzraum findet, in Entsprechung zu Platons Vergleichsperspektive zwischen Polis und Seele. Mayer-Taschs vielfältige Arbeiten zum Thema, nicht zuletzt sein hier zu kommentierender Essay, weisen darauf hin, dass die selbstgewählten Einschränkungen und Verschlankungen, die für ein Überleben erforderlich sind, eine Bewusstseinsvertiefung und -erweiterung erfordern. Sie dürfen sich nicht in den unerotischen Planquadraten eines Nanny-Staates erschöpfen, nicht in Nudgings und Framings durch eine abgehobene, selbst ernannte Elite, die dem „Volk, dem großen Lümmel" zeigt, was sein eigenes Interesse sein sollte. Sie erfordern vielmehr eine Selbstaufklärung, die sich den Nachtseiten und Dialektiken der Aufklärung aussetzt.

5. Fermata: Die Schönheit des Gerechten

Der gestaltende Verzicht, die Asketik, die zugleich „Delectatio", Freude und Lebendigkeit erfordert, ist nämlich, wie Mayer-Tasch in Theorie und Praxis zeigt, ein dringendes Desiderat und eine Aufgabe, die nur in der Verschränkung von innerer und äußerlicher Handlung möglich ist.[14] Man sollte sich nicht darüber täuschen, dass der damit verbundene Verzicht auf das, was sich machen und erzeugen lässt, ein weitgehendes Novum in der Weltgeschichte wäre: Nicht zu tun, was man technologisch tun könnte, bedeutet aber eben das Gegenteil von Regression, wenn damit ein tieferes, helleres Selbst- und Gemeinwohl-Bewusstsein einhergeht.

Die Gestaltungslinien, die damit eröffnet werden, verweisen in jenen weiten Bogen, dem die Lebensarbeit von Mayer-Tasch in ihrer symphonischen Vielstimmigkeit verpflichtet ist: Sie eröffnen die Desiderate eines ästhetisch-künstlerischen Umgangs mit den Ressourcen und Tradierungen von Kunst und Natur, mit Bauwerken und Lebensstoffen, der nicht einer ästhetizistischen, sondern einer pragmatischen Haltung abgewonnen ist: dem Umgang mit unserem In-der-Welt-Sein.

Ökologische Gerechtigkeit ist *conditio sine qua non* dafür, dass man von sozialer Gerechtigkeit überhaupt sprechen und, was dringend nötig ist, jenseits der gedankenlosen und mörderischen Utopien auf sie zielen

---

[14] Vgl. dazu u.a. die schöne Anthologie Mayer-Tasch/Gottwald/Malunat 2015.

kann. Zugleich setzt sie deren Planungen und Utopien Grenzen und gibt ihnen auf diese Weise erst Form. Übrigens dürfte sich dies auch in der Weise eines ökologischen Umgangs mit der digitalisierten sozialen Welt, in einer Human- und Sozialökologie zeigen, die sich nicht an die Allverfügbarkeit von Bildern, Informationen und Rederechten verliert, sondern sich Halte- und Ruhepunkte gibt, den enharmonischen Wechsel zwischen Vita activa und Vita contempliva.

Dem hat Mayer-Tasch auch durch den Wechsel in Diktion und Textur seiner Schriften Rechnung getragen: zuletzt besonders gelungen in dem schmalen, aber dichten Band ‚Weg ins Wagnis', der Gedichte und lyrische Notate enthält[15], die weit mehr sind als die „Gelegenheitsgedichte", die der Verfasser selbst in noblem Understatement ankündigt. Die Gedichte korrespondieren mit der kraftvollen Arbeit der Holzschnitte des Studien- und Jugendfreundes F.W. Bernstein. Entstanden sind sie in verschiedenen Lebensaltern, die man nicht kennen muss. Orte, Zeiten, Lebenssituationen geben den Gedichten ihre Stimmung. Es sind Verse mit Rhythmus, Atem und Melos: einmal hart gefügt, dann wieder in eine unendliche Melodie versetzt. Antike Bilder wirken nicht als Bildungszierrat, sondern als Akzent authentischer Selbstverständigung im bewussten Leben. Nahe und ferne Orte gewinnen Gestalt: Veithöchheim neben Schwetzingen und den nördlichen und südlichen Meerlandschaften. Unter den Titel ‚Gegenwart' rückt Mayer-Tasch die Verse: „Ein Tag im August – / Ich trinke / die Sonne vom Grasmeer ringsum, / Ein Tag im August – / Ich sinke: / Das Raunen der Zeit bleibt stumm" (23). Herausragend ist auch das Erinnerungsgedicht ‚Der Bernstein': ein Dialog mit einem alten Fischer, der, statt die Frage des Ich nach dem Zeitpunkt der Wiederkehr des Meeres zu beantworten, ihm einen besonders schönen Bernstein in die Hand legt und behauptet, „ihn an Land gefunden zu haben" (32f.). Nach diesem Gedicht gab sich, by the way, F.W. Bernstein seinen Namen, der ihn als Karikaturisten weithin bekannt machte.

Auch vom Schrecken ist in Mayer-Taschs Gedichten die Rede, von Daseinsmächten, die das Gleichgewicht zerbrechen und aus deren Spannung vermutlich überhaupt erst eine Gleichgewichts- und Gerechtigkeitsordnung gewonnen werden kann. „In seinen Fängen / Verwittert die Sonne ... Es schwimmt ein Puma / durch mein Blut" (67). Dass das Schöne doch nur des Schrecklichen Anfang ist, weiß er mit Rilke, und dass das

---

[15] Mayer-Tasch 2019; die Seitenzahlen beziehen sich auf diese Ausgabe.

Schöne gerade aufgrund seiner Vergänglichkeit und Sterblichkeit berührt. Von einem Gleichgewicht eigener Tiefe spricht das ‚Liebesgedicht': „Wovon sollte ich Dir erzählen? Dass es Kreise nicht / gibt? Vom / Kreuzweg der Haie, oder vom / Schneeglück unserer Tage?" (113).

Es ist wundervoll, dass der „spätere" Mayer-Tasch in solchen Versen die Spiegelungen zwischen Polis und Seele, der größeren und der kleineren Schrift, Platon zufolge, aufgenommen hat. Verse, die ungleich mehr sind als ein Plädoyer. Dennoch treten sie überzeugend für eine Wahrheit und Wirklichkeit ein, die gerade dem Gerechtigkeitsproblem zugrunde liegen.

Es wird nämlich einer Selbst-Gestaltung bedürfen, einer bewussten Hierarchisierung von Mitteln und Zwecken und einer Art neuer „Ordo amoris", um nicht in der Omnipräsenz des Netzes unterzugehen.

Die Sorge für die Ökologie von Seele und Welt in ihren verschiedenen Größen verweist politische Theorie auf Ethik und Ästhetik, und auf praktische Urteilskraft, und damit auf Geschmack (Sapor) und Weisheit (Sapientia).

Gerade wenn in der „vielspältigen" (E. Troeltsch) einen Welt, wie zu erwarten ist, der Druck sozialer Gerechtigkeitsforderungen wächst, sind wir auf umfassende – virtuelle und realistische – Kommunikationsformen angewiesen, die den Anforderungen des Oikos Rechnung tragen. Die natura daedala rerum, die Natur also, so Kant, ist Garantin dafür, dass es einen ewigen Frieden gibt, der kein Kirchhoffriede ist.

Dies bedeutet aber auch, die Politische Philosophie auf Fragen des Schönen, des Spirituellen und der Liebe zu öffnen, wie es in exemplarischer Weise der Jubilar getan hat und weiter tut.

Mayer-Tasch hat in seinem Oeuvre immer wieder eindrücklich und elegant Brücken zwischen machtpolitischen, rechtlich kodifizierenden Positionen und Begriffen geschlagen, die von der entos in die exos praxis verweisen. Diese Vielstimmigkeit in einer spannungsreichen Harmonie ist im Letzten aus Sorge für Oikos und Polis und aus Liebe zu ihnen motiviert. Sie ist wahrhaft kosmo-politisch und daher in der Lage, die Spannungen der Gerechtigkeit in eine „gegenstrebige Harmonie" zu bringen, von der Heraklit bereits sprach.

Literatur

Benjamin, W. (1974): Geschichtsphilosophische Thesen; These IX, in: W. Benjamin, Gesammelte Schriften, hg. von R. Tiedemann und H. Schweppenhäuser. Band I. Frankfurt a.M.

Habermas, J. (2011): Zur Verfassung Europas. Ein Essay. Berlin.

Höffe, O. (1999): Demokratie im Zeitalter der Globalisierung. München.

Jonas, H. (1979): Das Prinzip Verantwortung. Versuch einer Ethik für die technologische Zivilisation. Frankfurt a.M.

Mayer-Tasch, P. C. (2006): Mitte und Maß. Leitbild des Humanismus von den Ursprüngen bis zur Gegenwart. Baden-Baden.

Mayer-Tasch, P. C. (2019): Weg und Wagnis. 55 frühere und spätere Gedichte, mit 8 Holzschnitten von F.W. Bernstein. Gelnhausen.

Mayer-Tasch, P. C.; Gottwald, F.-Th.; Malunat, B. (2015): Die unerschöpfliche Kraft des Einfachen. Wiesbaden.

Popper, K. R. (1984): Das Elend des Historizismus. Tübingen.

Ricoeur, P. (1996): Das Selbst als ein Anderer. München

Sloterdijk, P. (2014): Die schrecklichen Kinder der Neuzeit. Über das anti-genealogische Experiment der Moderne. Berlin: Suhrkamp.

Weizsäcker, E. U. von (1990): Erdpolitik. Ökologische Realpolitik an der Schwelle zum Jahrhundert der Umwelt. 2. Aufl., Darmstadt.

Billigkeit und Tyrannei der Werte: Zwei dialektische Grenzbereiche von Gerechtigkeit

Ulrich Weiß

„Nichts übertreiben."
(Baltasar Gracián: Handorakel und Kunst der Weltklugheit, Abschnitt 41)

Einleitende Bemerkungen zum Thema

Gerechtigkeit ist ein normatives Leitprinzip von herausragender Bedeutung. Faktisch zeigt sich dies in seiner institutionalisierten Präsenz im Recht, von der die menschliche Kulturgeschichte Zeugnis ablegt. Die Theoretisierung der Gerechtigkeit in Philosophie, Ethik, Politischer Theorie und Rechtswissenschaft zieht sich von der klassischen griechischen Philosophie über das christliche Mittelalter und die neuzeitlichen Rechtslehren bis ins 20. Jahrhundert, wo John Rawls' Theorie der Gerechtigkeit eine bis heute andauernde akademische Revitalisierung der Befassung mit dem Thema bewirkt hat.

Schon in der klassischen griechischen Philosophie wird Gerechtigkeit sowohl als Tugend als auch als politisch-gesellschaftlicher Ordnungsbegriff aufgefasst. Als *Tugend* meint sie eine praktisch zu vollziehende Kompetenz für ein gutes Leben. Ihr besonderer Rang zeigt sich darin, dass sie bei Platon wie bei Aristoteles andere essenzielle Tugenden wie Tapferkeit, Besonnenheit und Weisheit umgreift. Als *Ordnungsbegriff* zeigt sich Gerechtigkeit bereits in Platons „Politeia", wo es darum geht, die ideale, sprich gerechte Polis dialogisch quasi zu konstruieren. Aristoteles liefert dann im 5. Buch seiner „Nikomachischen Ethik" ein für das europäische Rechtsdenken der folgenden Jahrhunderte maßgebliches systematisch durchstrukturiertes Verständnis von Gerechtigkeit. Der Gerechtigkeitsbegriff gliedert sich in zwei Teile: Zum einen die *Teilgerechtigkeit* (in der scholastischen Terminologie die iustitia particularis), die sich am Kriterium des Gleichen (to ison) auf spezielle Bereiche der Polis bezieht. Bis heute maßgeblich sind hier die Tauschgerechtigkeit (die iustitia commutativa) und die Verteilungsgerechtigkeit (iustitia distributiva). Erstere regelt insbesondere ökonomische Tauschvorgänge – etwa den Tausch zweier Waren oder einer Ware und Geld, aber auch die Wiedergutmachung von Schäden. Während diese Gleichheit eine arithmetische ist, d.h. in Zahlen und Quantitäten ausdrückbar, ist die Gleichheit der distributiven Gerechtigkeit eine geometrische, d.h. proportionale: Sie richtet sich auf Leistung, Stellung, Verdienst und Ehre in einer Gesellschaft, die zwar unterschiedlich zu verteilen sind – nicht jedem steht hier das Gleiche zu, sondern Ungleiches je nach Leistung etc. –, aber gerade in dieser Unterschiedlichkeit eine Gleichbehandlung erfordern, z.B. gleicher Anteil bei gleicher Leistung. Über diesen Teilgerechtigkeiten erhebt sich eine umfassende *Gesamtgerechtigkeit* (iustitia universalis). Ihr Kriterium ist das Gesetz (to nomimon), weswegen sie scholastisch auch iustitia legalis genannt wird. Vor dem Hintergrund der wesentlich organischen Modellierung der Polis bei Aristoteles wird man sagen können, dass die Gesamtsystematik von Gerechtigkeit nicht summativ zu verstehen ist, will sagen: nicht in dem Sinne, dass das Ganze sich in der Summe der Teile erschöpfen würde. Das Ganze ist mehr als die Summe der Teile und betrifft insofern auch die Stellung der Teile zueinander, die aus den Teilen allein nicht festzulegen wäre.

Die folgenden Überlegungen beziehen sich auf zwei „kritische" Aspekte des Gerechtigkeitsbegriffs insofern, als dieser an gewisse Grenzen stößt, die – ausgehend vom Begriff und auf ihn bezogen – diesen als mangelhaft, ja sogar als selbstwidersprüchlich erscheinen lassen. Man kann diese Selbstwidersprüchlichkeit als dialektisch bezeichnen – „Dialektik" nicht im philosophisch elaborierten Sinne Hegels, sondern bescheidener verstanden: dass nämlich Positives und Negatives, Gutes und Schlechtes sich trotz und gerade in ihrer Widersprüchlichkeit aufeinander beziehen. Salopp gesagt: dass alles Gute sein Schlechtes und alles Schlechte sein Gutes hat. Diese Beziehungslogik versuche ich im Folgenden an der Frage nach der Billigkeit und am Motiv der Tyrannei der Werte deutlich zu machen. Beide markieren Grenzen, indem sie einmal auf ein Zuwenig, das andere Mal auf ein Zuviel der Gerechtigkeit verweisen. Genauer: Die Billigkeit macht Gerechtigkeit erst vollständig, während eine tyrannisch überhöhte Gerechtigkeit diese zerstört.

Die Perspektive der Billigkeit

Mit der Frage nach der Billigkeit eröffnet sich eine Ideenlineatur, die von der griechischen epieikeia über die lateinische aequitas bis zur englischen equity reicht. Was gemeint ist, sei an Aristoteles erörtert, da er nicht nur mit seinem Gerechtigkeitsbegriff die einschlägige Folie geliefert, sondern im 14. Kapitel des 5. Buches seiner „Nikomachischen Ethik" die epieikeia behandelt und deren Verhältnis zur Gerechtigkeit eingehender reflektiert hat. Aristoteles betont unumwunden die Schwierigkeit, die sich mit diesem Verhältnis auftut. Einerseits gehöre das Billige zur Gattung des Gerechten, und von einem Widerspruch könne insofern keine Rede sein. Andererseits aber sei „die Billigkeit das Bessere", indem sie als Korrekturinstanz der Gesamt- bzw. Gesetzesgerechtigkeit fungiere. Wenn die Billigkeit auch nicht besser sei als das Recht überhaupt, so doch besser als „ein gewisses Recht", eben die Gesetzesgerechtigkeit. Der Mangel, der hier zu korrigieren ist, besteht in der Allgemeinheit der Gesetzesgerechtigkeit, welche im konkreten Einzelfall versagen kann oder ungenügend bleibt. Diesen Mangel kompensiert die Billigkeit. „Und das ist die Natur des Billigen: es ist eine Korrektur des Gesetzes, da wo dasselbe wegen seiner allgemeinen Fassung mangelhaft bleibt." Es geht um die „besonderen faktischen Verhältnisse". Besonders hingewiesen sei auf eine praktische Pointe, welche die Spezifität der Billigkeit noch einmal exemplarisch betont: Der Billige (epieikes) verzichtet gegebenenfalls darauf, seinen Anspruch auf Gerechtigkeit gegenüber anderen in jedem Falle durchzusetzen und es damit auf die Spitze zu treiben. Auf diesen Fall sei nicht nur um der exemplarischen Verdeutlichung willen hingewiesen. Er setzt auch ein Gegenmodell zur (noch so gerechtfertigten) Durchsetzung des Rechts sozusagen auf Biegen und Brechen, wie sie im nächsten Teil dieses Aufsatzes eine typische Rolle spielen wird.

Für Aristoteles liegt der Fehler bzw. der Mangel in der Gesetzesgerechtigkeit weder im Gesetz selbst, das ja ein allgemeines sein soll, noch im Gesetzgeber, der es ja gerade mit dieser allgemeinen Zielsetzung erlässt. Der Mangel ist vielmehr in der „Natur der Sache" selbst zu verorten. Die Differenz zwischen Gesetzesgerechtigkeit und Billigkeit bleibt eine substanzielle. Die Natur der Sache, das ist die Praxis und ihr jeweiliger konkreter Einzelfall, dem das Recht mit seiner allgemein intendierten Gesetzesgerechtigkeit nicht notwendigerweise ganz zu entsprechen vermag. „Denn im Gebiet des Handelns ist die ganze Materie von vornherein so (dass das gedachte Gebrechen nicht ausbleibt)." Das Gesetzes-Recht kann offenbar nicht vollständig und perfekt jedem konkreten Falle gerecht werden. Niklas Luhmann würdigt dieses in der Tat essenzielle Problem so: „Schon sehr früh, schon fast seit dem Beginn einer Art Ausdifferenzierung des Rechtsdenkens findet man Anhaltspunkte für ein Bewusstsein der logischen Unvollständigkeit der Rechtsordnung. Das Recht kommt mit dem Recht allein nicht zurecht. Eine erste Reaktion auf diese Erfahrung mobilisiert die unklare Vorstellung einer Art *zweiten Rechts hinter dem Recht*, so als ob es gälte, die Theorie logischer Typen vorwegzunehmen. Es gibt danach zusätzlich noch etwas, was man epieikeia, aequitas, Billigkeit, equity nennt, und in diesem Bereich wird für Ausgleich von Härten und Einzelfallgerechtigkeit gesorgt ohne Rückwirkung auf das Recht selbst. Hier ist gleichsam die Ebene, in der alles, was am Berge des Rechts nicht ordentlich befestigt ist, heruntergerollt und weich landet." (Luhmann 2000, 11)

Gerechtigkeit als Moment einer Tyrannei der Werte

Eine andere Grenzerfahrung ergibt sich, wenn Gerechtigkeit einer Tyrannei der Werte verfällt. In dieser Grenzerfahrung finden wir eine radikale Negation, indem die Gerechtigkeit letztlich untergeht. Der Ausdruck einer Tyrannei der Werte stammt wohl von Nicolai Hartmann und lässt sich als zentraler Bestandteil einer kritischen Zeitdiagnose der rezenten Moderne lesen. Ein Wert wird dann tyrannisch, wenn er als einziger absolut gesetzt wird. Zur Tyrannei der Werte kommt es, „wenn man die einzelnen Werte in ihrer Einseitigkeit zugespitzt nimmt, jeden in der ganzen Rigorosität seiner Idee. Das ist nicht ein Gedankenexperiment der Abstraktion. Es gibt im Leben den Rigorismus der einzelnen Werte. Er kann sich bis zum Fanatismus steigern. Jeder Wert hat – wenn er einmal Macht gewonnen hat über eine Person – die Tendenz, sich zum alleinigen Tyrannen des ganzen menschlichen Ethos aufzuwerfen und zwar auf Kosten anderer Werte, auch solcher, die ihm nicht material entgegengesetzt sind. Diese Tendenz haftet zwar nicht den Werten als solchen in ihrer idealen

Seinssphäre an, wohl aber als bestimmenden Mächten im menschlichen Wertgefühl; sie ist eine Tendenz der Verdrängung anderer Werte aus dem Wertgefühl." (Hartmann 1962, 576) All diesen Absolutsetzungen eines je einzelnen Wertes ist die Haltung eines kompromisslos intoleranten Fanatismus zu eigen, mit dem andere Werte vernachlässigt, ja sogar destruiert werden. In diesem Sinne gibt es einen Fanatismus der Nächstenliebe, der Wahrhaftigkeit, der Treue, des religiösen Glaubens. Und es gibt auch „einen Fanatismus der Gerechtigkeit (fiat iustitia pereat mundus)", der um der Gerechtigkeit willen alle anderen Werte des menschlichen Zusammenlebens zur Disposition stellt. In deren Negation zeigt sich eine Dialektik ganz eigener Art, die selbstbezüglich alle Werte bis hin zu den höchsten ergreift. „Alle diese Werte sind in ihrer höchsten Steigerung gerade am meisten gefährdet." (Hartmann 1962, 576)

Was die Gerechtigkeit betrifft, so wird man ihrer tyrannischen Perversion in heutigen Massendemokratien eine hohe Plausibilität nicht absprechen können: Gerechtigkeit ist längst zu einem der meistbeanspruchten normativen Ziele geworden. Ihre Verwendung als politisches Schlagwort von Akteuren verschiedenster Art – mit Rahmenbezügen gendermäßiger, ethnischer, nationaler, rassischer, politischer und religiöser Art – lässt dabei allzu oft die Differenziertheit des Begriffs und seine Balance zwischen partikularen und ganzheitlichen Gesichtspunkten, wie sie bereits von Aristoteles vorgeführt wurde, gänzlich vermissen. Billigkeitserwägungen haben hier keinen Platz mehr. Es geht um rigorose Durchsetzung partikularer Interessen und Wertvorstellungen, die – anders als im oben angeführten aristotelischen Beispiel – neben dem Rechthaben auch das Rechtdurchsetzen auf die Spitze treiben. Dann gilt Graciáns Mahnung in Abschnitt 82 seines „Handorakels": „Das größte Recht wird zum Unrecht".

Das narrative Modell für einen solchen Fanatismus der Gerechtigkeit stammt bereits aus der Literatur des 19. Jahrhunderts. Es ist Heinrich von Kleists Erzählung „Michael Kohlhaas. Aus einer alten Chronik", die sich – wie der Untertitel schon sagt – an eine sächsische Chronik anlehnt, diese aber auch frei entwickelt. Ausgangspunkt und durchgängige Erzähllinie ist ein Rechtskonflikt des Rosshändlers Kohlhaas mit dem Junker Wenzel von Tronka um die Rückgabe zweier Rösser und um die Entschädigung und Wiedergutmachung damit verbundener Nachteile (Wiederauffütterung der Rösser, Erstattung der Krankheitskosten für den Knecht Herse, der von den Bedienten des Junkers übel zugerichtet wurde). Dass der Adlige im Unrecht ist, liegt klar zutage. Kohlhaas hält den ordentlichen Rechtsweg ein (wir können sagen: die institutionalisierte iustitia legalis), aber durch manche Friktion führt dieser Weg nicht zum Erfolg, und überdies verliert die Ehefrau von Kohlhaas im Gang der Ereignisse ihr Leben. Im Bestreben, zu seinem Recht zu kommen, überfällt Kohlhaas mit seinen Knechten die Burg des Junkers und äschert sie ein. Die Verfolgung des Junkers führt ihn vor die Stadt Wittenberg, wo er mit dem Heer, das ihm inzwischen zugelaufen ist, die Auslieferung seines Rechtsgegners und Feindes erzwingen will. Ich halte an dieser Stelle ein, weil der für die Frage der Gerechtigkeit relevante Kern klar ist: Kohlhaas verabsolutiert sein gutes Recht und dessen Durchsetzung mit einer solchen Unbedingtheit, dass sein Recht in Unrecht umschlägt. Dieser Umschlag ist die zentrale Dialektik der ganzen Erzählung. Aus dieser Perspektive ist die Feststellung zu verstehen, Kohlhaas sei „einer der rechtschaffensten zugleich und entsetzlichsten Menschen seiner Zeit" gewesen; „die Welt würde sein Andenken haben segnen müssen, wenn er in einer Tugend nicht ausgeschweift hätte. Das Rechtgefühl aber machte ihn zum Räuber und Mörder." (Kleist 1967, 7)

„Die Tyrannei der Werte" lautet der Titel eines 1967 veröffentlichten Aufsatzes von Carl Schmitt, der sich explizit und ausführlich zitierend auf Nicolai Hartmann bezieht, aber darüberhinausgehend eine Analyse und Kritik des Wertedenkens und seiner selbstzerstörerischen Logik entfaltet, die Nietzsches nihilistische „Umwertung aller Werte" als leitenden Hintergrund vermuten lässt. Wo alles der Wertung unterliegt (Schmitt verweist hier auf die Herkunft des Wertbegriffs aus der Ökonomie), dort kommt es zu Aufwertungen und Abwertungen, Umwertungen bis hin zu Entwertungen, die in der Stigmatisierung und Vernichtung von Unwertem gipfeln (letzteres beispielsweise als „unwertes Leben" in der Euthanasie). „Damals, 1920, war es möglich, in aller Humanität und Gutgläubigkeit die Vernichtung lebensunwerten Lebens zu fordern. Wieviel harmloser und ungefährlicher kann es heute erscheinen, die Veröffentlichung veröffentlichungsunwerter Schriften und die Äußerung äußerungsunwerter Meinungen zu unterdrücken, die Drucklegung druckunwerter Bücher und Aufsätze schon in der Druckerei zu unterbinden und die Beförderung beförderungsunwerter Personen oder Sachen schon am Bahnhof oder Ladeplatz unmöglich zu machen. Das könnte doch alles unter der Parole der Freigabe der Vernichtung von Unwerten gefordert werden, und es wäre alles doch nur die unmittelbare Durchsetzung höherer Werte gegenüber niederen Werten oder gar Unwerten." (Schmitt 1967, 62 – im Original alles kursiv gesetzt)

Es wäre viel zu kurz gegriffen, ja geradezu realitätsblind, würde man Hartmanns und Schmitts kritische Zeitdiagnosen nur auf autoritäre oder totalitäre Systeme beziehen. Die letzten Jahrzehnte haben in wachsendem Maße gezeigt, wie auch liberale Demokratien der Tyrannei der Werte erliegen. Political Correctness ist nur eine ihrer Ausdrucksformen, der Krieg der normativ aufgeladenen Schlagwörter und ihrer jeweiligen Feinddefinitionen eine andere. Der Wert der Gerechtigkeit scheint in dieser tyrannischen Willkür auf den ersten Blick noch gut dazustehen. Der Schein mag freilich trügen: Hinter dem inflationär gebrauchten Etikett verbergen sich oftmals maßlose Forderungen anklagender Minderheiten sowie Durchsetzungswünsche, deren utopischer Charakter einer selbstzerstörerischen Logik folgt.

Zum Schluss ...

... zunächst ein Fazit: Die Wahrung der Billigkeit einerseits und die Vermeidung der Wertetyrannei andererseits sind beide trotz ihres gegenteiligen Charakters essenziell, um der Gerechtigkeit „gerecht zu werden" – oder vielleicht besser: damit Gerechtigkeit sich selbst „gerecht wird". An diesem Spannungsverhältnis zeigt sich eine Dialektik der Gerechtigkeit. Diese gewinnt schärfere Konturen im Blick auf Billigkeit und Wertetyrannei.

All das findet sich eingebettet in ein umfassenderes Begriffsgeflecht, bei dem sich je nach Schwerpunkt zwei Wege unterscheiden lassen. Ein mehr *theoretischer Weg* führt mit Platon in die Höhen einer Metaphysik des *Guten*. In Platons „Politeia" folgt der „ersten Seefahrt" des Dialogs zu den unterschiedlichen Verständnissen von Gerechtigkeit die grundlegende „zweite Seefahrt" zum Guten bzw. der Idee des Guten als dem alles tragenden Einen. Schon hier lauert die theoretische Frage schlechthin, nämlich die Frage nach dem Grund. Die (Letzt-)Begründungsversuche in der Ideengeschichte von Gerechtigkeit führen zu unterschiedlichen Instanzen wie Natur, Geist, Kultur, Geschichte, zu meist gewaltsamen Setzungen und Durchsetzungen, zu schlichter Gewohnheit etc. – Instanzen, deren Pluralität auf die prinzipielle Schwierigkeit solcher Begründungsanstrengungen hinweist. Im 20. Jahrhundert führt der Weg unter anderem zur postmodernen Dekonstruktion, wo Jacques Derrida höchst problematisch eine Selbstbegründung von Gerechtigkeit in der Dekonstruktion selbst andenkt („Die Dekonstruktion ist die Gerechtigkeit." Derrida 1991, 30). In all diesen Versuchen zeigt sich, dass sich das Recht nicht aus sich selbst zu begründen vermag, sondern sich in „Gründungsparadoxien" verfängt (Fögen 2007, Kap. 4, v.a. S. 91ff.; siehe auch oben das Zitat von Luhmann).

Mindestens genauso substanziell scheint der zweite, der *praktische Weg*. Auch er führt zum *Guten*, verstanden als sokratisches und aristotelisches agathon anthropinon, wie es sich vor allem in den ethischen Tugenden zeigt, die im griechischen Verständnis keine primär theoretische, sondern eine genuin praktische Angelegenheit sind, indem sie sich erst im Handeln, in der Praxis konstituieren und realisieren. Die ihnen entsprechende spezifisch praktische Vernunft ist nicht die Wissenschaft (episteme), sondern die Klugheit (phronesis). Dieser Weg verläuft durch einen genuin menschlichen Aufenthalt im Sein und fasst das ihm entsprechende Ethos ins Auge. Hier scheinen wesentliche Aspekte des *Humanums* auf, indem nicht nur in der Tugend der Gerechtigkeit, sondern auch in ihren Grenzbereichen – der Billigkeit und der Wertetyrannei – auf ein *menschliches Maß* Bezug genommen wird. In der korrektiven Hinzunahme der Billigkeit zur Gerechtigkeit bringt sich – jenseits aller Wissenschaft oder Metaphysik – die Praxis als menschlicher Lebensvollzug maßgebend zur Geltung. Gleiches gilt – in umgekehrter, da negativer Richtung – auch für die tyrannische Absolutsetzung: In ihrer Maßlosigkeit verliert sich die Gerechtigkeit und verschwindet im Fanatismus. Das eine, die Billigkeit, zu wahren, und das andere, die Tyrannei, zu vermeiden: Das impliziert das Anlegen eines menschlichen Maßes. Ich zitiere Hartmann: „In diesem Sinne läßt sich sagen, alle sittlichen Werte haben auch ihren Widerhaken – zwar nicht ansich, wohl aber für den Menschen –, eine Grenze, von der ab ihre Herrschaft im Wertbewußtsein aufhört wertvoll zu sein. Es kehrt damit ein axiologisches Motiv in ihnen wieder, das wir aus einer anderen Wertsphäre her genugsam kennen. Tätigkeit, Leiden, Freiheit, Vorsehung, Vorbestimmung sind nur in den Grenzen wertvoll, in denen der Mensch Tragkraft für sie hat." (Hartmann 1962, 576) Die Dialektik der Gerechtigkeit findet ihren Grund und Sitz im Menschen und seiner Suche nach Mitte und Maß. An dieser Stelle ist es nur „(ge)recht und billig", auf eines der wichtigsten Bücher meines Kollegen Peter Cornelius

Mayer-Tasch zu verweisen, wo dieser Suche in einem weiten kulturgeschichtlichen Rahmen Raum gegeben wird.

Bibliographische Angaben

Aristoteles (1972): Nikomachische Ethik. Auf der Grundlage der Übersetzung von Eugen Rolfes hg. von Günther Bien. Hamburg.

Derrida, Jacques (1991): Gesetzeskraft. Der „mystische Grund der Autorität". Frankfurt a.M.

Fögen, Marie Theres (2007): Das Lied vom Gesetz. München.

Gracián, Baltasar (1967): Handorakel und Kunst der Weltklugheit, deutsch von Arthur Schopenhauer, mit einer Einleitung von Karl Voßler. Stuttgart (zuerst spanisch 1647).

Hartmann, Nicolai (1962): Ethik. Berlin.

Kleist, Heinrich von (1967): Michael Kohlhaas. Aus einer alten Chronik, in: Kleist: Sämtliche Werke. München, S. 7-85.

Luhmann, Niklas (2000): Die Rückgabe des zwölften Kamels: Zum Sinn einer soziologischen Analyse des Rechts, in: Teubner, Gunther (Hg.): Die Rückgabe des zwölften Kamels. Niklas Luhmann in der Diskussion über Gerechtigkeit. Stuttgart, S. 3-60.

Mayer-Tasch, Peter Cornelius (2006): Mitte und Maß. Leitbild des Humanismus von den Ursprüngen bis zur Gegenwart. Baden-Baden.

Platon (1990): Politeia / Der Staat, Bd. 4 von Platon: Werke in acht Bänden, griechisch und deutsch, Hg. Gunther Eigler. 2., unveränd. Aufl., Darmstadt.

Schmitt, Carl (1967): Die Tyrannei der Werte, in: Säkularisation und Utopie. Ebracher Studien. Ernst Forsthoff zum 65. Geburtstag. Stuttgart u.a., S. 37-62.

Straub, Eberhard (2010): Zur Tyrannei der Werte. Stuttgart.

Können wir Ökologie und Soziales versöhnen?

Politikwissenschaftliche Überlegungen im Zeichen des Klimawandels

Franz Kohout

Einleitung

Die aktuellen Szenarien des Weltklimarates (IPCC Sonderbericht 2019) zeichnen ein düstereres Bild der Klimaänderungen als bisher. Bis zum Ende des 21. Jahrhunderts wird die befürchtete globale Erwärmung der Biosphäre bei 3 bis 4 Grad Celsius liegen. Das Ziel einer Stabilisierung der Erwärmung bei 1,5 bis 2 Grad im Vergleich mit dem vorindustriellen Zeitalter, wie es das Pariser Abkommen von 2015 noch ins Auge fasste, scheint kaum noch erreichbar zu sein. Die Folgen eines zunehmenden Treibhauseffektes sind kaum mehr umstritten: Grönland und die meisten arktischen Gebiete werden eisfrei sein, der Meeresspiegel wird bis zu 110 Zentimeter ansteigen, die Versauerung der Weltmeere wird sich fortsetzen; Überflutungen, Dürren und Stürme werden zunehmen, bis zu 10 Prozent der Arten werden noch in diesem Jahrhundert aussterben, die Ernährung der bis dahin wohl 10 Milliarden Menschen wird nicht gesichert sein und bisher nicht gekannte – klimabedingte – Migrationsbewegungen werden uns bevorstehen.

Dabei betrifft der Klimawandel uns alle, aber in sehr unterschiedlicher Weise – räumlich, zeitlich, sektoral, finanziell. Zum Beispiel als Bewohner pazifischer Inseln, als Kinder und Jugendliche oder Senioren, als Arbeiter im Braunkohletagebau oder uns alle über die Stromrechnung. Zunächst werden sich die Veränderungen (mindestens in den Industriestaaten) zwar nur graduell auswirken, später zum Ende des Jahrhunderts jedoch umso deutlicher wirksam werden. Aber, so der IPCC-Vorsitzende Rajendra Pachauri im Weltklimabericht 2013/14: „Die Kosten des Nichthandelns werden entsetzlich viel höher sein als die Kosten des Handelns". Die Verteilung dieser Kosten stellt die soziale Frage nochmal in den Vordergrund der Überlegungen.

Der folgende Beitrag will diese unterschiedlichen Ebenen der Umwelt- und Klimakrise beleuchten und sie als sozialpolitisches Problem diskutieren. Insbesondere soll der Frage nachgegangen werden, ob und gegebenenfalls wie wir als moderne demokratische Gesellschaften diese Gemengelage der Betroffenheit angesichts der ungeheuren Herausforderungen politisch bewältigen können.

Eine politikwissenschaftliche Analyse

Die Cleavage-Theorie will das Entstehen politischer Parteien anhand von gesellschaftlichen Konfliktlinien erklären. Im 19. Jahrhundert entstanden vor dem Hintergrund der für Arbeiter katastrophalen Bedingungen der Industrialisierung sozialdemokratische und sozialistische Parteien. Die Konfliktlinie bestand zwischen „Arbeit" und „Kapital". Im ausgehenden 20. Jahrhundert kristallisierte sich vor dem Hintergrund schwerer Umweltzerstörungen eine neue Cleavage heraus, die man als „Ökologie" versus „wirtschaftliches Wachstum" bezeichnen könnte. Ab dem Ende der 70er Jahre formierten sich daher auch ökologische Parteien wie etwa Die Grünen in Deutschland. 1983 zogen sie erstmals (auch auf Kosten der SPD) in den Bundestag ein. Die Verbindungslinie zwischen dem ökologischen und dem sozialen Anliegen war jedoch noch nicht scharf ausgeprägt; die Emanzipations-, Friedens-, Frauen- und Dritte-Welt-Bewegungen setzten zum Teil andere thematische Schwerpunkte. Und Deutschland mit seinem ausgebauten Sozialstaatsgefüge wies keine großen ökologischen Disparitäten auf – weder in Bezug auf die räumliche noch auf die klassen- oder schichtenmäßige Verteilung. Lediglich, als die Grünen in den 80er Jahren forderten, den Benzinpreis pro Liter auf fünf D-Mark anzuheben, regte sich Protest und der kam nicht nur von der Autofahrerlobby. Prompt bildete sich auch eine „Autofahrer- und Steuerzahlerpartei". Also doch wieder die alte soziale Frage des „Wer soll das alles bezahlen", die jetzt mit der neuen ökologischen Frage im Widerstreit liegt?

Die Wahrnehmung der ökologischen Krise als soziale Frage

In der prosperierenden Bundesrepublik mit ihrem Credo von „gleichwertigen Lebensverhältnissen" gab es bisher nur geringe Verwerfungen zwischen ökologischen Gefährdungen und sozialen Disparitäten. Natürlich macht es einen Unterschied, ob man in einer verkehrsberuhigten Parkstadt oder an einer vielbefahrenen Autobahnauffahrt wohnt. Manche Umweltbelastungen konnten aber großräumig verteilt und damit „sozialisiert" werden. Durch die „Politik der hohen Schornsteine" bekamen wir den „blauen Himmel über der Ruhr", jedoch versauerten Seen in Skandinavien, was aber nicht einmal zu diplomatischen Spannungen zwischen Deutschland und Schweden führte. In politischen Systemen mit größeren sozialen Verwerfungen gab es jedoch Entwicklungen, die deutlicher wahrnehmbar waren. Man denke etwa an die Menschen, die sich nicht nur von den Müllhalden in Manila oder Lima ernährten, sondern auch noch dort wohnen mussten. Auch in Industriestaaten, allen voran in den Vereinigten Staaten entzündete sich eine Diskussion um gesundheitliche Beeinträchtigungen durch Umweltverschmutzung und Umweltzerstörung. Besonders im Energie-, Verkehrs- und Abfallbereich wurden diese Probleme virulent. Betroffen waren besonders benachteiligte Bevölkerungsgruppen wie Afro-Amerikaner und Native Americans. Rassische und ethnische Diskriminierungen wurden besonders im Umfeld von Industrieanlagen und Giftmülldeponien festgestellt. Deutlich sichtbar wurden sie auch in der kalifornischen Landwirtschaft, wenn die Pflanzer ihre Pestizidflugzeuge über die noch auf den Feldern arbeitenden – meist aus Mexiko stammenden – Landarbeiter fliegen und sprühen ließen. Begriffe wie „environmental discrimination" oder „environmental justice" bildeten sich. Im Nachgang der *Civil-Rights*-Bewegung bildeten sich Bürgerinitiativen, die von Kirchen und liberalen Kräften unterstützt wurden, um gegen die Beeinträchtigungen zu kämpfen. Paradoxerweise waren und sind es aber die Bürgerinitiativen der bürgerlichen Mittelklasse, die die „environmental discrimination" verstärkten und verstärken. Dies geschieht über das sogenannte NIMBY-Syndrom (put it anywhere but not in my backyard). Gebildete und wirtschaftlich saturierte Bewohner der Vorstädte wehren sich (meist erfolgreich) gegen Mülldeponien, Autobahntrassen oder Atomkraftwerke. Und schlimmstenfalls haben diese Gruppen zumindest die Möglichkeit, die belasteten und gefährdeten Gebiete zu verlassen. Das deutsche Sankt-Florians-Prinzip (Heiliger St. Florian beschütze unser Haus –

zünd' andere an) geht in dieselbe Richtung. Bis heute manifestiert sich darin die Achillesferse der Bürgerinitiativbewegung.

Globale sozial-ökologische Zusammenhänge

Viele Umweltbelastungen lassen sich aber nicht lokal festmachen oder werden über hohe Schornsteine weiträumig verteilt. Manche haben einen internationalen, wenn nicht sogar globalen Einschlag wie uns die Klimadebatte lehrt. Andere Umweltzerstörungen sind Ergebnis des weltweiten kapitalistischen Wirtschaftssystems. Der Rohstoffhunger der Industriestaaten sorgt für den Raubbau am Regenwald oder lässt die Länder des globalen Südens mit den Abraumhalden der aufgelassenen Erzminen allein. Und diese Länder bekommen dann auch noch unseren Elektroschrott und Plastikmüll. Die Schwerindustrie der amerikanischen Ostküste ist seit langem nach Mexiko ausgewandert. Das arme Uganda unter dem Diktator Idi Amin ließ 1979 eine ganzseitige Annonce mit der Überschrift „Come and Pollute us" in der New York Times schalten. Auch heute nimmt die digitale Weltgesellschaft ohne Aufschrei zur Kenntnis, dass das für unsere Handys so wichtige Kobalt unter katastrophalen sozialen und ökologischen Bedingungen, teilweise unter Lebensgefahr in Kleinstminen im südlichen Kongo gefördert wird. Der Fleischhunger der Industrie und neuerdings auch der Schwellenländer führt zu Sojamonokulturen und riesigen Weidegebieten in Amazonien, wo sich einstmals die grüne Lunge der Welt befand. Und die europäischen Fischerflotten fischen den senegalesischen und mauretanischen Fischern ihren letzten Fang weg, weisen aber im Nordatlantik und in der Ostsee „Fischerholungsgebiete" aus. Die ausrangierten Fischerboote dienen dann armen Afrikanern, um auf den vorgelagerten kanarischen Inseln auf „europäischen" Boden zu gelangen und dort um Asyl zu bitten. Auch in der Klimadebatte wird dieser Nord-Süd-Konflikt deutlich: Weil die Industrieländer seit 150 Jahren ihren Wohlstand auf Kosten der Natur erlangten, fordern die nicht industrialisierten Länder ein Recht auf „Entwicklung", also ein nachträgliches Umweltnutzungsrecht, mindestens aber finanzielle Hilfe für ökologieverträgliches Wirtschaften. Ökonomisch gesehen, so eine Studie der Weltbank aus den 1980er Jahren, wäre es doch sinnvoller, den Atommüll der Industrieländer in den Wüstengebieten Nordafrikas zu „entsorgen", denn dort gäbe es eine geeignete Geologie und eine niedrige Bevölkerungszahl.

Sektorale öko-soziale Zusammenhänge

Auch was die unterschiedlichen Sektoren des Wirtschaftens angeht, hat der Klimawandel erhebliche Auswirkungen – entweder wegen des Klimawandels selbst oder wegen der Maßnahmen zu dessen Bekämpfung. So werden alte Industrien neuen weichen wie etwa in der Energieerzeugung, wo die Verbrennung von Kohle oder Erdöl wegen des hohen CO_2-Ausstoßes zugunsten von erneuerbaren Energieträgern wie Sonne, Wind und Erdwärme drastisch vermindert werden muss. Entsprechend werden Arbeitsplätze entweder verloren gehen wie im Braunkohletagebau oder geschaffen werden wie bei Windkraftanlagen oder in der Photovoltaik. Bei einem (gewünschten) massiven Umstieg auf Elektroautos werden zehntausende von Arbeitsplätzen in der herkömmlichen Autoindustrie verloren gehen. Ein Paradebeispiel für Umstrukturierungen bietet die Landwirtschaft, wenn z.B. der Anbau von Energiepflanzen wie Mais via Treibstoff E10 und Biogas zu Lasten der Lebensmittelversorgung geht. In diesem Sektor zeichnen sich Gewinner und Verlierer deutlich ab – innerstaatlich wie global.

Die Landwirtschaft hängt stark vom Klima ab und ist gegenüber Wetterextremen äußerst empfindlich. Dürren und Überschwemmungen treffen den Globalen Süden mehr als die gemäßigten Zonen. In den Industrieländern spielen Missernten wegen des relativ geringen Beitrags der Landwirtschaft zum Bruttoinlandsprodukt eine untergeordnete Rolle. Jedoch verschieben sich auch hier die Anbauzonen – dann gibt es eben Wein in Norddeutschland und Obstbau in Skandinavien. Die Szenarien reichen vom Kartoffelanbau in Grönland bis zu Getreideernten im nördlichen Sibirien. Allerdings zeigen etwa die massiven Waldschädigungen in Deutschland, dass es vermutlich mehr Klimageschädigte geben wird als Klimagewinner. Daher entbrennt auch jetzt schon der Streit darüber, wer staatliche Hilfe in Anspruch nehmen kann und in welchem Maß. Auch im Fremdenverkehr wird es Veränderungen geben. Welchen Wintertourismus wird es ohne Schnee in den Alpen geben? Oder wird Venedig „das" Städtereiseziel bleiben, wenn der Meeresspiegel drastisch steigt?

Intergenerationelle sozial-ökologische Zusammenhänge

Eine andere soziale Verwerfung können wir im ökologischen Generationenkonflikt sehen. Wir – sowohl in den Industriestaaten als auch in den Ländern des Globalen Südens – beuten die Natur brutal aus, meist ohne Rücksicht auf die Erneuerbarkeit der natürlichen Ressourcen und oft auch ohne Rücksicht auf die Langlebigkeit der Gifte. Das beste Beispiel dafür ist die Nutzung der Atomkraft: das dabei produzierte Plutonium 239 hat etwa eine Halbwertszeit von 24.000 Jahren. Bis sich natürliche Grundwasserspeicher wieder bilden, vergehen ebenfalls tausende von Jahren. Einmal verwüstete oder versalzte Gebiete sind nur unter größten Anstrengungen zu rekultivieren. Und die freigesetzten Treibhausgase wie Kohlendioxid oder Methan bleiben lange in der Atmosphäre, so dass der damit einhergehende Klimawandel für viele zukünftige Generationen zur ökologischen Hypothek wird. Seit dem Beginn der Industrialisierung leben wir auf Kosten der nachfolgenden Generationen. Man könnte auch sagen: Nach uns die Sintflut. Das Anthropozän – also das menschengemachte Erdzeitalter – verändert auch die physische Oberfläche der Erde. Die Welt wie wir sie jetzt kennen, wird es schon für unsere Enkel nicht mehr geben: Alpen ohne Gletscher, Amazonien ohne Regenwald, Halbwüsten im einst blühenden Südeuropa und einen Artenrückgang in einem bisher nicht gekannten Ausmaß.

Moralisch wie politisch stehen wir vor einem ernsten Problem, wenn nicht vor einem Dilemma. Haben wir überhaupt eine Verpflichtung gegenüber zukünftigen Generationen? Muss nicht jede Generation ihre Probleme selbst lösen. Oder, so wird gerne argumentiert, bringt nicht der technologische Fortschritt mehr Chancen, mehr Wohlstand, mehr Lebensqualität – mindestens für die meisten? Die Klimaveränderungen zeugen aber von einer anderen Qualität der Zukunftsfrage. Dieses Qualitätsmerkmal heißt Irreversibilität. Wenn wir unseren Kindern und Kindeskindern Berge von Schulden hinterlassen oder ein korruptes antidemokratisches politisches System, so kann durch Sparen, Fleiß und politische Veränderungen der Karren wieder aus dem Dreck gezogen werden. Auch die Überbevölkerung wird ein (selbstgemachtes) Ende haben. Anders ist es bei den großen und globalen Umweltveränderungen. Die Trägheit des chemisch-physikalischen Systems verhindert einen „Reparaturbetrieb" durch nachfolgende Generationen. So bleibt die entscheidende Frage: Wie können politische Systeme diesen Herausforderungen begegnen?

Diese drei Ebenen der Verbindungslinie zwischen ökologischen Erfordernissen und sozialem Ausgleich verkomplizieren sich noch einmal im 21. Jahrhundert. Jetzt ist kaum mehr umstritten, dass wir globalen Umweltveränderungen ausgesetzt sind. Auch dass wir jetzt handeln müssen ist Allgemeingut. Damit rückt der Streit um das „wie" des Handelns in den Vordergrund und damit auch die soziale Frage, sprich, wer die Kosten des Umsteuerns tragen soll. Aufgerufen sind bei diesem Handlungsauftrag die Wirtschaft, der Staat und die Verbraucher, Nord und Süd. Global gesehen wird das Gegensteuern Billionen von Euro oder Dollar kosten. Der Verteilungskampf ist vorprogrammiert – national wie international. Im Verhältnis Nord-Süd gibt es bereits Ausgleichsinstrumente und Finanzierungshilfen. „Dept for nature swap" war ein solches – also Schuldenerlass gegen Wiederaufforstungsprogramme etwa. Oder die Einrichtung eines Fonds für die Umstellung der FCKW-Produktion der Schwellenländer im Rahmen des Montrealer Protokolls. Auch das Inaussichtstellen von finanziellen Mitteln beim Kyoto-Protokoll (1995) und beim Pariser Klimaabkommen (2015) wären Beispiele dafür.

Der Vorwurf der sozialen Ungerechtigkeit

Die größte politische Herausforderung unserer Tage stellt wohl der Klimawandel dar. Der Streit darüber prägt die Innenpolitik in Deutschland und anderswo wie kein anderes Thema. Als in Frankreich im Herbst 2018 die Benzinsteuer erhöht wurde, regte sich großer Protest, weil die Erhöhung nominell Arme wie Reiche betraf. Die Ärmeren und insbesondere die Pendler waren aber überproportional betroffen. Die sogenannten Gelbwesten radikalisierten den Protest und zwangen die Regierung, die Erhöhungen weitgehend zurückzunehmen. In Deutschland gibt es Protest von der anderen Seite: Die Schülerbewegung „Fridays for Future" geißelt die passive Rolle der Regierungsparteien in Sachen Klimapolitik und trägt so dazu bei, dass die GRÜNEN in den Umfragewerten nie gekannte Höhen erreichen. Deren Vorschläge für etwa eine sozial abgefederte CO_2-Steuer liegen auch seit langem vor. Klimawissenschaftler und Volkswirte sehen darin ein wirksames Instrument zur Reduzierung der Treibhausgase. Auch große Teile der Wirtschaft befürworten eine Klimasteuer. Mindestens wollen die Unternehmen klare staatliche Vorgaben. Dennoch zögert die etablierte Politik. Sie hat Angst vor den nächsten Wahlen, vor der

Autofahrerlobby, der Bild-Zeitung, der AfD und einer möglichen deutschen Gelbwestenbewegung. Das Programm der AfD bringt die soziale Komponente der Klimadebatte auf einen Nenner: Erstens gäbe es keinen (menschengemachten) Klimawandel, zweitens träfen die Gegenmaßnahmen (Steuern, Fahrverbote) die „kleinen" Leute und drittens – wie nicht anders zu erwarten – seien die vielen Flüchtlinge in Deutschland schuld. Nachdem deren Lebensstandard in Afghanistan, dem Irak oder Syrien viel geringer ist, würden sie dort auch weniger zum Klimawandel beitragen, so im Tenor die Anfrage der AfD an die Bundesregierung im Jahr 2018.

Führende Ökonomen des Weltwährungsfonds und der OECD fordern längst die Einführung einer CO_2-Steuer. In Ländern wie etwa der Schweiz oder Schweden gibt es sie seit Jahren. In Schweden seit 1991 – mit jährlich steigenden Sätzen. Sie trifft Endverbraucher und Unternehmen, wird aber in differenzierter Weise erhoben. Energieintensive Unternehmen erhalten einen Rabatt und einkommensschwache Haushalte erhalten Rückerstattungen. Durch die Abschaffung anderer Steuern ist sie aufkommensneutral. D.h. die soziale Schieflage von Umweltschutzmaßnahmen muss es nicht geben. Die Schweiz hat ein ähnliches Modell eingeführt. Dort erfasst die Ökosteuer hauptsächlich Brennstoffe wie Heizöl, Kohle und Erdgas. Ein Drittel des Aufkommens fließt in die energetische Gebäudesanierung, zwei Drittel werden den Bürgern zurückgegeben. Der wichtigste Grundsatz auch hier: Wer viel Umweltressourcen verbraucht, muss dafür auch mehr bezahlen. Dies korrespondiert mit der empirischen Feststellung, dass vor allem das Einkommen ein zentraler Treiber für den Ressourcenverbrauch ist, aber auch mit der ökonomischen Einsicht, dass der Mittelstand und die Besserverdienenden die Lasten auch tragen können. Womit wir beim Lebensstil angelangt sind. Menschen mit höherem Einkommen fliegen öfters, fahren größere Autos und haben größere Wohnungen. Sie können und müssen mehr zum Klimaschutz beitragen, genauso wie die wohlhabenden Länder es im Verhältnis zu den armen tun müssen. Das heißt: Wir brauchen eine nach Verbrauch ausgerichtete KFZ-Steuer und eine nach ökologischen Kriterien gestaffelte PKW- und LKW-Maut. Der am 9. Oktober 2019 verabschiedete Gesetzentwurf der Bundesregierung ist nur ein Tropfen auf den heißen Stein: Keine CO_2-Steuer, sondern nur der Einstieg in den Emissionshandel mit minimalen Verteuerungen der fossilen Energieträger und kaum Anreize zur Verringerung des steuerfreien Flugverkehrs. Dafür die Erhöhung der Pendlerpauschale auf 35 Cent pro Entfernungskilometer – aber ohne ökologische Differenzierung!

Letztendlich stellt sich damit die entscheidende Frage: Sind wir in demokratischen Systemen zur Versöhnung der ökologischen mit der sozialen Frage in der Lage? Arme Länder übernutzen die natürlichen Ressourcen oft deshalb, weil es schlicht um das nackte Überleben geht. Reiche Länder leben auf Kosten der Natur, weil der Lebensstil der meisten Menschen nicht nachhaltig ist. Nur ist in diesen Ländern der ökologische Fußabdruck der Bevölkerung recht unterschiedlich ausgeprägt. So kommen etwa die USA auf das Zweifache des europäischen und auf das Neunfache des indischen Naturverbrauchs. Mit Ausnahme der erdölproduzierenden Golfstaaten sind die demokratisch verfassten Industrieländer die größten Umweltsünder. Daher müssen diese auch vorangehen. Aber wie kann dies gelingen? Für Deutschland sind die Voraussetzungen nicht einmal schlecht. Wir haben ein verhältnismäßig ausgeprägtes Umweltbewusstsein in der Bevölkerung und sind führend in der Herstellung und im Einsatz von Umwelttechnologien. Dennoch werden die Klimaziele seit etwa 10 Jahren verfehlt und zwei Drittel der Menschen lehnen eine CO_2-Steuer ab. Mit dem Thema Steuern lassen sich in Deutschland kaum Wahlen gewinnen. Die soziale Komponente einer CO_2-Steuer wird entweder nicht erwähnt (Bild-Zeitung), kleingeredet (CSU) oder geleugnet (AfD). Aus sozialen Erwägungen und wegen der Funktionslogik demokratischer Systeme muss daher ein ökologischer Instrumentenmix eingesetzt werden: Standards, Limits, Caps und Abgaben. Standards wären etwa Vorgaben für die Energieeffizienz von Gebäuden; bei Limits wären etwa Geschwindigkeitsbegrenzungen oder der maximale Gülleeinsatz auf Äckern zu nennen und ein Beispiel für Caps wären feste Größen für den CO_2-Ausstoß von Automobilen. Diese Instrumente werden meist nicht als soziale Drangsalierung empfunden. Eine schrittweise Erhöhung der Energiepreise überfordert weder Industrie noch Verbraucher. Strukturwandel und Verbraucherbelastung müssen sich ergänzen: den öffentlichen Nahverkehr ausbauen bzw. verbilligen und die Treibstoffpreise anheben. Die umweltpolitische Entscheidungsfindung funktioniert nur als Trias: Der Staat muss die Rahmenbedingungen setzen, der Markt muss effizient verteilen und die Bürger können für die nötige Dynamik sorgen, wie es uns die Fridays-for-Future-Bewegung gerade vormacht. Der aktuelle Aufschwung der Grünen – nicht nur in Deutschland – zeigt, dass Demokratien auf die Umwelt- und Klimakrise adäquat reagieren können. Nur muss die soziale Frage noch deutlicher herausgestellt werden.

Fazit

Zurück zur Cleavage-Theorie der Politikwissenschaft: Die Debatte um den Klimawandel zeigt, dass neue (Ökologie versus Wachstum) und alte (soziale Gerechtigkeit) Cleavages nebeneinander bestehen oder sich überlagern können. Eine andere Konfliktlinie, nämlich die zwischen Nationalismus und Supra-Nationalismus verkompliziert aber sinnvolle politische Lösungen. Sie markiert das Einfallstor für sozial-populistische und nationale Strategien. Daneben zeichnet sich noch eine weitere Konfliktlinie ab – die zwischen der alten und der jungen Generation. Auch deshalb ist eine adäquate Klimapolitik so schwer durchzusetzen.

Die soziale Bedingtheit des Ökologischen: Vom Ausschluss im Kulturprozess

*Maria-Elisabeth Stalinski und
Nicki K. Weber*

1. Hinführung: Der Platz des Menschen

„Durch die ‚Weltoffenheit' des Menschen, die ihn zur Entwicklung der Kultur befähigt, ändert sich nicht nur das Verhältnis zur Außenwelt, sondern auch zu sich selbst. Der menschliche Geist kann sich auf sich zurückwenden, sich seiner selbst bewusstwerden, auf sich reflektieren und sich in sich sammeln. In der Evolution ist ein Lebewesen entstanden, das seine eigene Entwicklung selbstständig vorantreiben oder auch zerstören kann." (Kather 2009, 15)

Trotz oder vielleicht gerade aufgrund seiner grundsätzlichen Weltoffenheit und Fähigkeit zur Selbstreflexion ist der Mensch nach wie vor auf der Suche nach seinem Platz innerhalb der *Natur*, man könnte auch sagen, nach seinem Platz zwischen dem Tier und den Göttern. Die Suche nach einem „exakt bestimmte[n] Platz" des Menschen „in der ‚großen Kette der Lebewesen'", also in „Bezug auf die Pflanzen, die Tiere und Gott" (Schiebinger 1993, 230), war und ist kennzeichnend für eine sich seit jeher permanent wandelnde Vorstellung von Welt. Eine dieser sich wandelnden Vorstellungen betrifft unser Verhältnis zur Natur. Während das bisherige (westlich-industrielle) Verhältnis die Natur als *Außenwelt*, als *Andere* der Kultur begriff, rückt die Natur im Sinne einer zu erhaltenden *Mitwelt* sukzessive in das Zentrum der Überlegungen.

Der 1987 veröffentlichte Brundtland-Bericht stellt heute die praktische und definitorische Grundlage für unser Verständnis von Nachhaltigkeit dar. Ein Begriff, der angesichts der aktuellen Klimadiskurse weiter zentral bleibt. Der Bericht schlägt vor, wirtschaftliches Handeln in einem Dreiklang von sozialer, ökonomischer und ökologischer Dimension zu verstehen, um so die Bedürfnisse der heutigen Generationen zu stillen, ohne die Lebensgrundlagen der kommenden Generationen zu zerstören. Dreiklang bedeutet, dass die Dimensionen sich untereinander bedingen. Für die Überlegungen dieses Essays schlagen wir vor, das Augenmerk auf die Dimension des Sozialen zu legen. Indem wir innerhalb der sozialen Dimension versuchen, *tiefenkulturelle Dualismen* (vgl. Cojocaru 2018, 136; Mütherich 2015, 25) wie die der schlichten Trennung von Natur und Kultur zu dekonstruieren, hoffen wir auf positive Auswirkungen in den Dimensionen der Ökonomie und letztlich auch der Ökologie. Dieser Ansatz versucht also nicht, Nachhaltigkeit als ein Drei-Säulen-Modell zu denken, bei dem die Säulen Soziales, Ökonomie und Ökologie nebeneinander das Konzept der Nachhaltigkeit tragen. Stattdessen wird vorgeschlagen, die Situation des Subjekts innerhalb (oder außerhalb) des Sozialen zu bewerten und über Veränderungen innerhalb der Dimension des Sozialen Auswirkungen auf die Dimension der Ökonomie und auf die Dimension der Ökologie zu erwarten. Während beispielsweise das Konzept der *starken Nachhaltigkeit*[1] eine *ökozentrische* Perspektive einnimmt, um Nachhaltigkeitsziele zu erreichen, schlagen wir eine *soziozentrische* Perspektive vor. Im Fokus steht dabei die Frage nach menschlicher Anerkennung, die notwendig ist, um den Umgang mit dem Klimawandel gerecht zu gestalten. Menschliche Anerkennung als Voraussetzung für Nachhaltigkeit im Gesamten zu benennen, bedeutet, sich der *Problematik einer auf Grenzen und Ausschlüssen basierenden Vorstellung von Welt* zu stellen. Diese Mechanismen der Grenzen und Ausschlüsse nehmen ihren Anfang innerhalb der Dimension des Sozialen und transzendieren in die Dimensionen der Ökonomie und Ökologie. Wir wollen somit auf die Gefahr hinweisen, die sich unserer Meinung nach in den sich dem Klimawandel anschließenden Diskursen verbirgt: die Reproduktion ausschließender Praktiken.

Dieser Essay ist der Versuch, Erkenntnisse aus dem Feminismus (erster Teil) sowie dem Antirassismus (zweiter Teil) im Rahmen des Klimadis-

---

[1] Für die verschiedenen Konzepte der Nachhaltigkeit siehe Reinhard Steurer (vgl. Vieweg 2019, 37).

kurses zu denken. Ohne dabei zwangsläufig intersektionale[2] Ansätze befürworten zu wollen, lassen sich hier beide Themenbereiche aufgrund ihres emanzipatorischen Charakters und der begrifflichen Überschneidungen gemeinsam behandeln; vor allem hinsichtlich des Begriffs der *Differenz* – wahr, hypothetisch oder nicht-existent, ergo fälschlich angenommen. Es geht hierbei vordergründig darum, herauszuarbeiten, welche Erkenntnisse beider Ansätze in eine sozio-ökologische Debatte integriert und für globale Bewegungen fruchtbar gemacht werden können. Die Kritikform, derer wir uns bedienen und die als theoretischer Unterbau einer kritisch-emanzipatorischen Bewegung fungieren kann, ist die der *immanenten Kritik*. Denn diese Kritikform „misst nicht nur die Wirklichkeit an der Norm, sondern auch die Norm an der Wirklichkeit und zielt auf Veränderung beider Seiten" (Jaeggi/Celikates 2017, 115). Anders formuliert: Wir gehen also davon aus, dass es nicht nur einer Kritik unserer tatsächlichen Lebensbedingungen bedarf, um Erfordernisse innerhalb der sozialen Dimension zu formulieren. Wir wollen auch die Maßstäbe (Normen) kritisch beleuchten, nach denen wir aktuell zusammenleben, weil wir überzeugt sind, dass es einer Transformation dieser bedarf, um sozialen Ausschluss zu vermeiden. Ausschluss vermeiden (nach unserem Verständnis) bedeutet, die eigene soziale und politische Position nicht dermaßen zu definieren, dass dadurch die soziale und politische Position des *Anderen* nur als Abweichung der eigenen oder einer spezifischen Gruppe markiert ist. Denn so entstehen ausgeschlossene Subjekte, die keine sind – nur Objekte mit beschränkten Sprech- und Handlungsoptionen. Ausschluss ist die Konsequenz eines falschen Umgangs mit Differenz.

---

[2] Im Kern geht es sowohl dem Feminismus wie dem Antirassismus darum, marginalisierte Gruppierungen sichtbar zu machen, indem sie den politischen Ausschluss dieser kritisieren und sich damit befassen, wie marginalisierte Gruppierungen Sprech- und damit Handlungsfähigkeit erlangen können. Für beide Ansätze gilt es, sich nicht nur auf die eigene marginalisierte Gruppierung zu konzentrieren, sondern die Überschneidungen der Personengruppen mitzudenken und zu vermeiden, sich gegeneinander auszuspielen, wie dies z.B. in Folge der medialen und politischen Aufarbeitung der Kölner Silvesternacht 2015 geschehen ist. In diesem Fall wurden feministische Argumente und die Kritik an Sexismus, rassistisch gerahmt und überformt. So verharrt diese Art von Feminismus in Identitätslogiken und entscheidet sich bewusst gegen einen intersektionalen Blick auf die Gesellschaft (vgl. „toxischer Feminismus", Hark/Villa 2017). Ein Ansatz von Intersektionalität wäre der *Schwarze Feminismus* (vgl. Kelly 2019).

Die Kritik der Maßstäbe unseres Zusammenlebens wird an zwei Stellen besonders bedeutsam: Erstens, aufgrund des allgemeinen Charakters der Auseinandersetzung über unser aller materieller Lebensgrundlagen und zweitens, aufgrund unserer hegemonialen Position in der westlichen Hemisphäre. Dabei bleibt zu erinnern, dass diese kritische Bewegung Subjekte als solche versteht, „die ihre Welten machen, aber von dem, was sie berührt, gemacht und verändert" (Butler 2019, 25) werden. Bei der Kritik der Lebensformen, die unsere materiellen Lebensgrundlagen bedrohen, ist die Kritikerin also auch *immanent* in der ursprünglichen etymologischen Bedeutung.

2. Feminismus und die differencia specifica

Die Postulate des Zusammenlebens – in Freiheit, bei sozialer Gleichheit trotz menschlicher Verschiedenheit – sind weder neu, noch wurden sie jemals allgemein umgesetzt. Dieser Umstand begleitet die Entwicklung der (westlichen) Kultur spätestens seit der Aufklärung. Und ja, es lohnt sich immer wieder, darüber nachzudenken und zu hinterfragen, wieso die politischen Ideale der Moderne nach wie vor für Teile der Gesellschaft normative Versprechungen geblieben sind. Die kritische Reflexion auf unsere eigenen historisch-moralischen Bedingungen ist besonders in der Debatte um Ökologie und soziale Gerechtigkeit relevant. Denn es geht um die Frage, wie sich unsere Kultur aus dem Spannungsverhältnis von Gleichheit, Verschiedenheit und Freiheit heraus entwickelt hat, um sich einerseits auf sich selbst als Kultur beziehen zu können und sich andererseits entsprechend zu ihrer *Umwelt* (Natur) zu verhalten. In dieser Entwicklung hat es stets eine Rolle gespielt, *Wer* sichtbar ist und *Wer* spricht. Diese Fragen nach dem Wer bilden den Kern unseres soziozentrischen Ansatzes.

Im Ringen um die Gleichstellung der Geschlechter rückt aus feministischer Perspektive zunächst die *menschliche Verschiedenheit* in das Zentrum der Überlegungen. Verschiedenheit – in Philosophie und Kulturtheorie oft als *Differenz* bezeichnet – hat sich im 20. Jahrhundert zu einem Schlüsselbegriff herausgebildet. Wenn wir von Differenz sprechen meinen wir in der Regel den auf Aristoteles zurückgehenden Begriff der *differencia specifica,* den artbildenden Unterschied. Während die Kategorisierung von Menschen und beispielsweise Fröschen anhand des artbildenden Unterschieds – dem Vermögen zur (Selbst-)Reflexion – als unbedenklich erscheint, entfaltet die Art der Differenzierung der Menschen untereinander hingegen eine Grenzen und Identitäten definierende Wirkung, welche entlang der gängigen Differenzlinien von *race, class* und *gender* in der Folge zu sozialen Ausschlüssen und Ungleichheiten führt. Diese Differenzen sind im Grunde unwesentliche Eigenschaften, die aber für das Mensch-Sein als wesentlich karikiert werden und somit die Basis für Ausschluss schaffen. So versteht unter anderen Encarnación Gutiérrez Rodríguez unter Differenz „über gesellschaftliche Verhältnisse produzierte Ungleichheiten. Es ist die Ungleichheit, die mit der Zuschreibung staatlich verordneter ‚ethnischer Merkmale'" (Gutiérrez Rodríguez 1999, 13) arbeitet. Warum sich unser Denken und Handeln an Differenzlinien orientiert, dafür gibt es eine Reihe von Erklärungen. Neben einer unbeabsichtigten Neigung zur Differenzierung scheint es ein Bedürfnis nach Klarheit und Eindeutigkeit zu geben, den Wunsch nach Einfachheit und Transparenz, das heißt zu wissen, Wer oder Was man selbst und Wer oder Was mein Gegenüber ist. Es sind Frage nach Kategorien und Identitäten, die dem „Sozialen ein Gitter der Lesbarkeit" (Butler 2009, 73) auferlegen. Aber *Wer* in unserer Gesellschaft ist lesbar, sichtbar und damit auch sprechfähig?

2.1 Sprache als Werkzeug

Indem wir im Folgenden von dem Menschen als im aristotelischen Sinne sprach- und vernunftbegabten Wesen ausgehen werden, bedienen auch wir uns einer *differencia specifica*. Die Wesenseigenschaft des Logos, der Sprache und Vernunft ermöglichen es, unsere *Geworfenheit* (vgl. Heidegger 2006) in die Welt zu fassen, uns zu reflektieren und zu differenzieren gegenüber einem *Anderen*. Die Sprache als Werkzeug ist dabei kein Ausdruck von *Realität*, sondern hat – unserem Verständnis von Werkzeug zufolge – eine formgebende, konstituierende Wirkung. Sprache ist diesem Verständnis nach die „Instanz, welche ‚Ich' und ‚Du' allererst ins Leben ruft" (Kuch/Hermann 2007, 181), womit die Existenz des Menschen der Sprache unterliegt, der Rede des Anderen sozusagen. Als soziales und sprachbegabtes Wesen ist unsere „‚Existenz' [...] in eine Sprache ‚verwickelt', die [uns] vorausgeht und übersteigt, eine Sprache, deren Geschichtlichkeit eine Vergangenheit und Zukunft umfasst, die diejenigen des sprechenden Subjekts übersteigen" (Butler 2006, 51). Wir sind also einer Sprache ausgesetzt, die schon vor uns war, die geschichtlich und kulturell aufgeladen ist und jenseits der es „keinen anderen Zugang zu unseren Körpern gibt" (Meissner 2010, 41). So, wie *Sex* und *Gender* sprachlich verfasst sind, so ist es auch die Dichotomie von Natur und Kultur, sodass beispielsweise der Begriff der Natur nur in Relation zum Begriff der Kultur und umgekehrt entstehen und verstanden werden kann.

Aus feministischer Perspektive ist Sprache dahingehend zu problematisieren, als sie als neutral und universal zu gelten und zu wirken scheint. Nach Adriana Cavarero wird dies am italienischen Begriff *uomo* deutlich. Als ein scheinbar neutraler Begriff bedeutet dieser *Mensch* und als geschlechtlicher Begriff *Mann*[3]. Hinter dem universalen Neutrum *uomo* verbirgt sich das eigentliche Subjekt des Diskurses: „Es ist ein männliches Subjekt, das sich selbst zum universalen macht." (Cavarero 1987, 67) Es scheint paradox, grenzt sich der *Mann* einerseits von der Natur ab, als ihr überlegenes mit *ratio* ausgestattetes Wesen, das die Erzeugnisse der Kultur hervorbringt in Differenz zur *natürlich weiblichen emotio*. Andererseits *ist* er die Urform des Menschen, das Ursprüngliche, das *Natürliche*, manifestiert in der Sprache und in der durch Sprache konstituierten *symbolischen Ordnung*[4] unserer Kultur – während die *Frau* die vom *Mann* in der Differenzierung des Universalen als *Andere* Gesetzte ist. Somit ging es lange Zeit um die Frage, wie es der *Frau* gelingen kann, sich in einer für sie fremden Sprache als Subjekt zu setzen. Das bedeutet, „die Möglichkeit der Frau, sich als Subjekt im eigentlichen Sinn zu sagen, zu denken und sich vorzustellen, [das heißt] als Subjekt, das sich von sich ausgehend denkt und sich in der Folge wiedererkennt" (Lorey 1991, 128).

---

[3] Wir schreiben bestimmte Begriffe bewusst kursiv. Dabei handelt es sich um Begriffe, die teilweise ganze Theorien hinter sich verbergen. Durch die kursive Schreibweise sollen sie hervorgehoben, streitbar und deshalb *offengehalten* werden. Weil Sprache wirkt, ist sie ein performatives Werkzeug. Geschlechterneutral versucht sie Übergänge und alles, was dazwischen liegt, zu symbolisieren sowie Raum für kreative Auslegungen zu lassen.

[4] Der Begriff der *symbolischen Ordnung* geht auf den Psychoanalytiker Jacques Lacan zurück, der darunter, vereinfacht ausgedrückt, die universellen Gesetze des Sag- und Unsagbaren versteht. Für Butler stellt das *Symbolische* die linguistische Struktur dar, die „den Eintritt des Sprechens und der Aussprechbarkeit in der Kultur regelt" (Butler 2001, 94).

2.2 Identitätspolitik – Who is In and Who is Out

Dieser Prozess dauert an und entwickelt sich weiter, von Simone de Beauvoirs Aussage, man käme nicht als *Frau* zur Welt, sondern werde erst zu einer gemacht, bis hin zu der Infragestellung der Natürlichkeit des biologischen Geschlechts an sich. Die Vorstellung, der Körper sei die Quelle der Natürlichkeit – unabhängig von historischen und kulturellen Prozessen –, ist weitestgehend überwunden, so wird der Körper mittlerweile vielmehr als ein „gelebte[r] Ort der Möglichkeit, [...] als ein [...] Ort für eine Reihe sich kulturell erweiternder Möglichkeiten" (Butler 1995, 10) verstanden. Als eine Materie also, die Veränderungsprozessen ausgesetzt ist und sich nicht in bestimmte Kategorien einordnen lässt. Und dennoch tun wir es, weil sich die eigene Subjektivität in und durch den Anblick des Körpers des *Anderen* konstituiert. In dem Versuch, sich selbst zu erkennen und anerkannt zu werden, orientieren wir uns an *tiefenkulturell* geprägten Denkmustern (Normen), die unsere soziale Existenz und Position gewährleisten. Die soziale Existenz und das Sein des Körpers ist somit ein „anderen überantwortetes Sein, es ist immer schon auf Normen und soziale und politische Organisationen verwiesen" (Butler 2010, 10). Wenn Judith Butler eine *Denaturierung* des Geschlechts vornimmt, geht es ihr nicht vordergründig um die Auflösung binärer Geschlechtskategorien, sondern primär darum, aufzuzeigen, welche politische Macht vermeintlich *natürliche* Unterschiede und Zuschreibungen entfalten können, die dann in Ausschlüssen *unsichtbarer* und damit *undenkbarer* Leben kulminieren.

Die gewollte, politische Instrumentalisierung *natürlicher* und *kultureller* Unterschiede zur Hervorhebung der eigenen Identität kann als *identity politics* bezeichnet werden. Diese ist dann zu kritisieren, wenn Identität für eine klare, in sich homogene, kulturelle Eigenheit einer Gruppe gesetzt wird und aufgrund dieser vermeintlichen Identität Rechte gefordert und Anerkennung erwartet wird – allerdings nur für diejenigen, die dieser Identität entsprechen. Diese Identitätslogik ist nicht neu und „solange es Herrschaft gibt, die auf gruppenbildenden Unterscheidungen beruht, ist es historisch wichtig gewesen und bleibt es wichtig, ‚wer spricht'" (Villa/Geier 2019, 2), *wer* Rechte formulieren und für sich in Anspruch nehmen kann. Historisch gesehen gehörten große Teile der Bevölkerung nicht dazu, darunter *Wilde, Behinderte, Sklaven, Frauen, Juden, Homosexuelle.* Als Reaktion auf die angeblich allgemeinen Menschen- und Bürgerrechte, die faktisch die Rechte der bürgerlichen, *weißen*, französischen Männer waren, reagierte Olympe de Gouges 1791 deshalb mit der *Déclaration des droits de la femme et de la citoyenne*. Vergleichen wir den Ausschluss und die Entmenschlichung von damals mit heute, sind wir, was die rechtliche Gleichheit anbelangt ein ganzes Stück weitergekommen. Jedoch geht rechtliche Gleichheit nicht automatisch einher mit gleich verteilten Chancen, Sprechfähigkeit und Handlungsmöglichkeiten. Herkunfts-, klassen-, geschlechter-, sexualitäts- und hautfarbenbezogene Wahrnehmungsraster, die sich in unsere *tiefenkulturellen* Denkmuster eingeprägt haben, existieren nach wie vor[5] und werden durch die rechtspopulistische Politik von Figuren wie Jair Bolsonaro und Donald Trump wieder verstärkt politisch instrumentalisiert. Sie haben die Art der *identity politics* zu *Schutzzwecken* einer nationalen In-Group vor dem *Differenten*, dem *Fremden*, der Out-Group perfektioniert, indem sie Bevölkerungsgruppen gegeneinander ausspielen und Angst schüren. Sie verstehen sich darauf, die wirtschaftliche und auch planetarische Unsicherheit für sich arbeiten zu lassen und bei ihren jeweiligen In-Groups die Illusion zu erwecken, Sicherheit könne (zurück)erlangt werden. Auch der Slogan der Brexit-Kampagne „Take back control" folgt diesem Schema, durch nationale Kontrolle und Abschirmung des *Eigenen* die Komplexität unserer Welt und unseres Lebens einhegen zu können (vgl. Klein 2019).

2.3 Anerkennung – in Differenz über Differenz nachdenken

Die Welt ist aber nun einmal komplex, durchzogen von Machtverhältnissen wirtschaftlicher, politischer und sozialer Natur. Trotz oder vielleicht gerade deshalb gilt es, die Differenzen – seien es die zwischen *Mann* und *Frau*, Mensch und Tier, verschiedenen Bevölkerungsgruppen, Natur als *präsozialer* Kategorie und Kultur als *symbolischer Ordnung* der Gesellschaft – in Beziehung zu setzen, ohne dabei in Ein- und Ausschluss-Logiken zu verfallen. Die Frage nach einer über Kategorien und kulturelle Grenzen hinausgehenden Anerkennung des Partikularen ist zentral,

---

[5] Die Liste struktureller Chancenungleichheiten, die materielle Konsequenzen nach sich ziehen, ist lang. Sie reicht vom *racial profiling* bis zu der Ablehnung einer Bewerbung aufgrund eines Fotos auf dem die Bewerberin ein Kopftuch trägt (vgl. Villa 2019).

wenn es darum geht, Klimadiskurse[6] global zu denken und zu praktizieren. Denn es geht hierbei um die reflexive Anerkennung der Differenz und damit um die Erkenntnis, dass wir als „organisch[e] historisch[e] Körper" (Butler 2019, 14) voneinander abhängen.

> „Wenn meine Überlebensfähigkeit letztendlich von meinen Beziehungen zu anderen abhängt, zu einem ‚Du' oder einer Gruppe von Du's, ohne die ich nicht existieren kann, dann gehört mein Dasein nicht mir allein, sondern ist außerhalb meiner selbst [...]. Wenn ich dein Leben zu bewahren suche, dann nicht nur, weil ich mein eigenes erhalten will, sondern weil dieses ‚Ich' ohne dein Leben gar nichts ist." (Butler 2010, 48)

Die Anerkennung des *Anderen*, im Zuge derer sich zugleich die eigene Selbstreflexion vollzieht, tritt ein „an den Grenzen des Wissens, das ich riskiere" (Butler 2009a, 234). Die Suche des Menschen nach seinem Platz zwischen dem Tier und den Göttern, innerhalb der Natur und Kultur ist somit eine unbedingt notwendige und impliziert bereits die Fähigkeit des Menschen, an die Grenzen des Wissens zu gehen, um sich selbst in Reflexion mit dem *Anderen* zu erkennen. Die Schwierigkeit des Unterfangens ist jedoch, sich nicht der Illusion hinzugeben, diesen Platz jemals finden zu können oder gar gefunden zu haben. Ein vermeintlich gefundener Platz und ein Beharren darauf ist der implizite Ausdruck von Ein- und Ausschlüssen, von falsch verstandener Identitätspolitik (vgl. Villa/ Geier 2019), kultureller Deutungshoheit, eurozentrischem Universalismus sowie ökonomischer und damit einhergehend ökologischer Exploitation. Die emanzipatorische Kritik an binären Geschlechterkategorien auszuweiten auf eine Kritik sämtlicher politisch instrumentalisierter Identitätskategorien entlang der Differenzlinien von *race, class, gender* und *religion*, schafft die Grundlage für die politische Anerkennung des *Anderen*, für eine *Politik auf Augenhöhe*. Bisher hatte das Denken entlang dieser Linien die Herausbildung hegemonialer Herrschaftsstrukturen[7] und damit die Ent-

---

[6] Wir wollen es vermeiden, von dem einen Klimadiskurs zu sprechen, denn es geht darum, trotz oder gerade aufgrund der Globalität des Themas die Vielschichtigkeit der Krise nicht aus den Augen zu verlieren. Es geht darum das Besondere, Partikulare, d.h. die Pluralität der Lebenswirklichkeiten und Bedingungen (geografischer, sozialer, ökonomischer, historischer Art) mitzudenken.

[7] Unter hegemonialer Herrschaftsstruktur wird hier die der westlichen Kultur verstanden.

wicklung eines Wirtschaftssystems zur Folge, das auf der Ausnutzung des *Anderen*, des *Fremden* sowie der Natur – verstanden als *Umwelt* (*Außenwelt*), nicht als *Mitwelt* – basiert. Einen derartigen Vorgang der Aneignung von Welt nennt Gayatri Spivak (vgl. 1988, 1990) *worlding*, *Welt machen*. Worlding stellt die ethnozentristische Logik heraus, auf deren Basis ein Wissen über Welt erzeugt und konstruiert wird. Solange ein worlding, das heißt eine Deutungshoheit einzelner Staaten über die Welt, die Natur, den Menschen besteht und ein Differenzdenken im Sinne der *differencia specifica* dazu führt, dass nicht jedem Körper das *Mensch-Sein* in gleichem Maße zuteilwird, ist die sozio-ökologische Debatte keine globale. Vielmehr wird sie von denjenigen dominiert, die *sichtbar* und *sprechfähig* sind. Hilda Flavia Nakabuye, Gründerin der *Fridays for Future Uganda*, kritisierte auf der UN-Weltklimakonferenz COP25 in Madrid genau diesen Aspekt. Laut Nakabuye ist es deutlich, dass die Industrienationen vorzugsweise immer noch über sich selbst und ausschließlich untereinander reden. Für sie erinnert der Umgang mit der Klimakrise an den Rassismus und die Apartheid der früheren Kolonialherren: „I have come to think that the climate crisis is another form of environmental racism and apartheid. We are deeply cut by the actions, words and greed of those in power." (Nakabuye 2019) Das Subjekt der Rasse stellt eine prototypische Form des ausgeschlossenen Subjekts dar. Folglich stellt sich die Frage, welches in unserer neoliberalen[8] (und neokolonialen) Wirtschaftsstruktur das aus dem Klimadiskurs ausgeschlossene Subjekt ist, dessen Sichtbarkeit und Sprechfähigkeit (un)bewusst verwehrt bleibt.

2.4 Bin ich etwa keine Frau?

„The concept of difference between the sexes ontologically constitutes women into different/others. Men are not different, whites are not different [...] but the blacks, as well as the slaves, are." (Wittig 1980, 108)

Ähnlich wie für Butler geht für Monique Wittig die Differenz der Geschlechter nicht aus deren *natürlichen* Unterschieden hervor, sondern aus

---

[8] Gemeint ist hier Mbembes Verständnis (mit Joseph Vogl und Béatrice Hibou) des Neoliberalismus, eine Zeit, in der es scheint, als ob „alle Ereignisse und Verhältnisse der Lebenswelt mit einem Marktwert ausgestattet werden könnten" (Mbembe 2017, 15).

den gesellschaftshistorischen kulturellen Hierarchieverhältnissen, welche vermeintliche Unterschiede, sei es zwischen *Männern* und *Frauen*, *Schwarzen* und *Weißen*[9] etc. produziert. Ansätze des dekonstruktiven Feminismus problematisieren daher die Vorstellung, es gäbe ein den *Frauen* respektive dem Weiblichen gemeinsames *natürliches* Wesen, das es zulassen würde, von *der* (Kategorie) Frau zu sprechen. Anhand der Frage „Bin ich etwa keine Frau?"[10], welche die ehemalige Sklavin Sojourner Truth 1851 vor einer Versammlung größtenteils *weißer* Frauenrechtlerinnen stellte, hinterfragt sie die universalisierten Vorstellungen der Kategorie *Frau*, aus der sie als Sklavin ausgeschlossen war. Als eine auf sich allein gestellte Sklavin und Mutter fragt sie: Bin ich trotz alledem eine *Frau* und werde als solche anerkannt? Ihre Kritik richtet sich sowohl an den Rassismus *weißer Frauen* als auch an *Schwarze Männer* für den Sexismus, den sie *Schwarzen Frauen* entgegenbrachten (vgl. Kelly 2019, 17f.). Diese Kritik beinhaltet auch die Frage nach der (Be-)Wertung ihres Lebens, ihres Mensch-Seins. Während die *weiße* (bürgerliche) Frau der vermeintlich universalen Kategorie Frau angehört, ist Sojourner Truth das Subjekt der Verwerfung, das die Anerkennung der *weißen* Frau erst möglich macht. Sojourner Truth hat zum Ausdruck gebracht, was im Grunde die Entwicklung unseres Gesellschafts- und Wirtschaftssystems (un)bewusst und (un)gewusst maßgeblich geprägt hat: *Geschlecht* und *Rasse* als die „zwei signifikante[n] Differenzen der Moderne" (Purtschert 2012, 874).

---

[9] Die Bezeichnung von *Schwarz* und *Weiß* meint Gesellschaftskonstrukte, die Verwendung soll keine tatsächlich biologisch – was ein rassistisches Verständnis wäre – und/oder farblich kohärente Aussage transportieren. So ist *Schwarz* eine Selbstbezeichnung und eben keine Fremdzuschreibung. *Weiß* ist das machtpolitische Pendant.

[10] „Der Mann sagt, dass [*Frauen*] beim Einsteigen in eine Kutsche geholfen werden müsse, und auch beim Überqueren von Gräben und dass ihnen überall der beste Platz zustehe. Mir hat man jedoch noch nie in einen Wagen geholfen oder über eine Schlammpfütze oder den besten Platz überlassen! Bin ich etwa keine [*Frau*]? Sehen Sie mich an! Sehen Sie sich meinen Arm an! Ich habe gepflügt, gepflanzt und die Ernte eingebracht, und kein Mann hat mir gesagt, was zu tun war! Bin ich etwa keine [*Frau*] Ich konnte so viel arbeiten und so viel essen wie ein Mann – wenn ich genug bekam – und die Peitsche konnte ich genauso gut ertragen! Bin ich etwa keine [*Frau*]? Ich habe dreizehn Kinder geboren und erlebt, wie die meisten von ihnen in die Versklavung verkauft wurden, und wenn ich um sie weinte, hörte mich keiner außer Jesus! Bin ich etwa keine [*Frau*]?" (Truth 2019).

3. Antirassismus, ernst gemeint

„Damit kommen wir nicht weiter" – so oder ähnlich klingt der Einwurf, dem sich Personen immer wieder ausgesetzt sehen, die in gesellschaftspolitischen Auseinandersetzungen antirassistische (oder auch feministische) Positionen beziehen oder diese von anderen einfordern. Die gesellschaftspolitische Wirkmächtigkeit von Rassismus wird nach wie vor unterschätzt. Rassismus ist, wie Achille Mbembe (2017, 211) treffend formuliert, ein „Ausdruck eines Wunsches nach Einfachheit und Transparenz – des Wunschs nach einer Welt ohne Überraschungen, ohne Draperie, ohne komplexe Formen. Und sie ist schließlich ein Akt der Fantasie und zugleich der Unkenntnis". Dieses Verständnis von Rassismus folgt dem Bedürfnis nach Komplexitätsreduktion sowie Denkmustern der *Rasse* als ein diskursives Dispositiv, für das es kein wissenschaftliches Fundament gibt. Demokratisch ausgerichteten Diskursen sollte der Anspruch inhärent sein, reflexartige Komplexitätsreduktion zu vermeiden, um so den Ausschluss von Perspektiven und Narrativen zu verhindern. Diskurse, die einen globalen Horizont haben, sind in dieser Hinsicht besonders trickreich, weil sich mit dem sich ausweitenden Raum die Perspektiven und somit auch die Komplexität erhöhen. Dabei darf die Wirkung auf die einzelne Person nicht unterschätzt werden. Zum einen, weil verkannte Anerkennung des Einzelfalls und das damit verbundene Gefühl politischer und sozialer Ohnmacht „gemeinsame politische Reflexion und Aktion" (Butler 2019a, 65) verhindern. Die Art und Weise, wie wir in unserer Gesellschaft mit diesen Herausforderungen umgehen, insbesondere mit der Anerkennung der vielseitigen Wirkungen von Rassismus, ist in Analogie zu einem globalen Umgang miteinander zu lesen. Es sind vergleichbare *Reflexe,* die auftreten, und sie haben zumeist vergleichbare Hintergründe. Die Erfahrung rassistischer Übergriffigkeit entspringt nicht simpler boshafter Fantasie, sie ist „das Ergebnis eines langen geschichtlichen Prozesses der Fabrikation des Rassensubjekts" (Mbembe 2017, 81). Die persönliche Erfahrung steht dabei exemplarisch für „Handlungsweisen eine[r] gesellschaftlichen Struktur" (Butler 2019a, 62). Das ist der zweite Grund, warum die Lösung globaler Herausforderungen bei der Anerkennung des Einzelfalls beginnen muss. Im Sinne des soziozentrischen Ansatzes wäre antirassistische Politik eine Politik, die auf Rassenlogik basierende materielle Interessensverwicklung nicht nur moralisch als illegitim versteht, sondern auch aktiv gegen Rassismus und auch gegen koloniale Kontinuitäten vorgeht.

3.1 Die conditio nigra

Der Ursprung rassistischen Denkens im westeuropäischen Wissenskanon ist nach wie vor Thema wissenschaftlicher Auseinandersetzungen. Eine Kritik zielt auf die „Negation der bloßen Idee [...] einer menschlichen Gemeinschaft" (Mbembe 2017, 109) innerhalb des europäischen Wissens ab. Genauer meint das die Konstruktion eines *radikalen Anderen*, das nicht durch Sprache und Vernunft im Sinne westlicher Metaphysik am Universellen teilhaben kann, einem ausgeschlossenen *Anderen* – einem Objekt. Für Mbembe (vgl. 2019, 71) zieht sich das Konstrukt der *Rasse* als arteigener Schatten durch das europäische politische Denken und Handeln und ist, seiner Bedeutung nach, prägender als der Begriff des *Klassenkampfes*. Sein Konzept der *Postkolonie* zielt darauf ab, eine *Ethik des Nächsten* zu formulieren, in der das „Verhältnis von Kolonialherrn und Kolonialisierten [...] nicht zum letztinstanzlichen Paradigma des Politischen" (Mbembe 2016, 16) erklärt wird – wohlgemerkt, eine Ethik. Es geht nicht darum, eine Welt oder Gesellschaft beschreiben zu wollen, in der es keine konkurrierenden Differenzkategorien mehr gibt. Es geht vielmehr um den Umgang mit Differenz, in all seiner Komplexität.

Nehmen wir an dieser Stelle drei prominente und oft angeführte Beispiele, an denen sich der Vorwurf des Ausschlusses aus dem Mensch-Sein im europäischen Wissenskanon zeigt: Kant, Hegel und Rousseau, wobei Letzterer mit seiner unkonventionellen Art eine Grenzfigur darstellt. Ein bekanntes Beispiel dieser Kritik ist die (vermutlich lediglich) indirekte Rezeption der haitianischen Revolution, des realen Kampfes um Anerkennung in der französischen Kolonie Saint-Domingue und der anschließenden Realisierung eines allgemeinen *und* individuellen Freiheitsanspruches in der Verfassung der ersten *Schwarzen* Republik Haiti in Hegels Werk. Gemeinsam mit seiner Verortung Afrikas als nicht-geschichtlicher Teil der Welt, als Land der Kinder, und seiner Bedeutung für die Sozialphilosophie heute ergibt dies ein zumindest schwieriges Bild in Bezug auf Fragen nach Fundamenten späterer Rassismus-Theorien (vgl. Buck-Morss 2015, vgl. Mbembe 2017, 38f.). Neben Hegel wird auch in der Kant-Forschung sein Verhältnis zur *Rasse* immer wieder und immer mehr zum

Thema. Dagegen kann man sich hermeneutisch verwehren, die Feststellung in Kants Schriften, nur die *Rasse der Weißen* sei es, die das Allgemeine kenne und überleben werde, da sie keine geborenen Sklaven seien, wirft weitere Fragen auf.[11] Sie ist nicht zuletzt aufgrund von Kants allgemeinem Anspruch und unserem heutigen Verständnis von menschlicher Würde in Kombination mit der Frage nach der Möglichkeit kultureller Vielfalt nicht nur für Betroffene schwer zu verdauen (vgl. Sutter 1989, 257f.).

Auch bei Rousseau, einem Vordenker der Französischen Revolution bleibt fraglich, wie seine Wahrnehmung des globalen Sklavenhandels seine politische Theorie beeinflusste. Rousseau löst sich von Hobbes starrer Gegenüberstellung von Natur und Kultur. (Kultur an dieser Stelle im weiteren Sinne verstanden als Staat oder Gesellschaft.) Diese Distanzierung erfolgt bekanntermaßen über eine gewisse Umkehrung beider Zustände. Die von Hobbes als Leviathan angestrebte Staatlichkeit wird bei Rousseau zum Ausgangspunkt seiner Kritik. Der Naturzustand ist bei Rousseau nicht gleichbedeutend mit einem zu überwindenden Zustand. Vielmehr will Rousseau mithilfe seines Naturzustandes die kulturellen Fehlentwicklungen verdeutlichen. Fehlentwicklungen, die den in der Natur als frei begriffenen Menschen in Ketten legen. Rousseau lässt sich damit auf eine Romantisierung des *Wilden* ein, der das unwiderrufliche Paradies des Naturzustandes repräsentiert. Rousseaus Stilisierung des *guten Wilden*[12] wird vor allem in der Illustration (Titel: Il retourne chez ses Egaux) im *Diskurs über die Ungleichheit* deutlich. Die Darstellung[13] zeigt einen

---

[11] Karlfriedrich Herb (vgl. 2018) liefert einen Überblick über die Diskussion innerhalb der Kant-Forschung. Die entsprechenden Kant-Zitate finden sich bei Susan Arndt (vgl. 2017). Zur Schwierigkeit der richtigen Einordnung bspw. der Kant'schen praktischen Philosophie im Gegensatz zu seinen rassentheoretischen Ausführungen schlägt Floris Biskamp vor, „beide als historische Einheit [zu] betrachte[n], von der man frei von jeder Apologie oder Entsorgung im Positiven wie im Negativen lernen muss" (2017, 276).

[12] Eine vollständige Ausführung einer postkolonialen Perspektive auf Hobbes und Rousseau findet sich bei Patricia Purtschert (2012). Das gilt auch für die folgenden Ausführungen im Text zu Rousseaus *Wildem*.

[13] Die andere Illustration bei Rousseau zeigt eine *weiße Frau* in Naturumgebung. Sie symbolisiert, ähnlich wie der Wilde, „eine Grenze zur Natur, die sich innerhalb der Kultur befindet" (Purtschert 2012, 873). Das kann als weiterer Beleg dafür gelesen werden, dass antirassistische und feministische Theorien sich unmittelbar bedingen.

jungen, in Leinen gekleideten *Wilden*, der einer Gruppe europäischer *weißer* Männer etwas aufzeigt. Rousseau will diese Darstellung seines *guten Wilden* als Idealbalance zwischen Natur und Kultur verstanden wissen, der Zustand, in dem die Menschheit am glücklichsten war, „zwischen Instinkt und Vernunft, Selbsterhaltung und Mitleid, in dem ein Höchstmaß von Freiheit möglich und dennoch Frieden gewährleistet ist" (Purtschert 2012, 874). Der *idealisierte Wilde* ist die „Verkörperung moderner Alterität" (ebd., 872). Er ist zudem in seiner Position des Sprechenden zwischen den Welten verortet. Es ist diesmal nicht Robinson Crusoe, der dem autochthonen Freitag das Leben *rettet* und ihm das Leben *lässt*, ihm gar erst einen Namen *gibt*, sondern es verhält sich umgekehrt. Patricia Purtschert erkennt diese Zwischenposition als jene, die Rousseau einnehmen will. Seine Kritik an Kultur und Gesellschaft soll dadurch an Argumentationskraft gewinnen, weil die Zwischenposition des *idealisierten Wilden* beide Erfahrungswelten markiert. Die des Naturzustandes und die des Kulturzustands. Der Naturzustand ist nicht länger eine Fantasie, sondern eine erlebte Welt. Dabei sind zwei Dinge zu beachten. Zum einen, dass mit dieser Darstellung kein positives Verständnis von Natur befürwortet wird. Dieses Naturideal als formgebendes Moment ist in sich selbst ein kulturelles Konstrukt. Zweitens ist der Gebrauch des Dualismus von Natur und Kultur hier zwar nützlich, es muss aber betont werden, dass die Darstellung sich der Differenz der *Rasse* bedient (vgl. Purtschert 2012, 874).

3.2 Konstruierte Gegensätze

Zu den Hochzeiten des globalen Sklavenhandels prägt eine „Dialektik der Ferne und der Gleichgültigkeit" (Mbembe 2017, 184) die Ideen der französischen Aufklärer. Die tatsächlichen Ketten, in denen die Sklaven liegen, werden missachtet, obgleich Rousseau von metaphorischen Ketten der Kultur zu sprechen vermag. Aber bleiben wir dennoch im Rousseau'schen Bild, haben wir die Möglichkeit, nicht nur den zuvor als starr empfundenen Dualismus von Natur und Kultur als im Auflösen zu verstehen. Die Verortung der Vernunft im Staat, in der zivilisierten, kultivierten Gesellschaft, verliert damit an Wirkkraft. Antirassistische Kritik findet hier Anknüpfungspunkte, will sie denn im Kanon europäischer Philosophie verweilen. (Aufgrund der Ausgangsposition der Kritisierenden muss sie dies vielleicht auch – man kommt schließlich nicht so leicht aus seiner Haut.[14]) Indem der Versuch gewagt wird, *tiefenkulturelle Dualismen* aufzulösen und Differenz einzufordern, rütteln sie an den Grundfesten unterkomplexer Verständnisse und konstruierter Gegensätze. Denn es ist erstmal „der Rassist, der den Minderwertigen schafft", wie wir von Frantz Fanon wissen. Es wird ein *Anderes* und so auch eine Dualität geschaffen. Die Auswirkungen rassistischer Begegnungen erkennt Fanon in der Psyche seiner antillschen Patienten. Der vorbestimmte Rahmen der Existenz- und Identitätsmöglichkeiten repräsentiert die „Unmöglichkeit der Entfaltung" (Fanon 2015, 25) zum gemeinsamen Mensch-Sein. Er repräsentiert auch die Perfidität des Rassismus, dessen Grundstruktur Figurationen der Über- und Unterlegenheit prägen. Fanons Arbeiten, hier vor allem seine Beobachtungen als Psychiater in Frankreich und in den französischen Kolonien, ermöglichen es uns, „die Strukturen der Abhängigkeit zu erkennen sowie die Hürden und Schwierigkeiten ihrer Überwindung zu thematisieren" (Luig 2002, 74; Reuter/Villa 2010, 19).

> „*Un homme pareille aux autres* ist ein Schwindel, ein Versuch, den Kontakt zwischen zwei Rassen von einer konstitutionellen Krankheit abhängig machen. [...] Auch wenn man der Konstitution aus heuristischer Sicht jede Existenz absprechen muss, können wir doch nichts daran ändern, dass Individuen sich bemühen, sich in vorherbestimmte Rahmen einzufügen." (Fanon 2015, 69)

Fanons Projekt in *Peau noire, masques blancs* war es, das *Schwarze* Subjekt aus dem Vergleich und der Entfremdung zu befreien, den er als Schwindel entlarvt. Diese Befreiung bleibt dabei aber keine einseitige Angelegenheit, auf beiden Seiten des Konstrukts erkennt Fanon verschiedene Komplexe. „Der Weiße ist in seine Weißheit eingesperrt. Der Schwarze in seine Schwarzheit." (S. 10) Im Vergleich mit dem *Weißen* (in der Position des Überlegenen), im Streben nach Anerkennung bleibt dem *Schwarzen*[15] (in der Position des Unterlegenen) nichts anderes übrig,

---

[14] Ein Thema, zu dem sich Spivak als „post-colonial diasporic Indian who seeks to decolonize the mind" (Spivak 1990: 67), oft geäußert hat (vgl. Spivak 1990: 67ff.). Auch Fanon verzweifelte an dem Versuch der Objektivität angesichts seiner Tätigkeit: „[E]s war nicht möglich, objektiv zu sein." (Fanon 2015, 75)

[15] Der Text folgt an dieser Stelle der maskulinen Form von Fanons *Schwarzem*. Auch, um die Problematik der Geschlechterdifferenz in Fanons Werken zu unterstreichen, die es an anderer Stelle zu diskutieren gilt.

als sich der Situation zu fügen. Denn die Möglichkeit der Überwindung und Umkehrung im hegelianischen Herr-Knecht-Verhältnis findet nicht statt, vielmehr hat sie nie stattgefunden, der *Schwarze* lebt den sozialen Tod.[16] „Der Schwarze ist agiert worden." (ebd., 183) Er hat – weiter im Hegel'schen Sinn – niemals um seine Anerkennung und um seinen Platz in der Geschichte kämpfen dürfen. Seine Unwesentlichkeit der Existenz als Kolonisierter führt er nach seiner *Freilassung* als verkannter *Herr* fort, weil er *befreit worden ist* und sich nicht *befreien konnte*, er durfte nie um seine Anerkennung kämpfen. Der *Schwarze* aber will Mensch-Sein, nicht Tier, ohne Geist und ohne Vernunft. Kein Objekt-Sein im *Blick des Anderen*, sondern Subjekt-Sein. Eben nicht jenes Tier-Sein[17], als welches ihn schon Kinder in den europäischen Metropolen trotz ihrer Unschuld einordnen (vgl. ebd., 97). Also bemüht er sich verbissen, „eine weiße Existenz zu verwirklichen" (ebd., 193), weil die *weiße Existenz* die einzige ist, die im *vorbestimmten Rahmen* diese Kriterien erfüllt.

> „Nach Fanon liegt einer der Gründe für das Elend seines Daseins darin, dass er diese Absonderung als sein wirkliches Sein erlebt, dass er den hasst, der er ist, und dass er der zu sein versucht, der er nicht ist." (Mbembe 2017, 73)

So findet er niemals zu sich selbst, für seinen Kampf um Anerkennung wird er niemals *aktiv* für *Sich*, nur aktiv für ein vermeintliches *Sich*, bleibt Sklave seiner Geschichtlichkeit (nach Jaspers) – eine neurotische Situation der Entfremdung. Die bereits eingeführte *Ebene des Einzelfalls* wird hier wichtig. Fanons Phänomenologie des Alltagsrassismus verdeutlicht auch, dass der strukturelle Rassismus durch diese Erfahrungen affirmiert wird und sich ins kollektive Bewusstsein einschreibt.

Rassismus war aber auch eine Vorbedingung für den Kolonialismus, der Rassismus ist ebenso Teil postkolonialer Zeiten. Auch aufgrund der Sprache verstehen wir uns als Menschen, durch Sprache wird der *Schwarze* unweigerlich in seine Geschichtlichkeit verbannt. Die Benen-

---

[16] Für eine ausführliche Herleitung des Konzepts des sozialen Tods vgl. Kuch 2013, 255ff.

[17] Tier im Sinne eines nicht-vernunft- und sprachbegabten Wesens. Damit ist nicht gemeint, dass Tiere zwangsläufig im Objekt-Sein verhaftet sein müssen. Gerade bezüglich Klima- und Umweltdiskursen erfordert es an dieser Stelle eine erhöhte (sprachliche) Aufmerksamkeit.

nungen *Schwarzer* Menschen als N*[18] ist insofern ausschließlich zu begreifen als die produktive Verstärkung des *vorbestimmten Rahmens*, als wiederholte Instanziierung des Konstrukts der *Rasse* in seiner inferiorisierenden Form. Die Wiederholung der Nutzung ist ein weiterer Nagel im Sarg derer, die als sozial tot gelten. Der leichtfertige Umgang mit der (Macht der) Sprache lässt die Nähe des sozialen Tods zum tatsächlichen Tod vergessen, wie uns Butler (vgl. 2017) verdeutlicht. Der Tod von George Floyd und Breonna Taylor sind weitere traurige Belege. Selbiges gilt für die Reproduktion von ableitbaren Klischees und Vorurteilen, die auf eine Entmenschlichung abzielen oder den Charakter der Entmenschlichung transportieren.

3.3 Macht und Haltung

Der Kolonialismus ist der Begriff der Aufteilung der Welt, die Konstruktion einer inneren und äußeren Zone, wie Mbembe (vgl. 2017, 117) unterstreicht. Innen, die Sphäre der Kultur, die Sphäre von vernunftbasiertem Recht, Ordnung und Gesetz. Außen, die rohe Natur, kein Mensch-Sein, „nur die Wahl zwischen Inferiorität und Abhängigkeit" (Fanon 2015, 80). Hier der Mensch, dort das Tier. Hier das *zoon politikon*, dort das *apolitikon*, wie man es aus griechisch-römischen Überlieferungen kennt. Das mag das heutige Verständnis von *Rasse* (im Sinne von Rassismus) noch nicht impliziert haben, Ähnliches gilt auch für die zahlreichen Beispiele der Geschichte – in Philosophie, Wirtschaft und religiöser Farbsymbolik –, jedoch sind sie alle Teil der Ideologie geworden, die körperliche Differenz zur Grundlage nimmt, um die Einteilung der Menschheit in *Rassen* vorzunehmen (vgl. Arndt 2017, 35). Rassismus ist seit der Antike zu einem globalen Machtinstrument geworden, welches *weiß* ist. Er ist „von

---

[18] Die Problematik des Begriffs *Neger* bei der Übersetzung von Texten ins Deutsche behandelt Miriam Mandelkow (2019, 116) in ihrer Nachbemerkung zur Übersetzung von James Baldwins *The Fire Next Time*, wobei sie vor allem betont: „Es war ein Wort von Weißen für Schwarze. Das zwar auch einem deutlichen Wandel unterlag, aber eine Fremdzuschreibung blieb." – mit einem kolonial-rassistischen Hintergrund. Ähnliche Überlegungen wären auch für die deutsche Übersetzung von Achille Mbembes *Kritik der schwarzen Vernunft* empfehlenswert, wie auch für andere Kontexte. Wir lehnen die Verwendung ab und empfehlen eine Kürzung des Begriffs mit Sternchen.

jeher als [...] Orientalismus, Antisemitismus, Afrikanismus und Antiziganismus ausdifferenziert" (ebd., 34).

Wie ist damit umzugehen? Foucaults Vorschlag, die richtige Haltung angesichts der Aufklärung, der rhetorischen Tochter der Kolonialisierung (vgl. Mbembe 2017, 185), einzunehmen, bleibt hilfreich – auch wenn Foucault die *colonial biopolitics* in seinen Arbeiten vernachlässigte (vgl. Stoler 1995). Foucaults (vgl. 1988, 113) Machtanalytik zielt darauf ab, die kontextuellen Machtverhältnisse offenzulegen und Geschichte in einer „reflexiven Beziehung zur Gegenwart" (Foucault 1990, 47) zu betrachten. Es geht nicht darum, dass man Position gegen historische Ereignisse wie der Aufklärung bezieht, sondern darum, „daß wir alles zurückweisen müssen, was sich in Form einer vereinfachten und autoritären Alternative darstellt" (Foucault 1990, 46). Das ist auch als eine deutliche Ablehnung eines idealen Menschenbilds zu lesen. Obgleich die Naturalisierung der *Rassen* auch von den Wissenschaften, sowohl des Geistes wie auch der Natur, begleitet wurde, ist der mit dem Rassismus eng verwobene Kolonialismus „kein vernunftbegabter Körper" (Fanon 1981, 51) per se. Er ist „nicht allein die Überschneidung objektiver und historischer Bedingungen, sondern auch das Verhalten des Menschen gegenüber diesen Bedingungen" (Fanon 2015, 73).

3.4 Nationalkolonialismus

Mit Rousseau und den ihm anhängenden Staatsverständnissen, vor allem hinsichtlich der Notwendigkeit von Homogenität für die *volonté générale*, zeigt sich, dass Rassismus mehr oder weniger, aber nicht notwendigerweise, verwoben ist mit dem Machtspiel, dem die Nationalstaaten entspringen. „Der Rassismus geht fortwährend aus dem Nationalismus hervor und richtet sich nicht nur nach außen, sondern auch nach innen." (Balibar 1992, 67) Nationalismus und Rassismus bedingen sich gegenseitig. Die Frage nach der notwendigen Homogenität des *Volkes* spiegelt dies wider. In Deutschland stellt sie sich in verschiedenen Formen. In der Asyldebatte 2015 und in der Diskussion um eine deutsche Leitkultur jenseits des Grundgesetzes, die eine einseitige Integration in diese impliziert.[19] Der

---

[19] Sie finden sich auch in der an Rousseau anschließenden Liberalismus-Kommunitarismus-Debatte. Diese wird aktuell auch in Reaktion auf das Erstarken rechtspopulistischer Parteien als Kosmopolitismus-Kommunitarismus-Debatte fortgeführt.

konstruierte „qualitative Unterschied zwischen den Rassen" manifestiert sich schließlich im „Nationalkolonialismus" (Mbembe 2017, 124) – der von Fanon aufgezeigte *vorherbestimmte Rahmen*, das Konstrukt der Rasse, die „erste Gewalt" (Mbembe 2016, 19), die die Kolonie legitimiert. Mbembe beschreibt den französischen Nationalkolonialismus als Reaktion auf die Niederlage gegen Preußen 1870 sowie als Kompensation. Funktion des Kolonialismus war es, „Reflexe rassenbezogenen, nationalistischen und militaristischen *Ethos* zu kultivieren und zu verbreiten" (Mbembe 2017, 124) – ob bewusst oder unbewusst, spielt dabei erst einmal keine Rolle. Ähnlich verhält es sich wohl mit Bernhard von Bülows *Platz an der Sonne*, dem deutschen Prestigeprojekt, welches der nationalen Identität dienlich war und bereits unter Bismarck in Form privater, jedoch staatlich gestützter Investitionen anlief (vgl. Conrad 2016, 23). Der Kolonialismus ist ein rassistisches Projekt, welches seinen Anfang im Sklavenhandel ab dem 15. Jahrhundert nahm. Dementsprechend wichtig ist es, Rassismus und Kolonialismus in Einklang mit den wirtschaftlichen Entwicklungen zu verstehen. Die „Logiken der Rasse, der Bürokratie und des Handels" wurden zu einer „grundlegenden Matrix der Macht" (Mbembe 2017, 115) verknüpft, die das Subjekt der Rasse konstituiert. „Der Kolonialismus [...] ist die Gewalt im Naturzustand" (Fanon 1981, 51), wie Fanon in existenzialistischer Emphase konstatiert. Im Nationalkolonialismus kumuliert die vernunftbegründete – wohlgemerkt formal leer – Etablierung von Staat und Markt, wobei der Markt, als Bedingung der Möglichkeit des Sklavenhandels, seine Fähigkeit zum Ausschluss in absolut rohester Form präsentiert (vgl. Mbembe 2017, 120 und 185).

3.5 Dialektik der Ferne und Gleichgültigkeit

Eine „Gesellschaft ist entweder rassistisch oder nicht" (Fanon 2015, 74). Folgen wir dieser eindeutigen Entweder-oder-Einteilung, wie sie auch Ibram X. Kendi (vgl. 2017, 10) vorschlägt, müssen wir uns die Frage stellen: *Wie soll man einer andauernden Dialektik der Ferne und der Gleichgültigkeit gegenüber den Auswirkungen von Kolonialismus, der auf rassistischer Ideologie gebettet ist, entgegentreten?* Gerade Bewegungen, die ursprüngliche und allgemeine Ziele verfolgen, müssen in ihren Politiken koloniale Kontinuitäten anerkennen, also historische Lebensbedingungen der Subjekte. Sie müssen entsprechend handeln, um den Graben zwischen Denken und Praxis der Aufklärung hinsichtlich universeller Freiheits- und Gleichheitsversprechen nicht zu reproduzieren und zu affirmieren. Der Graben verhindert globale politische Reflexion und Aktion und er wird angesichts eines Rückgangs des geordneten Multilateralismus und des Rufs nach Gemeinschaft, dem *We first!*, eher größer als kleiner. Der Klimawandel ist, neben der Wiederverbreitung von nuklearen Waffen, für Noam Chomsky (2019) eine der beiden aktuellen Herausforderungen von „cosmic significance". Diese Signifikanz antizipiert einen Habitus der Versicherheitlichung und Rationalisierung und fordert eine kritisch-emanzipatorische Aufmerksamkeit für die Produktion neuer, ausgeschlossener Subjekte. Die Erfahrungen der Kolonialisierung zeigen die Gefahren, die sich in einem entwicklungspolitischen Habitus westlicher Hegemonie zu wiederholen drohen. Die Klimakrise ist keine Singularität. Sie ist Teil der Krise der westlich geprägten und historisch gewachsenen Weltwirtschaft, welche Entwicklung in Form von „Wohlstand, Fortschritt, Glauben, Gleichheit" (Sarr 2019, 25) zu allgemeinen Prinzipien erklärt, wie uns Felwine Sarr verdeutlicht.[20] Die westliche *Politik der Entwicklung* auf dem afrikanischen Nachbarkontinent war, wie Sarr formuliert, eher eine *Politik der Einwicklung* – der Oktroy nach den vermeintlich universellen Normvorstellungen westlicher Gesellschaftsformen (vgl. ebd., 23). Die Festlegung von Entwicklungsnormen entspricht dem Habitus des „Herrn und Besitzers der Natur", sie manifestiert eine „Quantität gegenüber der Qualität, des Habens gegenüber dem Sein" (ebd., 27), was unweigerlich auch ein Denkmuster unserer Einstellung gegenüber der Umwelt – also eben nicht *Mitwelt* – darstellt.

3.6 Restitution als Gesprächsangebot

Dieser Nexus wird auch bei der aktuellen Debatte um die Restitution afrikanischer Kulturgüter deutlich. Restitution ist Teil der Behebung asymmetrischer Beziehungen zwischen Süd und Nord und „Restitution, Wiedergutmachung und Gerechtigkeit [sind] Voraussetzungen für den kollektiven Aufstieg zum Menschsein" (Mbembe 2017, 325). Der vom

---

[20] Auch hier nutzt das Rousseau'sche Bild: Das Narrativ der Entwicklung, ähnlich dem der „Geschichte als eine Entwicklung vom Dunklen zum Klaren" (Reder 2018, 147), ist in seiner teleologisch notwendigen Stringenz nicht haltbar.

französischen Präsidenten in Auftrag gegebene Restitutionsbericht von Felwine Sarr und Bénédicte Savoy versucht im Kern, eine neue Beziehungsethik zu formulieren, die der Komplexität der Thematik gerecht wird. „Der Logik des Sammelns und Ausstellens ganzer ‚Kulturen' war die Reduktion komplexer gesellschaftlicher und kultureller Strukturen inhärent" (Zimmerer 2018, 2). Sarr und Savoy (2019, 83) schlagen eine „neue relationale Ethik" vor, die dieser Komplexitätsreduktion entgegenwirkt. Mithilfe von *Zirkulation* soll mit der Gewohnheit gebrochen werden, *Museen der Anderen* zu konzipieren – das Museum als ein Ort, der „in der Fremde entnommene Objekte aufbewahrt, [und] sich das Recht herausnimmt, über die *anderen* (oder im Namen der *anderen*) zu sprechen, und vorgibt, die Wahrheit über sie zu verkünden" (ebd., 80). Diese Deutungshoheit soll gebrochen werden, indem durch Zirkulation von Kulturgütern – afrikanischen und europäischen – die ausschließliche und dauerhafte Kontrolle und Möglichkeit der fabularisierten Kategorisierung (vgl. Mbembe 2017, 31) aufgegeben wird. Diese Debatte ist wichtig, weil sie darauf abzielt, handlungsfähige Subjekte zu ermöglichen, z.B. Menschen der afrikanischen Diaspora, die sich so ihre Geschichte bewusst machen können und ihre Anerkennung in der Weltgeschichte erfahren. Eine Weltgeschichte, die nicht nur auf europäischem Wissen basiert, sondern deren Wissen ein globales ist (vgl. Sarr/Savoy 2019, 78ff.).

Ein Prüfstein wird das 2020 zu eröffnende Humboldt-Forum im Berliner Schloss sein, dem es zuletzt bei der Diskussion um Provenienzforschung an Aufmerksamkeit für koloniale Kontinuitäten zu fehlen schien (vgl. Zimmerer 2018). Generell lässt sich sagen, dass in Deutschland in Politik und Gesellschaft mehr Aufmerksamkeit für rassistische Wirkweisen und koloniale Auswirkungen nötig ist. Die Kommentare des Afrika-Beauftragten der Bundesregierung, laut denen der Kalte Krieg „schlimmer" für den afrikanischen Kontinent war als der Kolonialismus, denn dieser habe Afrika zumindest von seinen archaischen und traditionellen Strukturen befreit[21], beweist einen zumindest in Teilen kolonialen Blick und ein begrenztes Verständnis für die kolonialen Kontinuitäten im Denken und Handeln. Postkoloniale Reflexe zeigen sich nicht nur in Äußerungen und Politiken, bei denen man die Frage rassistischer Wirkweisen stellen kann, sie verhindern oft genug auch Dialog, wenn sie als Aus-

---

[21] Für einen Einstieg in die Auseinandersetzung en détail bietet sich die Stellungnahme des Fachverbands Afrikanistik e.V. (vgl. 2018).

flucht auf (berechtigte) Kritik angebracht werden. Ein prominentes Beispiel war 2019 der brasilianische Präsident Bolsonaro, der die von Frankreich angebotene Hilfe bei den Bränden im Amazonas ablehnte. Als (machtpolitische) Begründung nannte er die kolonialistische Mentalität der Hilfsaktion. Nur eine demütige und ernst gemeinte Aufarbeitung kolonialer Kontinuitäten auf allen Ebenen ermöglicht in Fällen berechtigten Einwands eine angemessene Replik und somit ehrliche globale Zusammenarbeit.

4. Schlussplädoyer: Wer spricht da (nicht)? Für eine Politik auf Augenhöhe

Zwar ist das Bekenntnis zu den politischen Idealen sozialer Gleichheit, Freiheit und Solidarität nach wie vor präsent, dennoch gibt es Gegenkräfte, die stärker sind und eine diesen Idealen mehr entsprechende soziale Realität nur schwer verhandelbar machen. Dazu zählen ökonomische Kräfte, die Einzelinteressen folgen, oder auch unser Bedürfnis nach Komplexitätsreduktion. Das liegt mitunter daran, dass unser Wissen, unsere Politik und unsere Lebensweisen auf das *Ich* begrenzt, privatisiert und ökonomisiert sind, eine Folge der voranstehend skizzierten Ausschlussmechanismen, auf denen unsere *Kultur* mit ihrem Wirtschafts- und Gesellschaftssystem aufgebaut ist. Versuchen wir es mit einem letzten Kopfstand, anhand dessen unser Verständnis, was als Natur und was als Kultur zu gelten hat, gedanklich hinterfragt werden kann. So weist Cord Riechelmann (vgl. 2020) darauf hin, dass die Aborigines vor ungefähr fünfzig Jahren gegen die westliche Erklärung ihrer Lebensräume zu Naturschutzreservaten protestierten. Ihr Verständnis von Natur und Kultur passte nicht zur westlichen Definition, die auf der Möglichkeit einer Trennung fußt. Sie waren in ihrem Verständnis keine schützenswerten Naturschutzgebiete, sondern von ihrer Kultur über Jahrhunderte hinweg belebtes Land. Ihr Kulturkulturverständnis ist ein ökologisch integratives. Das ist grundlegend verschieden zu dem Verständnis der Natur als ein *Anderes* der Kultur. Ein Verständnis, welches wir scheinbar seit der neolithischen Revolution abgelegt haben – zu unserem Vorteil wie auch zu unserem Nachteil. Die Sesshaftigkeit des Menschen scheint einherzugehen mit dem Verlust der Empathie für und das Wissen über unsere *Umwelt*. Ähnliche Kritik äußert der kenianische Ökologe Mordecai Ogada, der im Umweltschutz eine neue Form des Kolonialismus erkennen will. Umweltschutz folgt einem *weißen* Blick auf Afrika und dient dem Tourismus. Er ist jedoch nicht auf die Bedürfnisse derer ausgerichtet, die in den als schützenswert definierten Gebieten leben (vgl. Ogada 2016).

4.1 Wessen Maßstäbe?

Anknüpfend an den in der Einleitung aufgegriffenen Brundtland-Bericht, der vorschlägt, wirtschaftliches Handeln in einem Dreiklang von sozialer, ökonomischer und ökologischer Dimension zu verstehen, müssten wir die bekannten Handlungsempfehlungen an Politik, Wirtschaft und an uns als Konsumierende auf ihre Asymmetrie hin prüfen: Auf Ebene der Politik gibt es Forderungen nach basisdemokratischen Klimaräten, einer höheren CO_2-Steuer, einer Subvention von klimaneutralen Produkten. Auf Ebene der Wirtschaft hingegen bestehen Forderungen, nach einer Neudefinierung der Wirtschaftsfreiheit, die nur so weit reichen sollte, wie die einzelnen Akteure weder andere Menschen noch die Ökosysteme schädigen. Dieser Rahmen müsste sowohl von den demokratischen Verfassungen wie auch den Wirtschaftswissenschaften festgelegt werden. Auch über den wirtschaftlichen Grundpfeiler des Erfolgs wird nachgedacht, der bisher überwiegend an der Finanzrendite einer Investition gemessen wird. Auf Ebene des Konsums werden wir um einen Verzicht auf ein Übermaß an materiellen Gütern nicht herumkommen, um einen Wandel unserer Subjektivität, die im Laufe der Nachkriegszeit unverhältnismäßige Bedürfnisstrukturen entwickelt hat. Diese schlichte Aufzählung von Reformvorschlägen scheint aus dem Kontext des Essays herauszufallen und dennoch ist sie relevant, um im Stil immanenter Kritik zu hinterfragen, ob diese Reformvorschläge (und deren Maßstäbe) tatsächlich (global) widerspruchsfrei gültig sein können. Denn unsere Kritik will in der Setzung von globalen Maßstäben eine Herrschaftslogik aufzeigen, die genau die Ausschlüsse produziert, die es zu verhindern gilt. Der Versuch, Ausschluss zu vermeiden, ist ein Balanceakt zwischen einem allgemeinen (globalen) Interesse und der Formulierung partikularer (regionaler) Lösungsansätze, deren Festsetzung keiner hegemonialen Logik folgen (will). Nur das gemeinsame Aushandeln der Lösungsansätze im *Besonderen* ermöglicht die erforderliche Wirkung im *Allgemeinen*.

4.2 Miteinander-Sein im Verschiedenen

Wir haben versucht, die Situation des Subjekts innerhalb oder außerhalb des Sozialen als Ausgangspunkt zu nehmen und über Veränderungen innerhalb dieser Dimension nachzudenken, die dann Auswirkungen auf die Dimension der Ökonomie und letztlich auf die Ebene der Ökologie haben können. Voraussetzung für Veränderungen innerhalb der Dimension des Sozialen ist die kritische Reflexion auf die sprachlichen, historischen und kulturellen Konstitutionsbedingungen von Subjekten. Aus feministischer wie antirassistischer Perspektive ist es daher nach wie vor relevant, auf *tiefenkulturelle*, kategorisierende Denkmuster aufmerksam zu machen. Es ging uns darum, die *Problematik einer auf Grenzen und Ausschlüssen basierenden Vorstellung von Welt* aufzuzeigen, die verhindert, sich der Globalität des Themas zu stellen. Die Herausforderung, vor der wir stehen, ist es, Antworten auf die Fragen zu finden *Wer bin Ich* und *Wer sind Wir*, wenn die kategorisierenden Grenzen wegfallen. Keine Antwort, dennoch vielleicht ein emanzipatorischer Baustein, der aus feministischen wie antirassistischen Ansätzen in die sozio-ökologische Debatte mit einfließen sollte, ist ein Hinterfragen der eigenen für wahr gehaltenen Politik[22] wie auch unserer Form der Erkenntnis, die sich leiten lässt von normativen Ein- und Ausschlüssen, von der Wahrheit oder Lebenswirklichkeit einiger Subjekte, die zwangsläufig einhergeht mit der Verwerfung oder dem Ausschluss anderer Subjekte. Es geht uns um die Kritik einer Politik, die identitätslogische Kategorien instrumentalisiert und die Angst der Menschen vor dem Verlust der konstruierten, nationalen oder wie auch immer gearteten Identität für sich arbeiten lässt. Unser Anliegen ist dabei keine Forderung nach der Auflösung von Identitäten, kein aufgelöstes Subjekt, sondern die Anerkennung der Differenzen, ihrer produktiven, soziokulturellen Grenzen verändernden Wirkung. Dies ist zweifelsohne einfacher gesagt als getan, denn wir alle bewerten unsere Mitmenschen, unsere Gegenüber anhand ihrer Differenz, gemessen an einem sozialen *Gitter der Lesbarkeit*. Aber gerade, weil *Ich* von *Dir* abhänge und *Wir* von *Euch*, sollte die Anerkennung der Differenzen, die sich in einer Art sozialer Trialektik von Sichtbarkeit, Sprechfähigkeit und *Gehörtwerden* ausdrückt, unser kultureller Anspruch für unser menschliches Zusammenleben innerhalb der Natur – verstanden als Mitwelt – sein. Denn letzt-

---

[22] Vgl. den Begriff einer „Politik der Wahrheit" (Foucault 1992, 15).

endlich handelt Kultur „von dem Mit-einander-Sein im Verschiedenen" (Jäckle 2012, 123).

4.3 Politik auf Augenhöhe – Ein abschließendes Beispiel

Globales Handeln ermöglichen, bedeutet natürlich auch Machtverlust. Ein Plädoyer für globale Reflexion und Aktion nimmt diesen Verlust in Kauf oder setzt vielmehr die Abgabe von Souveränität voraus. Das gilt auch für die Organigramme von Klimabewegungen. So und nicht anders wird eine konsequente Hinterfragung von Systemen des Zusammenlebens aussehen müssen, die bei aller Betonung von Differenz, das Ziel unterstreichen will, allgemeinmenschliche Bedürfnisbefriedigung zu ermöglichen – global und enkeltauglich. Eine *Politik auf Augenhöhe* bedeutet letztlich, innerhalb von und – so gut es geht – gegen die Machtsysteme die Sichtbarkeit und Sprechfähigkeit marginalisierter Gruppen einzufordern und zu ermöglichen. Dabei ist es auch wichtig, den Komponenten Raum und Zeit Aufmerksamkeit zu schenken. Wenn wir als *in Deutschland Positionierte enkeltauglich* schreiben, dann aufgrund eines anderen Gefühls dafür, ab *wann* der Klimawandel für uns eine Frage der Überlebensfähigkeit sein wird. Luisa Neubauer und Greta Thunberg (beide *Fridays for Future*) scheinen dies begriffen zu haben. Der durchaus als performativ zu verstehende Akt, bei der Klimakonferenz der Vereinten Nationen unangekündigt die Bühne der Pressekonferenz denjenigen zu überlassen, die die Klimabewegung in den Ländern repräsentieren, die aufgrund ihrer geografischen Lage bereits oder in naher Zukunft, vor allem aber vor den geografisch privilegierten Ländern Mitteleuropas, vom Klimawandel betroffen sind, ist ein praktisches Beispiel für den Versuch der Herstellung symmetrischer Beziehungen. Symmetrisch nicht in dem Sinn der Auflösung von Differenz, sondern darin, die Verwirklichung globalen Handelns und globaler Reflexion als eine Gratwanderung zu begreifen, bei der es darum geht, *unsichtbaren* und *ungehörten* Subjektivitäten *Sichtbarkeit* und *Sprechfähigkeit* zu ermöglichen. *Produktive Differenz* bedeutet vor diesem Hintergrund, die eigene historisch-kulturelle Subjektposition als aktiv gestaltbar anzunehmen.

Literatur

Arndt, Susan (2017): Rassismus. Eine viel zu lange Geschichte, in: Fereidooni, K.; El, M. (Hg.), Rassismuskritik und Widerstandsformen. Wiesbaden, S. 29-46.

Balibar, Etienne (1992): Rassismus und Nationalismus, in: Balibar, Etienne; Wallerstein, Immanuel: Rasse, Klasse, Nation. Ambivalente Identitäten. Hamburg/Berlin, S. 49-86.

Biskamp, Floris (2017): Rassismus, Kultur und Rationalität. Drei Rassismustheorien in der kritischen Praxis, in: PERIPHERIE, 37(2), S. 271-296.

Buck-Morss, Susan (2015): Hegel und Haiti. Frankfurt a.M.

Butler, Judith (1995): Körper von Gewicht. Die diskursiven Grenzen des Geschlechts. Berlin.

Butler, Judith (2001): Antigones Verlangen. Frankfurt a.M.

Butler, Judith (2006): Hass spricht. Zur Politik des Performativen. Frankfurt a.M.

Butler, Judith (2009): Die Macht der Geschlechternormen und die Grenzen des Menschlichen. Frankfurt a.M.

Butler, Judith (2009a): Was ist Kritik? Ein Essay über Foucaults Tugend, in: Jaeggi, Rahel; Wesche, Tilo (Hg.), Was ist Kritik? Frankfurt a.M., S. 221-246.

Butler, Judith (2010): Raster des Krieges. Warum wir nicht jedes Leid beklagen. Frankfurt a.M.

Butler, Judith (2017): Gefährdetes Leben. Politische Essays. Frankfurt a.M.

Butler, Judith (2019): Rücksichtslose Kritik. Konstanz.

Butler, Judith (2019a): Verletzungen bilden gesellschaftliche Strukturen ab, Interview mit Svenja Flaßpöhler und Nils Markwardt, in: Philosophie Magazin, Ausgabe 6/2019, S. 62-65.

Cavarero, Adriana (1987): Ansätze zu einer Theorie der Geschlechterdifferenz, in: Diotima. Philosophinnengruppe aus Verona: Der Mensch ist zwei. Das Denken der Geschlechterdifferenz. Wien, S. 65-102.

Chomsky, Noam (2019): Deconstructed Special: The Noam Chomsky Interview, Interview mit Medhi Hasan, in: The Intercept, http://www.theintercept.com/2019/10/31/deconstructed-special-the-noam-chomsky-interview/ (abgerufen am 02.01.2020).

Cojocaru, Mara-Daria (2018): Menschen und (andere) Tiere, in: Michael Reder, Philosophie pluraler Gesellschaften. 18 umstrittene Felder der Sozialphilosophie. Stuttgart, S. 135-144.

Conrad, Sebastian (2016): Deutsche Kolonialgeschichte. München.

Fachverband Afrikanistik e.V. (Hg.) (2018): Stellungnahme zu den Äußerungen des Afrikabeauftragten der Bundeskanzlerin Günter Nooke (B.Z., 07.10.2018), http://www.uni-koeln.de/phil-fak/afrikanistik/fv/down/Offener%20Brief.pdf (abgerufen am 15.01.2020).

Fanon, Frantz (1981): Die Verdammten dieser Erde. Berlin

Fanon, Frantz (2015): Schwarze Haut, Weiße Masken. Wien

Foucault, Michel (1988): Der Wille zum Wissen. Sexualität und Wahrheit 1. Frankfurt a.M.

Foucault, Michel (1990): Was ist Aufklärung?, in: Erdmann, Eva; Forst, Rainer; Honneth, Axel (Hg.), Ethos der Moderne. Foucaults Kritik der Aufklärung. Frankfurt a.M./New York, S. 35-54.

Foucault, Michel (1992): Was ist Kritik? Berlin

Gutiérrez Rodríguez, Encarnación (1999): Fallstricke des Feminismus. Das Denken „kritischer Differenzen" ohne geopolitische Kontextualisierung. Einige Überlegungen zur Rezeption antirassistischer und postkolonialer Kritik im deutschsprachigen Feminismus, in: Polylog – Zeitschrift für interkulturelles Philosophieren, Nr. 4, S. 13-24.

Hark, Sabine; Villa, Paula-Irene (2017): Unterscheiden und Herrschen. Ein Essay zu den ambivalenten Verflechtungen von Rassismus, Sexismus und Feminismus in der Gegenwart. Bielefeld.

Heidegger, Martin (2006): Sein und Zeit. Tübingen.

Herb, Karlfriedrich (2018): Unter Bleichgesichtern. Kants Kritik der kolonialen Vernunft, in: Zeitschrift für Politik, 65(4), S. 381-398.

Jäckle, Monika (2012): Kulturalität des Geschlechts. Die diskursive Konstruktion von Geschlechterkulturen, in: Wiater, Werner; Manschke, Doris (Hg.), Verstehen und Kultur. Mentale Modelle und kulturelle Prägungen. Wiesbaden, S. 113-139.

Jaeggi, Rahel; Celikates, Robin (2017): Sozialphilosophie. Eine Einführung. München.

Kather, Regine (2009): Von der „Kette der Wesen" zur Evolution der Lebensformen. Unterschiede und Gemeinsamkeiten, Beitrag zur Tagung „Darwins Zufall und die Übel der Natur", http://www.akademie-rs.de/fileadmin/user_upload/download_archive/naturwissenschaft-theologie/090619_kather_kette.pdf (abgerufen am 05.01.2020).

Kelly, Natasha A. (2019): Schwarzer Feminismus. Grundlagentexte. Münster.

Kendi, Ibram X. (2017): Gebrandmarkt. Die wahre Geschichte des Rassismus in Amerika. München.

Klein, Naomi (2019): Stoppt die Brandstifter, in: der Freitag, Nr. 52/2019, S. 21-23.

Kuch, Hannes (2013): Herr und Knecht. Anerkennung und symbolische Macht im Anschluss an Hegel. Frankfurt a.M.

Kuch, Hannes; Herrmann, Steffen Kitty (2007): Symbolische Verletzbarkeit und sprachliche Gewalt, in: Herrmann, Steffen Kitty; Krämer, Sybille; Kuch, Hannes (Hg.), Verletzende Worte. Die Grammatik sprachlicher Missachtung. Bielefeld, S. 179-210.

Lorey, Isabell (1991): Frau-Sein im männlichen Denken. Zu Adriana Cavareros Denken der Geschlechterdifferenz, in: Feministische Studien, 9/1, S. 128-136.

Luig, Ute (2002): Zur Soziologie der Dekolonisation: Ein subjektiver Rückblick, in: Brandstetter, Anna-Maria; Neubert, Dieter (Hg.), Postkoloniale Transformation in Afrika. Zur Neubestimmung der Soziologie der Dekolonisation. Münster u.a., S. 73-92.

Mandelkow, Miriam (2019): Nachbemerkung. Das N-Wort und seine Übersetzung, in: Baldwin, James, Nach der Flut das Feuer. The Fire Next Time, übersetzt von M. Mandelkow. München.

Mbembe, Achille (2016): Postkolonie. Zur politischen Einbildungskraft im Afrika der Gegenwart. Wien.

Mbembe, Achille (2017): Kritik der schwarzen Vernunft. Berlin.

Mbembe, Achille (2019): Necropolitics. Durham/London.

Meissner, Hanna (2010): Jenseits des autonomen Subjekts. Zur gesellschaftlichen Konstitution und Handlungsfähigkeit im Anschluss an Butler, Foucault und Marx. Bielefeld.

Mütherich, Birgit (2015): Die soziale Konstruktion des Anderen. Zur soziologischen Frage nach dem Tier, in: Brucker, Renate et al. (Hg.), Das Mensch-Tier-Verhältnis. Eine sozialwissenschaftliche Einführung. Wiesbaden, S. 49-78.

Nakabuye, Hilda Flavia (2019): „Die Politik interessiert sich nicht dafür, was wir durchmachen", im Interview mit Nadja Schlüter, in: jetzt, vom 12.12.2019, http://www.jetzt.de/umwelt/klimakonferenz-hilda-flavia-nakabuye-von-fridays-for-future-uganda-ueber-die-cop25-in-madrid (abgerufen am 15.12.2019).

Ogada, Mordecai (2016): The Big Conservation Lie. Auburn, Washington.

Purtschert, Patricia (2012): Jenseits des Naturzustandes. Eine postkoloniale Lektüre von Hobbes und Rousseau, in: DZPhil, 60(6), S. 861-882.

Reder, Michael (2018): Philosophie pluraler Gesellschaften. 18 umstrittene Felder der Sozialphilosophie. Stuttgart.

Reuter, Julia; Villa, Paula-Irene (2010): Provincializing Soziologie. Postkoloniale Theorie als Herausforderung, in: Dies. (Hg.), Postkoloniale Soziologie. Empirische Befunde, theoretische Anschlüsse, politische Interventionen. Bielefeld, S. 11ff.

Riechelmann, Cord (2020): Das Vergehen der Arten. Natur lässt sich nicht ohne Kultur denken, in: F.A.S. vom 12.01.2020, S. 33.

Sarr, Felwine (2019): Afrotopia. Berlin.

Sarr, Felwine; Savoy, Bénédicte (2019): Zurückgeben. Über die Restitution afrikanischer Kulturgüter. Berlin

Schiebinger, Londa (1993): Schöne Geister. Frauen in den Anfängen der modernen Wissenschaft. Stuttgart.

Spivak, Gayatri Chakravorty (1988): Can the Subaltern Speak?, in: Nelson, Cary; Grossberg, Lawrence (Hg.), Marxism and the Interpretation of Culture. Chicago, S. 66-111.

Spivak, Gayatri Chakravorty (1990): The Post-colonial Critic. Interviews, Strategies, Dialogues. London.

Spivak, Gayatri Chakravorty (2010): Kultur, in: Reuter, Julia; Villa, Paula-Irene (Hg.), Postkoloniale Soziologie. Empirische Befunde, theoretische Anschlüsse, politische Interventionen. Bielefeld, S. 47-68.

Stoler, A. L. (1995): Race and the education of desire. Foucault's History of Sexuality and the Colonial Order of Things. Durham.

Sutter, Alex (1989): Kant und die Wilden. Zum impliziten Rassismus in der Kantischen Geschichtsphilosophie, in: prima philosophia, 2/1989, S. 241-266.

Truth, Sojourner (2019): Bin ich etwa keine Frau*? (1851), in: Kelly, Natasha A. (Hg.), Schwarzer Feminismus. Grundlagentexte. Münster, S. 17-18.

Vieweg, Wolfgang (2019): Nachhaltige Marktwirtschaft. Eine Erweiterung der Sozialen Marktwirtschaft. Wiesbaden.

Villa, Paula-Irene; Geier, Andrea (2019): Wer hat Angst vorm Zuhören?, in: Republik. Das digitale Magazin für Politik, Wirtschaft, Gesellschaft und Kultur, http://www.republik.ch/2019/08/17/wer-hat-angst-vorm-zuhoeren (abgerufen am 06.01.2020).

Wittig, Monique (1980): The Straight Mind, in: Feminist Issues, 1, S. 103-111.

Zimmerer, Jürgen (2018): Weltkultur & postkoloniale Kritik. Das Humboldtforum im Zentrum deutscher Identitätsdiskurse, in: Politik & Kultur. Zeitung des Deutschen Kulturrates, 1/18, S. 1-3.

Institutioneller Wandel in Zeiten der ökologischen Krise

Eine ganzheitliche Perspektive

Monika Csigó

1. Es ist Zeit für Engagement...

Die Beschäftigung mit Institutionen politischen und gesellschaftlichen Zusammenlebens, aber auch mit dem Zusammenleben in einer Gemeinschaft im Allgemeinen bedeutet seit jeher immer auch die Suche nach einer gerechten Verteilung der Sonnen- und der Schattenseiten des Lebens. Heute, angetrieben von den aktuellen politischen Entwicklungen sowie der allgemeinen Bewusst-Werdung des vernichtenden menschlichen Einflusses auf unser Ökosystem, ist ein Diskurs über soziale und ökologische Gerechtigkeit aktueller denn je.

Wie gehen wir mit der Klimakatastrophe um, die sich immer deutlicher selbst für uns privilegierte Europäer offenbart, wie mit den zum Teil aus dieser resultierenden Flüchtlingsströmen, mit dem sich vor unseren Augen vollziehenden Verschwinden der Artenvielfalt und den damit zusammenhängenden komplexen ökologischen wie sozialen Problemen? Nicht nur, dass wir hierdurch eine existenzielle physische Bedrohung unserer Lebensgrundlagen erfahren – auch unsere Lebenswelten geraten durch die sich immer stärker aufdrängende Frage ins Wanken: Ist das alles gerecht? Gerecht gegenüber unserem Ökosystem und gegenüber den Menschen, die aufgrund unseres Handelns in ökologische und soziale Notsituationen geraten? Ist es gerecht gegenüber den künftigen Generationen, welche für die Folgen des von uns mitverschuldeten (und geduldeten) Raubbaus an Ressourcen die Konsequenzen zu tragen haben werden? Welche Verantwortung tragen unsere politischen und ökonomischen Systeme – und welche Verantwortung können und müssen wir, ganz persönlich, als Individuen übernehmen?

Es ist unvermeidbar, dass es auf der Suche nach Antworten und Strategien zu einer teilweisen oder gar weitgehenden Erschütterung unseres Weltbildes, zu einer Infragestellung unserer Lebensweise kommen muss. Die Komplexität der Sachverhalte, die erstaunliche und zugleich erdrückende Konnexität scheinbar zusammenhangloser Vorgänge, fordert uns in unseren politischen und ökonomischen Systemen als Kollektiv, aber auch als individuelle Mitglieder dieser Systeme heraus. Die individuellen Reaktionen hierauf können sehr unterschiedlich sein: Sie können – je nach sozialer und persönlicher Prägung sowie nach Veranlagung, je nach sozialen und institutionellen Synergien – von der vollkommenen Ausblendung oder Verleugnung der Problematiken über Resignation und Desinteresse bis hin zu Verzweiflung und Ohnmacht reichen.[1] Es gibt allerdings auch eine Vielzahl von positiven Beispielen für individuelle und gemeinschaftliche Initiativen und Projekte, die in kleinen Schritten einer ökologischen Katastrophe entgegenzusteuern versuchen – mal mit mehr, mal mit weniger Erfolg.

In meinem Beitrag zeige ich Möglichkeiten und positive Ansätze auf, aus denen erfolgversprechende Handlungsstrategien entstehen können, die uns alle, als politische und ökonomische Gemeinschaft und als Individuum, einen Schritt näher zu einer ökologisch und sozial gerechten Welt bringen. Hierzu gehe ich zunächst auf einige wichtige Aspekte ökologischer und sozialer Gerechtigkeit ein. Der Ansatz institutionellen Lernens (Csigó 2006) sowie Ansätze institutionellen Wandels bieten für diese Fragestellung einen fundierten analytischen Rahmen und eine geeignete Analyseperspektive, aus der sich einige konkrete Handlungsaufträge zu mehr sozialer wie auch ökologischer Gerechtigkeit ableiten lassen. Ganz im Sinne von Nobelpreisträger und Ökonom Amartya Sen, der in Bezug auf soziale Gerechtigkeit fordert: Die gegenwärtigen Theorien sollen Engagement hervorbringen, statt Resignation. Engagement brauchen wir heute mehr denn je!

---

[1] Der deutsche Umwelt-Mikrobiologe Wolfgang Fritsche schrieb treffend: „Der Schutz der natürlichen Lebensgrundlagen ist eine vielfach erhobene Forderung, nach der jedoch unzureichend gehandelt wird. Ein Grund dürfte sein, dass das Wesen unserer natürlichen Existenzbedingungen auf Grund ihrer Komplexität schwer erfassbar ist. Das gilt vor allem dann, wenn sie sich auf die globale Ebene beziehen; unser Bewusstsein ist für diese Dimension nicht geprägt." (Fritsche 2008, 391)

2. Soziale und ökologische Gerechtigkeit: Eine aktuelle Bilanz

Soziale und ökologische Gerechtigkeit sind komplexe und vielschichtige Begriffe, die alles umfassen, in ihrer Bedeutung gleichzeitig aber so vage und umstritten sind, dass ihre Konzeptualisierung und Konkretisierung Bibliotheken füllt. Tatsächlich schließen sie, zum einen, alle Aspekte gemeinschaftlichen Zusammenlebens ein – sie können als Grundnormen menschlichen Zusammenlebens, also als grundlegende, konstituierende Säulen sozialer und politischer Institutionen einer Gesellschaft schlechthin aufgefasst werden. Zum anderen sind ihre Bedeutung und Implikationen höchst umstritten und ihre Auslegung ist Gegenstand des gesellschaftlichen und politischen Diskurses. Ihre Perzeption innerhalb der Gemeinschaft sind grundlegende (Bewertungs-)Maßstäbe politischer und gesellschaftlicher Ordnung. ‚Gerechtigkeit' ist somit eine der grundlegenden Maximen demokratischer Systeme.

Beschäftigt man sich mit Fragen der ökologischen *und* sozialen Gerechtigkeit, ist es wichtig, diese konzeptuell zu erfassen und der Frage nachzugehen, in welcher wechselseitigen Beziehung diese beiden Größen zueinander stehen. Setzt die eine die andere voraus bzw. gibt es eine Hierarchie oder eine natürliche Priorität zwischen ihnen? Muss etwa *vor* der Verwirklichung von ökologischer Gerechtigkeit ein gewisses Maß an sozialer Gerechtigkeit, etwa in Form eines „gerechten" Zugangs zu lebensnotwendigen Ressourcen, sichergestellt werden? Die Frage ist hier jedoch auch, welche Wege der eigenen Existenzerhaltung kurzfristig *und* langfristig förderlicher sind, sowie, ob ökologische Gerechtigkeit und soziale Gerechtigkeit als zwei Gegenpole zu verstehen sind, etwa so: Nimmt man viel von der ‚einen', bleibt weniger von der ‚anderen' übrig.

Frans Timmermans, Vizepräsident der Europäischen Kommission, sagte kürzlich in einem Interview: „Menschen müssen sich von der Illusion verabschieden, dass alles so bleibt, wie es ist, wenn wir nichts tun. ... Dabei werden die wahren Opfer der Klimakrise die Ärmsten in der Gesellschaft sein. Es macht mich daher wirklich wütend, wenn manche Leute Klimaschutz als Pakt gegen die Armen darstellen."[2] Diese pointierte Aussage lässt einen entscheidenden Zusammenhang zwischen sozialer und

---

[2] Frans Timmermans in einem Interview mit der Süddeutschen Zeitung vom 05.03.2020 (Interview mit Björn Finke).

ökologischer Gerechtigkeit bereits erahnen. Zahlreiche wissenschaftliche Studien belegen in der Tat, dass innerhalb eines Staates benachteiligte soziale oder ethnische Gruppen oder auch – auf der globalen Ebene – „ärmere" Länder viel stärker von schädlichen ökologischen „Nebenwirkungen" moderner Industrien und Lebensweisen betroffen sind als die privilegierten. Dies führt zu einer weiteren Verstärkung sozialer Diskriminierung und zu mehr sozialer Ungleichheit, zu Kriegen und zu humanitären Katastrophen. Sie beeinträchtigen nicht nur uns, sondern bringen auch Menschen nachfolgender Generationen wie auch der Tierwelt Not und Elend. Insbesondere diese zwei ethischen Aspekte sozialer und ökologischer Gerechtigkeit sind von besonderer Relevanz und werden spätestens mittelfristig zu großen wirtschaftlichen wie gesellschaftlichpolitischen Umwälzungen führen: Generationengerechtigkeit und Gerechtigkeit gegenüber Tieren.

Soziale Gerechtigkeit kann im Großen und Ganzen als eine gerechte und faire Verteilung von Rechten und Freiheiten, von Ressourcen und Chancen[3] beschrieben werden. Ökologische Gerechtigkeit – in ihrer Reichweite weit umfassender und komplexer als die Umweltgerechtigkeit – bezieht sich auf die Rechte aller Lebewesen. Auf politische und gesellschaftliche Prozesse übersetzt bedeutet sie die Einbeziehung *aller* Beteiligten bzw. der Bedürfnisse aller Beteiligten in die Entscheidungsfindung. Während Umweltgerechtigkeit sich mit Fragen einer „gerechten" Verteilung von Umweltbelastungen auf verschiedene soziale Gruppen oder auf Länder mit unterschiedlicher Wirtschaftskraft beschäftigt, weitet das Konzept der ökologischen Gerechtigkeit die Analyseperspektive auf das gesamte Ökosystem aus. Dieser Schritt der *holistischen Erweiterung* ist, sowohl auf der theoretischen als auch auf der politischen und gesellschaftlichen Ebene, aus mehreren Gründen zwingend notwendig. Das Ökosystem kann für uns Menschen nur dann einen lebenswerten Lebensraum bieten, wenn es funktioniert. Es gibt allerdings auch ein weiteres gewichtiges Argument für einen Perspektivenwechsel: Die bisherigen anthropozentrischen Sichtweisen und Strategien stell(t)en den Nutzen des Ökosystems, die sog. Ökosystemleistungen, für den Menschen in den Mittelpunkt und begreifen die Natur als Instrument für die menschlichen Bedürfnisse. Sie übersehen jedoch, „dass für die menschliche Exis-

---

[3] Sen beschreibt sie als Verwirklichungschancen, die erst die Grundlage für selbstverantwortliches Handeln schaffen.

tenz die natürlichen Prozesse essentiell sind": Die Natur hat auch einen moralischen Status, der nicht nur um unseretwillen, sondern um ihrer selbst willen zu achten ist (Fritsche 2008, 393 vgl. auch Hans Jonas). Die Beschäftigung mit Fragen der ökologischen Gerechtigkeit *muss* daher zwingend weg von einer (klassischen) anthropozentrischen Perspektive und hin zu einer Inklusion aller Lebewesen in den ökologischen Diskurs.

3. Neo-Institutionalistische Theorien als Analyserahmen für ökologische Probleme

Warum Institutionen in diesem Kontext wichtig und relevant sind, hat zwei Gründe: Zum einen können dynamische und komplexe gesellschaftliche Entwicklungen anhand institutioneller Analysen besser verstanden werden. Zum anderen haben sich institutionelle Analysen für nachhaltige Lösungen komplexer gemeinschaftlicher Probleme als besonders effektiv erwiesen: Die Wirtschaftswissenschaftlerin Elinor Ostrom etwa hat in ihrer bahnbrechenden Arbeit (vgl. Ostrom 1990) institutionelle Lösungen für nationale bzw. regionale Allmende-Probleme bereits Anfang der 1990er Jahre herausgearbeitet.[4] Sie hat gezeigt, dass die Schaffung geeigneter Institutionen der (lokalen) Allmende-Tragödie effektiv entgegenwirkt oder sie sogar auflöst. Problematisch und mehr als tragisch ist die Situation hingegen bei den teilbaren ‚Commons', die frei genutzt werden können. Um solche geht es in der gegenwärtigen Debatte: Weltmeere, saubere Luft, Regenwälder, Wasser und noch viele weitere Umweltgüter.

Institutionelle Arrangements auf der internationalen, transnationalen oder supranationalen Ebene sind bei Strategien für das Ökosystem unverzichtbar und spielen vor allem in der Identifizierung von dringendem Handlungsbedarf eine herausragende Rolle. Allerdings haben sie sich in der konkreten Lösung grenzüberschreitender ökologischer Probleme mittels restriktiver Maßnahmen als nur beschränkt effektiv erwiesen. Es stellt sich daher die dringende Frage, wie solche gegenwärtigen ökologischen (und sozialen) Probleme, die global angegangen werden müssen, gelöst werden können. Institutionstheoretisch stellt sich somit die folgende

---

[4] Ihr Hauptwerk, ‚Governing the Commons: The Evolution of Institutions for Collective Action' erschien im Jahr 1990. Sie erweiterte und modifizierte ihre institutionellen ‚Designprinzipien' jedoch in den darauffolgenden zwei Jahrzehnten weiter.

Frage: Wie bringe ich rational und egoistisch handelnde Individuen – mit Hilfe geeigneter Institutionen – dazu, ihre kurzfristigen individuellen Ziele zugunsten eines langfristigen gemeinschaftlichen (und aller Wahrscheinlichkeit nach gleichzeitig auch individuellen) Ziels einzuschränken? Wie können kollektive Überzeugungen effektiver in konkrete Handlungen für die ‚Rettung' des Ökosystems übersetzt werden? Können wir institutionell etwas nachhaltig verändern, um unsere bedrohten Kollektivgüter und letztendlich uns selbst vor noch mehr Tragödie zu bewahren? Die Antwort ist eindeutig: Ja! Es bedarf zwar langfristig umfassender und großer institutioneller Veränderungen, die wir jedoch jetzt schon sehr effektiv in die Wege leiten können.

Um diesen Katalysatoreffekt nachvollziehbar darzulegen, ist ein kurzer Exkurs auf die neo-institutionalistische Theorieebene notwendig. Institutionen stellen demgemäß den Handlungsrahmen für gesellschaftliche Akteure dar, spiegeln darüber hinaus aber auch gemeinsame Werte und Deutungsmuster einer Gesellschaft wider.[5] Sie entfalten dementsprechend eine zweifache Wirkung: Zum einen eine *kognitive*, indem sie gemeinsame Wertvorstellungen repräsentieren und allgemein anerkannte Deutungen von Situationen und Interpretationen von Erfahrungen liefern. Zum anderen eine regulative und *normative* Wirkung, indem sie divergierende Interessen der Akteure kanalisieren und ‚angemessenes' Verhalten auf der kollektiven Ebene definieren sowie auch abweichendes sanktionieren (March/Olsen 1989, 21f.).

Kognitive Faktoren wie Einstellungen, Überzeugungen, ‚Ideen' und Wissen sind zwar entscheidend bei institutionellen Veränderungen. Allerdings spielen auch hierbei die herrschenden Machtverhältnisse eines politischen Systems eine zentrale Rolle – sie spiegeln sich in den bestehenden Institutionen wider[6]. Da Institutionen aber gleichzeitig auch Wahrneh-

---

[5] Mehr zu einer ausführlichen Institutionentypologie sowie den theoretischen wie praktischen Implikationen institutioneller Lernprozesse vgl. Csigó 2006, 76ff.

[6] Das bestehende institutionelle System, bedingt durch eben diese systemspezifischen Machtstrukturen, begünstigt manche Ideen mehr als andere. Infolgedessen werden die favorisierten Ideen in stärkerem Maße in die institutionellen Strukturen eingebettet als andere, weniger ‚systemkonforme'. Dies lässt sich am besten an einem Beispiel verdeutlichen: Die Idee des freien Marktes hat sich bislang im Vergleich zur Idee des Umweltschutzes institutionell besser etablieren können. Während der freie Markt über unzählige ‚starke' Institutionen verfügt, wie etwa das grundgesetzlich geschützte Privateigentum, das Vertragsrecht, das Bankenrecht, hat der Umwelt-

mungen und Situationsdeutungen der jeweiligen Akteure formen, liegt der Schluss nahe, dass Machtstrukturen bis tief in die kognitive Ebene des institutionellen Systems hinein wirken. Institutionelle Veränderungen erfassen somit durch ihre kognitiven Dimensionen auch die existierenden Machtstrukturen eines politischen und ökonomischen institutionellen Systems.

Institutioneller Wandel wird durch kognitive Faktoren in Gang gesetzt: auf Grundlage neuer Informationen, Erfahrungen oder impliziert durch einen neuen sozioökonomischen bzw. sozioökologischen Kontext. Solche exogenen Herausforderungen können ganz unterschiedlich geartet sein – von durch Kriege ausgelösten Flüchtlingsströmen über grundlegende wissenschaftliche Erkenntnisse betreffend globale Umweltthemen bis hin zu weltumspannenden Pandemien, wie die Verbreitung des aktuell wütenden Corona-Virus zeigt. *Kognitive Pfadabhängigkeiten* verhindern jedoch, dass institutionelle Systeme eine adäquate ‚Antwort' generieren: Wir Menschen tendieren, schon rein biologisch, dazu, zunächst einmal alles ‚beim Altbewährten' zu belassen, bevor uns die Umstände letzten Endes dazu ‚zwingen', nach neuen Wegen und Strategien zu suchen.

4. Informationen als Basis für einen ökologischen Grundkonsens

Um solchen kognitiven Pfadabhängigkeiten entgegenzuwirken – das bedeutet in diesem Kontext: effektiv gegen die Zerstörung unseres Ökosystems vorzugehen –, braucht es zum einen *Informationen.* Ein notwendiger und „belastbarer" Grundkonsens kann ausschließlich auf der Grundlage wissenschaftlich belegten, fundierten Wissens über Vorgänge und Kausalitäten hergestellt werden. Eine Transparenz, welche diesen Informationsfluss ermöglicht, ist insbesondere in den internationalen Handelsbeziehungen, Warenkennzeichnungen und Ursprungsregelungen notwendig, um nachvollziehbare Kausalitätsketten für die breite Öffentlichkeit zugänglich zu machen, damit sie auf dieser Grundlage verantwortliche (Konsum-)Entscheidungen treffen kann. Ähnlich wie in der gegenwärti-

---

schutz noch vergleichsweise wenige stabile Institutionen – sowohl auf der nationalen, als auch auf der internationalen Ebene. Zahlreichen effektiven internationalen Institutionen des Freihandels stehen wenige und eher fragile Institutionen des globalen Klima- und Artenschutzes gegenüber.

gen Krise um den neuartigen Corona-Virus ‚SARS-CoV-2', wo ausgewiesene Experten aus Wissenschaft und Politik eine regelrechte Informationskampagne betreiben, um den als (lebens-)notwendig erachteten Maßnahmen den erforderlichen kognitiven gesellschaftlichen Rückhalt zu verschaffen, brauchen wir vielfältige wissenschaftliche – und der breiten Öffentlichkeit zugängliche! – Erkenntnisse über unser hoch komplexes Ökosystem.

Im Grunde genommen besteht in vielen Ländern weitgehend ‚ideelle' Einigkeit über die elementaren Kausalzusammenhänge sowie über einen Grundkatalog an Aufgaben und Zielen, mit denen beispielsweise die globale Erwärmung aufgehalten werden kann. Auch die große Popularität und der enorme Zulauf der Bewegung „Fridays for Future" zeigen eindringlich, dass ein Bewusstsein für die gegenwärtigen ökologischen Probleme sowie für den dringenden Handlungsbedarf auf der gesellschaftlichen Ebene durchaus präsent ist. Nun geht es darum, diesen Willen und diese Bereitschaft zu kanalisieren und in konkrete Handlungen und institutionelle Schritte zu verwandeln – auch wenn einige mittelgroße bis große ‚Einschnitte' in vielen Bereichen erforderlich werden. Es geht in diesem Zusammenhang aber vor allem darum, dass diese ‚Einschnitte' als notwendige Mittel zur Verhinderung einer Katastrophe wahrgenommen werden (können) – dass das Sterben des Ökosystems uns *alle* in einem viel stärkeren Ausmaß betrifft als beispielsweise die aktuelle pandemische Krise. Das Verständnis und die Akzeptanz dieser Kausalität sind entscheidend für ein erfolgreiches Management der ökologischen Krise. Außerdem ist es sehr wichtig, als Kollektiv zu begreifen, dass es bei den ‚Einschnitten' nicht nur um ökonomische Beschränkungen geht, sondern auch darum, dass demokratische Werte neu überdacht und ‚aufgerüstet' werden müssen. Die ökologische Krise gefährdet in der Tat auch unsere demokratischen Werte! Neue Prioritäten müssen in einem gesellschaftlichen und politischen Dialog, erstellt werden, denn die Frage ist nicht, ob eine nächste Krise kommt – die Frage ist nur, wann sie kommt!

Es braucht institutionelle Maßnahmen und Zielsetzungen sowohl auf der politischen wie auch auf der gesellschaftlichen Ebene – denn beide sind notwendig! Zum einen darf der Einzelne mit seinem persönlichen Engagement nicht darauf warten, dass politische Maßnahmen in Form von Gesetzen und öffentlich finanzierten Programmen entstehen, er muss gegenwärtig *handeln*. Zum anderen müssen, gleichzeitig, im politischen Prozess effektive Wege gefunden werden, mit denen die politischen wie ökonomischen Strukturen so verändert werden, dass diese generationengerecht und nachhaltig sind. Dies zum einen auf der nationalen, zum anderen aber auch auf der internationalen Ebene.

Um einen Ausgleich unserer verschiedenen Interessen und Ziele, langfristig und kurzfristig, auf der individuellen wie auch der gemeinschaftlichen Ebene herzustellen, braucht es eine effektive Mischung aus normativen und kognitiven Kontroll- und Sanktionsmechanismen: Persönlich notwendige Einschränkungen werden umso eher akzeptiert, je mehr Individuen sich an die ‚Regel' halten und je mehr ‚Abweichler' sanktioniert werden können. Diesen Punkt hat Elinor Ostrom bereits mehrfach in ihren Analysen erfolgreicher ‚Commons' betont.

Informationen sind daher als Schlüsselelement zu betrachten. Eine Erhöhung der allgemeinen Informiertheit über die Beschaffenheit sowie die kausalen Zusammenhänge – im Klimaschutz oder die natürlichen Ressourcen betreffend – ist, wie oben bereits angedeutet, die Grundvoraussetzung dafür, dass institutionelle und somit kognitive Veränderungen stattfinden und somit die Verwirklichung ökologischer und sozialer Gerechtigkeit die Schwelle von Sonntagsreden und gut gemeinten Intentionen überschreiten kann. In diesem Zusammenhang können aus den politischen und individuellen Reaktionen auf die aktuelle Corona-Virus-Pandemie vor allem zwei wertvolle Lehren für die Klimapolitik gezogen werden: Auf der Grundlage einer umfassenden allgemeinen Informiertheit kann die Politik, in akuten Notsituationen, durchaus drastische und restriktive Maßnahmen für das allgemeine Wohl ergreifen (trotz individuell möglicherweise anders lautender Interessen) und dabei eine hohe Akzeptanz und Compliance in der Bevölkerung haben. Zum anderen gibt die Corona-Krise uns auch eine kleine erfreuliche Erkenntnis: Kleine bis mittlere Einschränkungen des westlichen Lebensstils wie Reduktion von Flugreisen beispielsweise führen zu einer rasanten Verbesserung der Umweltsituation.

5. *Ein ganzheitliches Bildungskonzept*

Hier kommen wir erneut zu einem wichtigen Punkt: Wie immer geht es auch hier um Mitte und Maß – darum, wie wir das definieren, was wir lebensnotwendig brauchen und wo wir uns zugunsten „höherer Ziele" einschränken müssen. Fragen nach ethischem Handeln und nach der Rolle ethischer Maßstäbe in unserem Zusammenleben werden hier besonders relevant: Die Fragen nach einem sinnvollen menschlichen Leben, nach allgemein gültigen Aussagen über das gute und gerechte Handeln – uns, unseren Kindern, den anderen Lebewesen der Erde zuliebe.

Zunächst ist es, allein gedanklich, hilfreich, sich zu vergegenwärtigen, dass wir alle (alle Lebewesen eingeschlossen) eine Schicksalsgemeinschaft sind – Reisende im selben Boot. Unsere Kinder werden auch eben dieses Boot teilen (müssen). Daher ist es essenziell, Mitgefühl und Solidarität wieder ‚salonfähig' zu machen und diese nicht als Schwäche anzusehen – wie dies gegenwärtig allzu oft praktiziert wird. Eine „Kultivierung von Rücksichtnahme und Mitgefühl", die Stärkung der Bereitschaft für altruistisches und ethisches Handeln sowie die Betonung eines unmittelbaren Zusammenhangs solcher Verhaltensweisen mit politischen Resultaten, ist eine wichtige Aufgabe der Bildung. Und hier komme ich zu der vielleicht wichtigsten Grundvoraussetzungen ökologischer und sozialer Gerechtigkeit – somit letztendlich der Verhinderung finaler ökologischer Katastrophen: *Bildung*! Der Tragödie der Gemeingüter kann nachhaltig *ausschließlich* mit Hilfe von Bildung, von klein auf, in den Kindergärten, in den Grundschulen und den höheren Bildungsinstitutionen – und dann für uns alle ein Leben lang – entgegengesteuert werden.

Es ist unerlässlich, ökologische Zusammenhänge bereits in den schulischen Rahmen, als beispielsweise *eigenes Unterrichtsfach ‚Ökologie'*, zu integrieren. Das Fach ‚Ökologie' – über eine bildungstheoretisch passende Bezeichnung des Faches lässt sich gewiss noch diskutieren – muss nicht nur Wissen im Bereich ökologischer Zusammenhänge und Prinzipien vermitteln, sondern muss ebenso eine starke ökonomische und politische Grundbildung beinhalten. Nur so können die Kinder von heute, unter demokratischen (!) Bedingungen von morgen, verantwortungsvoll und zum größtmöglichen Wohle handeln. ‚Ökologie' muss verpflichtend in Grundschulen und weiterführenden Bildungsinstitutionen eingeführt werden, um das für effektives ökologisches Verhalten notwendige Bewusstsein *und* Wissen auf einer breiten gesellschaftlichen Ebene zu schaffen und so notwendige kognitive Voraussetzungen für einen institutionellen Wandel herbeizuführen. Nicht nur Informationen in Form von Wissen sind von elementarer Bedeutung. Auch ‚positive' pädagogische Instrumente müssen verstärkt eingesetzt werden, in Form von mehr praktischer Projektarbeit und der Stärkung von kreativen Prozessen, denn diese beiden bilden die Grundlage für dringend benötigte Problemlösungsfähigkeiten und innovative neue Wege: Menschen müssen von klein auf die Erfahrung machen dürfen, dass sie selbstwirksam sind und dass es sich lohnt, im Interesse eines höheren Ziels individuelle Bedürfnisse einzuschränken bzw. individuelle Bedürfnisse so auszurichten, dass – mit Heidegger – ein (ökologisch notwendiger) Verzicht nicht als Verlust, sondern als Zugewinn erlebt wird und dass dies mehr Glück bereitet als das Handeln aus purem Egoismus. Der Mensch ist ein gesellschaftlich und zugleich kulturell eingebettetes Wesen, das auch bei seinem Streben nach Glück „höhere Ziele" braucht – die Resilienz-Forschung kommt, zwar auf einem anderen Wege, zum ähnlichen Ergebnis. Bildung braucht in unserer Gesellschaft also einen Quantensprung!

6. Versöhnung von Ökonomie und Ökologie?

An diesem Punkt komme ich zu unserem Leitthema, zur Dialektik von Ökologie und Ökonomie zurück. Eine ‚Versöhnung' von Ökonomie und Ökologie ist hiermit ausdrücklich zu bejahen! Es ist möglich, sogar existenziell notwendig, dass Ökologie und Ökonomie Hand in Hand gehen. Ökologie braucht ein funktionierendes Wirtschaftssystem, das den Menschen eine ausreichende Menge an lebenswichtigen Ressourcen bereitstellt. Nur wer keinen Hunger hat, kann sich um unser Ökosystem überhaupt Gedanken machen! Andererseits braucht die Ökonomie die Ökologie, um die Grundlagen der Produktion grundsätzlich erhalten zu können. Der einzige Weg zu einer existenziell erforderlichen ‚Versöhnung' von Ökonomie und Ökologie in einem neuartigen System geht ausschließlich über einen oben beschriebenen Quantensprung in der Bildung. Das Bildungssystem muss grundsätzlich, konzeptionell wie inhaltlich, neu ausgerichtet und den tatsächlichen Erfordernissen der *Bildung*, nämlich der Ermöglichung einer reflektierten Beziehung zu sich, zu anderen und zur Welt, angepasst werden. Institutioneller Wandel muss zuallererst hier ansetzen. Es steht fest, dass ein Systemumbruch unvermeidbar ist – dass es in nächster Zukunft zwangsläufig zu grundlegenden Veränderungen im gegenwärtigen kapitalistischen Wirtschaftssystem kommen wird.

Derzeit gibt es einen inhärenten Konflikt zwischen dem gegenwärtigen ökonomischen und dem ökologischen System: Große ökonomische Wachstumsprozesse, etwa in der Produktion und dem Konsum, sowie die damit verbundene Belastung der Umwelt mit Ab-Produkten übersteigen bei Weitem das Leistungsvermögen globaler Ökosysteme. Es droht daher ein vernichtender Kollaps *beider* Systeme, denn: „Die traditionellen Vorstellungen von den unerschöpflichen Gratiskräften der Natur sind obsolet geworden." (Fritsche 2008, 397) Eine starke Bildung muss gewährleisten, dass ausreichend viele Menschen die notwendigen Grundprinzipien eines (lebens-)notwendigen neuen Systems verstehen, den Umbruch kollektiv unterstützen und dem neuen System somit zum Durchbruch verhelfen – damit ein institutioneller Wandel auch gegen die veralteten Strukturen des alten Systems durchgesetzt werden kann. Deshalb ist Bildung die *einzige* Möglichkeit, die ökologische Krise ‚vorbeugend' und offensiv anzugehen und es nicht zu einem globalen existenziellen Kampf um lebensnotwendige und knappe Ressourcen kommen zu lassen!

Das Bildungssystem muss in dem Maße hochgefahren werden, dass die nachfolgende Generation die Komplexität der neuen Herausforderungen und Systemanforderungen versteht und nachvollzieht und somit die Verbindung zwischen Ökologie und Ökonomie nach dem folgenden Grundprinzip betrachtet und sich dieses zur Maxime macht: Ökologisches Handeln ist die Voraussetzung für ökonomisches Handeln. Dies ist übrigens in volkswirtschaftlichen Analysen schon lange evident. Wissenschaftliche Versuche, die „Gratisleistungen der Natur" (vgl. Fritsche 2008) volkswirtschaftlich zu berechnen und ‚einzupreisen', kommen ausnahmslos zum Ergebnis, dass diese weit über jenen entgeltlichen Leistungen unserer Wirtschaftssysteme liegen.

7. Ökologie, Ethik und Tierrechte

Flankiert werden sollte dieser Quantensprung in der Bildung von einer konsequenten und konstruktiven ethischen sowie praktischen Auseinandersetzung mit den Rechten der Tiere. Dies ist zweifach relevant: Zum einen kann unser Ökosystem den enormen und weiter steigenden Fleisch- und Milchkonsum mit den daraus resultierenden Umweltbelastungen nicht mehr verkraften.[7] Massentierhaltung ist eine der größten Emissionsquel-

---

[7] Ein großer Anteil der anthropogenen Klimaerwärmung wird von der Massentierhaltung verursacht. Laut einer 2018 veröffentlichten Studie des ‚Institute for Agriculture and Trade Policy' (IATP) produzieren die fünf weltweit größten Molkerei- und Fleischkonzerne zusammen mehr Treibhausgase als ExxonMobil, Shell oder BP. Für die zwanzig größten Molkerei- und Fleischkonzerne sind es mehr Treibhausgase jährlich als in Deutschland, Kanada, Australien, Großbritannien und Frankreich.

len von Treibhausgasen, verbraucht einen Großteil unseres Trinkwasserreservoirs und verpestet darüber hinaus ganze Landschaften mit nicht entsorgbarer Gülle – um nur einige wenige ökologisch relevante Problemfelder zu nennen. Zum anderen sollte es aber auch jenseits der nun im ökologischen Kontext auflebenden Debatten über Tierrechte und Artenvielfalt darum gehen, dass der Mensch als kognitives und mit Bewusst-Sein ‚gesegnetes' Wesen *Verantwortung* (!) für das Ökosystem Erde übernimmt. Als solches muss er sich endlich den längst überfälligen ethischen Fragen der Massentierhaltung und der Zerstörung der Lebensräume von Tieren und Pflanzen stellen. Sollten wir wirklich das Zentrum der Schöpfung sein und können wir uns, im Unterschied zu anderen Tieren, selbst bewusst werden, dann müssen wir uns dieser Verantwortung stellen! Jeder als Einzelner – und wir alle als Kollektiv.

Mitgefühl und *Respekt* müssen als Selbstzweck und kollektive Grundhaltung wieder ‚entdeckt' und verinnerlicht werden. Es gibt viele Wege dazu – es kann und muss jedoch auch über eine konsequente politische und gesellschaftliche Auseinandersetzung mit den Möglichkeiten ethisch vertretbarer Formen der Nutztierhaltung erfolgen. Die Diskussion in Bezug auf Policy-Maßnahmen darf hierbei nicht darauf fokussieren, ob bzw. welche besonderen Eigenschaften und Fähigkeiten der Mensch im Vergleich zu anderen Tieren hat und wie diese Sonderstellung ihm „Nutzungsrechte" über Tiere und Natur verleiht. Denn: Ganz egal, wo der Mensch auf der ‚Leiter der Evolution' steht und wie er sich selbst auch bezeichnen mag – niemand kann mehr ernsthaft an den fundamentalen Rechten von Tieren zweifeln.[8]

Dies bedeutet keineswegs, dass Tiere wie Menschen behandelt werden müssen. Auch nicht, dass jeder Bundesbürger auf den Konsum von Fleisch und Milch *grundsätzlich* verzichten muss. Es geht aber darum, durch eine artgerechte Tierhaltung die Kosten von Fleisch- und Molkereiprodukten respektvoll und wertschätzend einzupreisen. Es darf kein Billigfleisch und keine Milchproduktion zu Dumpingpreisen mehr geben, da dies einem

---

[8] Arianna Ferrari schreibt in diesem Kontext treffend: „Statt sich darauf zu konzentrieren, was den Menschen so einzigartig macht und ob und inwieweit diese oder jene Fähigkeit in anderen Lebewesen vorhanden ist, ist eine – durchaus praktische – Kultivierung von Rücksichtnahme und Mitgefühl zu fördern, die unabhängig von besonderen Fähigkeiten ist. Ein solches Mitgefühl kann eine friedliche Koexistenz unterschiedlicher Lebensformen auf der Erde ermöglichen." (Ferrari 2019, 363)

respektvollen Umgang mit Nutztieren als unverzichtbarem Teil unseres Ökosystems fundamental widerspricht. In einem respektvollen und wertschätzenden System der Nutztierhaltung regelt sich die Menge der konsumierten Fleisch- und Molkereiprodukte durch ‚gesunde' Marktmechanismen sowieso von selbst. Auch der Umgang mit Lebensmitteln muss sich grundlegend ändern, sodass nicht, wie bisher, etwa die Hälfte aller produzierten Lebensmittel im Müll landet!

Eine bewusste Förderung der (altersgerechten!) Auseinandersetzung mit ethischen Fragen der gegenwärtigen Massentierhaltung, vom Kleinkindalter an, ist eine der Grundsäulen auf dem Weg zu mehr ökologischer und sozialer Gerechtigkeit. Da es eine unbestreitbare Tatsache ist, dass eine vegetarische bzw. vegane Ernährungsweise der Umwelt förderlicher ist als eine fleischbasierte Ernährung, sollten als eine erste Maßnahme alle öffentlichen Kantinen – von Kindergärten und Schulen über Ministerien und Universitäten bis hin zu Krankenhäusern (wenn nicht freiwillig, dann als Policy-Maßnahme) auf vorwiegend vegetarische Angebote umstellen. Die Förderung von pflanzenbasierter Ernährung in Kindergärten und Schulen bedeutet noch keineswegs, wie einige offensichtlich befürchten, unseren Kindern lebenswichtige Vitamine vorzuenthalten oder ihnen den (wertschätzenden) Genuss eines guten Burgers zu vermiesen. Vielmehr geht es darum, sich dessen bewusst zu werden, dass wir an unserem Esstisch täglich nicht nur ökonomische, sondern auch ökologische und soziale Entscheidungen treffen! Wenn dies klar wird, dann drängt sich die Frage ohnehin nicht mehr auf, ob das für die Kinder meist ungenießbare Billigfleisch in der Kantine nicht durch ein wohlschmeckenderes und ökologischeres vegetarisches Gericht ersetzt werden kann![9]

8. Ausblick: Pläne für hundert Jahre ...

Sozioökonomische Fehlentwicklungen lassen sich natürlich nicht kurzfristig, auf Knopfdruck, verändern. Allerdings führen uns die gravierend-drastischen Maßnahmen zur Eindämmung der Corona-Krise eindrucksvoll

---

[9] Immer öfter verzichten Kinder freiwillig und unabhängig von den Essensgewohnheiten ihrer Eltern bewusst auf Fleischprodukte. Kinder haben ein intrinsisches Mitgefühl und Gefühl für Gerechtigkeit. Es ist ein wertvolles (Kollektiv-)Gut, dieses zu erhalten und nicht weg-zu-erziehen.

vor Augen, wie unmittelbar und mit welcher Vehemenz zentrale Grundrechte faktisch von heute auf morgen eingeschränkt und über Jahrzehnte eingespielte Lebensweisen über Nacht vollständig verändert werden können. Umso mehr müssen wir uns bewusst werden, dass ohne ein Mindestmaß an ökologischer und sozialer Gerechtigkeit unsere politischen, ökonomischen und ökologischen Systeme bald an ihre Grenzen geraten und kollabieren werden. Ohne geeignete Gegensteuerung wird die unaufschiebbare ökonomische Systemkrise in einer politischen und ökologischen Katastrophe enden. Was Letztere bedeuten könnte, erahnen wir bereits aus den neuesten Berichten über schmelzende Gletscher, brennende Regenwälder, die Freisetzung von bisher ungeahnten Mengen an Treibhausgas Methan aus auftauenden Permafrostböden ... Das ist jedoch nur die Spitze des Eisbergs. Was die politische Dimension betrifft, sind die von ökologischen und sozialen Krisensituationen bedingten sozialen Notlagen verschiedenster Art – wie Arbeitslosigkeit oder Flüchtlingsströme und noch viele mehr – ein nahrhafter geistiger Boden für das Wachstum extremistischer Parteien. Sie fördern die rasche Herausbildung autoritärer Strukturen und den Niedergang demokratischer Wertesysteme.[10] Sollte eine ökologische Gerechtigkeit nicht glaubhaft und effektiv angestrebt und erfolgreich vermehrt werden, können bisherige institutionelle und kognitive Errungenschaften zugunsten unseres Ökosystems vernichtet werden. Sollte es beim Klimaschutz nicht fair zugehen, werden extremistische Parteien versuchen zu zeigen, dass der Klimaschutz „nur ein Plan für Teslafahrende Tofu-Esser ist" (Timmermans 2020).

Bei der Konzeptualisierung von ökologischer *und* sozialer Gerechtigkeit geht es nicht ausschließlich um Fragen der Verteilung, sondern auch sehr viel darum, dass wir, als Individuen und als Gemeinschaft, auf unserer Suche nach Glück und Erfüllung danach streben, das ‚Richtige' und das ‚Gute' zu tun. Dafür sind wir durchaus bereit, Opfer zu bringen und uns einzuschränken. Vorausgesetzt, wir können einen Zusammenhang zwischen unseren Handlungen und einer – wenn auch nur marginalen – Veränderung herstellen. Erst dadurch erfahren wir uns selbst als *‚wirksamen'* Teil eines großen Ganzen und können uns als eine Verantwortungs- und Schicksalsgemeinschaft wahrnehmen. Umweltschutz beginnt also im Herzen – und in der Schule! Ein *ganzheitliches Bildungskonzept*,

---

[10] Wie dies ganz schnell in Krisensituationen geht, zeigt uns aktuell die Regierung von Viktor Orbán in Ungarn.

das unsere nächste Generation nicht nur mit wertvollem und lebenswichtigem (institutionsbildendem) Wissen aufrüstet, sondern auch dafür sorgt, dass so Mitgefühl und Empathie in der Gesellschaft entstehen bzw. vermehrt werden, ist für die Erhaltung unseres Ökosystems und somit für uns selbst entscheidend: „Die Zukunft wird zeigen, ob der Mensch in der Lage ist, mit Vernunft und Einfühlungsvermögen die vom Menschen geprägte Periode des Anthropozäns zu einer erdgeschichtlichen Epoche zu gestalten, oder ob es nur eine Episode sein wird." (Fritsche 2008, 398) In diesem Sinne möchte ich mit einem sehr schönen und zukunftsweisenden Sprichwort abschließen:

> „Wenn du für ein Jahr planst, pflanze Samen.
> Wenn du für zehn Jahre planst, dann pflanze einen Baum.
> Wenn du für hundert Jahre planst, begleite Lernende …"

Literatur

Albert Schweitzer Stiftung für Unsere Mitwelt (2018): Tierprodukte befeuern globale Erwärmung. veröffentlicht am 07.12.2018: https://albert-schweitzer-stiftung.de/aktuell/tierprodukte-befeuern-globale-erwaermung

Csigó, M. (2006): Institutioneller Wandel durch Lernprozesse. Eine neo-institutionalistische Perspektive. Wiesbaden.

Collier, R., Collier, D. (1991): Shaping the Political Arena: Critical Junctures, the Labor Movement, and Regime Dynamics in Latin America. Princeton, N.J.

Denzau, A. D., North, D. C. (1994): Shared Mental Models: Ideologies and Institutions, in: Kyklos, 47(1), S. 3-31.

Ferrari, Arianna (2019): Anthropozentrismus – zur Problematisierung des Mensch-Tier-Dualismus, in: Diehl, Elke; Tuider, Jens (Hg.), Haben Tiere Rechte? Aspekte und Dimensionen der Mensch-Tier-Beziehung. Bonn, S. 353-365.

Fritsche, W. (2008): Überlastetes Ökosystem Erde. Wie der Mensch über seine Verhältnisse lebt, in: Biologie in unserer Zeit, 38(6), S. 390-399.

Institute for Agriculture and Trade Policy / GRAIN (2018): Emissions Impossible. How big meat ad dairy heating up te Planet; vom 18.07.2018: https://www.iatp.org/emissions-impossible

March, J. G.; Olsen, J. P. (1989): Rediscovering Institutions. The Organizational Basis of Politics. New York.

Ostrom, E. (1990): Governing the Commons: The Evolution of Institutions for Collective Action. Cambridge.

Sen, A. (2000): Ökonomie für den Menschen. Wege zu Gerechtigkeit und Solidarität in der Marktwirtschaft. München.

Singer, Peter (2019): 10th Anniversary Edition The Life You Can Save: How To Do Your Part To End World Poverty: www.thelifeyoucansave.org

Stöcker, C. (2020): Corona- vs. Klimakrise. Zweierlei Maß, in: Spiegel Wissenschaft Online vom 08.03.2020: https://www.spiegel.de/wissenschaft/mensch/coronavirus-vs-klimakrise-zweierlei-mass-aber-warum-a-b22c0a9a-5f58-4a9d-894e-7b1fcb34d9cb

Timmermans, Frans (2020): „Die wahren Opfer der Klimakrise werden die Ärmsten sein", Interview von Björn Finke mit Frans Timmermans, in: Süddeutsche Zeitung vom 05.03.2020: https://www.sueddeutsche.de/wirtschaft/eu-europa-klimagesetz-ziele-klimawandel-1.4831969

Sozialstaat versus Umweltstaat?!

Kurt-Peter Merk

Anlass zu diesen Überlegungen ist das wachsende Bewusstsein immer größerer Teile der Bevölkerung über die Existenz von Umweltproblemen, das immer weiter beschleunigte Artensterben bis hin zur Erwärmung des globalen Klimas. Die Wahlerfolge der Partei „Die Grünen" ist Ausdruck dieser Entwicklung, die Druck auf die Entscheidungsträger in Parlament und Regierung ausübt. Sie sind gehalten, konstruktive gesetzgeberische Antworten etwa zur Reduzierung der Treibhausgase und der Schadstoffe aus Verbrennungsmotoren oder des Einsatzes von Pestiziden in der Landwirtschaft zu finden. Betrachtet man dabei die Sachproblematik, so wäre es keine große Herausforderung die wissenschaftlich-sachlich erforderlichen Entscheidungen zu treffen. So ist es beispielsweise naheliegend, die Energieproduktion durch Braunkohlekraftwerke sofort zu beenden und – auch sofort – die Verwendung von Glyphosat in der Landwirtschaft zu verbieten.

Solche am sachlichen Problem orientierte Entscheidungen können aber nicht isoliert betrachtet und getroffen werden, denn sie greifen in ein bestehendes soziales und wirtschaftliches System ein und haben – unvermeidlich – gesellschaftliche Folgen weit über die Sachentscheidung hinaus. Daher stehen der konsequenten Umsetzung Erwägungen entgegen, die sich auf die wirtschaftlichen und sozialen Folgen für die betroffenen Industriezweige und deren Beschäftigte beziehen. Dieser Abwägungsvorgang ist von der politischen Praxis zu leisten. Dabei ist der politische Diskurs aber nicht völlig frei. Der Gesetzgeber und die Exekutive haben vielmehr allgemein die Grenzen zu beachten, die von grundlegenden Normen des Grundgesetzes gezogen werden, und konkret die grundlegenden Normen zu bedenken, die für die praktische Politik im Einzelfall entscheidungsleitend sein können. Dabei geht es nicht so sehr um Artikel 2 Grundgesetz der jedem das Recht auf körperliche Unversehrtheit gewährt, denn diese wird täglich massenhaft durch die motorisierte Mobilität verletzt, was aber politisch konsensual als sozialadäquates Risiko gerechtfertigt wird.

Politische Richtungsentscheidungen werden meist von der Spitze der Exekutive – dem Bundeskanzler – getroffen, der gemäß Artikel 65 Grundgesetz über die verfassungsrechtliche Befugnis verfügt, die Richtlinien der Politik zu bestimmen. Dabei ist er aber nicht frei, beliebige Entscheidungen zu treffen. Auch für die Regierung gelten die Staatsprinzipien. Nach Art. 1 Abs. 3 Grundgesetz gilt:

> Die nachfolgenden Grundrechte binden Gesetzgebung, vollziehende Gewalt und Rechtsprechung als unmittelbar geltendes Recht.

Die Grundrechte auf der Grundlage des Schutzes der Menschenwürde begrenzen daher den politischen Spielraum. Gleiches gilt für die Staatsprinzipien des Artikel 20 Grundgesetz. Innerhalb dieses Spielraums sind auch deutliche Einschnitte in den gesellschaftlichen Status quo grundsätzlich zulässig und verfassungsgemäß, wenn sie aufgrund von Verfassungsvorschriften geboten sind oder sich aus Verfassungsprinzipien rechtfertigen lassen.

Umweltstaat

Wenn es um politische Entscheidungen und damit gesetzgeberische – rechtliche – Maßnahmen geht, die einer Verbesserung des ökologischen Zustandes oder der Abwendung einer Umweltgefahr dienen, ist es erforderlich, dass die Regierung und der nationale Gesetzgeber die normative Befugnis haben, dieses Ziel zu verfolgen. Diese Ermächtigung ergibt sich für politische Entscheidungen, die im weitesten Sinn dem Schutz der Umwelt dienen, aus

> *Artikel 20a Grundgesetz*
> Der Staat schützt auch in Verantwortung für die künftigen Generationen die natürlichen Lebensgrundlagen und die Tiere im Rahmen der verfassungsmäßigen Ordnung durch die Gesetzgebung und nach Maßgabe von Gesetz und Recht durch die vollziehende Gewalt und die Rechtsprechung.

Diese Regelung überträgt die Verantwortung für die normative Gestaltung des Schutzauftrags auf den Gesetzgeber und die Berücksichtigung auf Regierung bzw. Verwaltung und die Justiz. Es handelt sich bei diesem verfassungsrechtlich verankerten Auftrag zum Umweltschutz aber trotz der Stellung des Artikel 20a Grundgesetz in unmittelbarem Zusammenhang mit Artikel 20 Grundgesetz, der das Demokratieprinzip und das Rechtsstaatsprinzip formuliert, nur um eine Staatszielbestimmung, nicht um ein grundlegendes Staatsprinzip. „Die Staatszielbestimmung Umweltschutz begreift sich von daher und grundsätzlich wie auch das Sozialstaatsprinzip als eine Art von „permanentem Konkretisierungsauftrag", der vor allem über die Gesetzgebung immer wieder neu anhand der wechselnden, konkreten Situationen oder Bedarfslagen in der gesellschaftlichen Realität zu aktualisieren ist.[1]

Art. 20a GG formuliert so eine umfassende staatliche Leistungs-, Gestaltungs- und Ordnungsermächtigung sowie einen entsprechenden, an die jeweiligen staatlichen Zuständigkeitsträger adressierten Gestaltungsauftrag, wobei dieser Auftrag inhaltlich offen und dies bedeutet stets aufs Neue konkretisierungs- und aktualisierungsbedürftig ist. Für das Staatsziel Umweltschutz gilt insoweit (und erneut) Vergleichbares zum Sozialstaatsprinzip, für das das BVerfG zutreffend ausgeführt hat, dass es dem Staat eine Aufgabe stelle, aber nichts darüber aussage, wie diese Aufgabe im Einzelnen zu verwirklichen sei (BVerfGE 52, 283 (298); 59, 231 (262))·

Es gibt über den verfassungsrechtlichen Auftrag hinaus aber keine Verpflichtung der politischen Akteure, dem Umweltschutz Priorität gegenüber anderen politischen Zielen einzuräumen. Es handelt sich per Saldo nur um eine „Leitlinie", deren konkrete Ausgestaltung dem Gesetzgeber „situativ" und damit relativ frei überlassen bleibt.

Der bestehende politische und rechtliche Konsens der herrschenden Meinung geht also dahin, die normative Relevanz des Artikel 20a GG weit unter Artikel 20 Grundgesetz einzuordnen und den Schutz der Umwelt der Verantwortung des politischen Diskurses zu überantworten, mit der Folge, dass dieses Anliegen wie jedes andere politische Projekt oder Ziel jeweils mehrheitsabhängig ist. Damit ist praktisch jede von der Mehrheit getragene Umweltpolitik mit Artikel 20a Grundgesetz vereinbar und damit nicht verfassungswidrig.

---

[1] Zum Sozialstaatsprinzip als einem „permanenten Konkretisierungsauftrag": Scholz 1981, 24; ders. 1993, 23; ders. 1994, 20.

Sozialstaat

Ganz anders verhält es sich mit Staatsprinzipien. Eine Verletzung des Demokratieprinzips oder des Rechtsstaatsprinzips auch durch eine demokratisch legitimierte Mehrheit ist verfassungswidrig und kann vor dem Bundesverfassungsgericht keinen Bestand haben.

Zu den in Artikel 20 Grundgesetz geregelten Staatsprinzipien gehört auch das Sozialstaatsprinzip. Das ist erstaunlich, denn das Soziale kommt nur als Adjektiv des Bundesstaats vor.

> *Artikel 20 Grundgesetz*
> (1) Die Bundesrepublik Deutschland ist ein demokratischer und sozialer Bundesstaat.

Es ist nicht unmittelbar einsichtig, was ein „sozialer Bundesstaat" sein soll. Aber die herrschende Meinung in der juristischen Literatur und insbesondere das Bundesverfassungsgericht haben daraus ein Staatsprinzip gemacht. Zur Argumentation wird dazu auch die zweite Erwähnung des Sozialen im Grundgesetz herangezogen.

> *Artikel 28 Grundgesetz*
> (1) Die verfassungsmäßige Ordnung in den Ländern muß den Grundsätzen des republikanischen, demokratischen und sozialen Rechtsstaates im Sinne dieses Grundgesetzes entsprechen.
> (3) Der Bund gewährleistet, daß die verfassungsmäßige Ordnung der Länder den Grundrechten und den Bestimmungen der Absätze 1 und 2 entspricht.

Was ein „sozialer Rechtsstaat" ist, kann eher erschlossen werden, allerdings ist das Rechtsstaatsprinzip eine eigenständige verfassungsrechtliche Kategorie und bedeutet die ausnahmslose Geltung der jeweils bestehenden Rechtsordnung. Die Schaffung dieser Rechtsordnung hat dem Demokratieprinzip zu genügen und kann vom Sozialstaatsprinzip beeinflusst werden. Der Rechtsstaat selbst ist aber weder demokratisch relativiert noch sozialstaatlich.

Ergänzend kann zur Begründung des Sozialstaatsprinzips als „echtes" Staatsprinzip auf Artikel 23 Grundgesetz Bezug genommen werden, mit dem die Sozialstaatlichkeit auch auf die europäische Ebene gehoben wird. Artikel 23 Absatz 1 Grundgesetz lautet:

(1) Zur Verwirklichung eines vereinten Europas wirkt die Bundesrepublik Deutschland bei der Entwicklung der Europäischen Union mit, die demokratischen, rechtsstaatlichen, sozialen und föderativen Grundsätzen und dem Grundsatz der Subsidiarität verpflichtet ist und einen diesem Grundgesetz im wesentlichen vergleichbaren Grundrechtsschutz gewährleistet.

Das so generierte Sozialstaatsprinzip wird nun einerseits als grundlegendes Staatsprinzip betrachtet, aber als offen in seiner politischen Ausgestaltung. Der Staat hat für eine „gerechte" Sozialordnung zu sorgen und die „sozial Schwachen" zu schützen. Das sind Allgemeinplätze, die nur zum Ausdruck bringen, dass soziale Grundrechte im Grundgesetz nicht bestehen und auch nicht über den Weg des Sozialstaatsprinzips etabliert werden sollen. Auch hier handelt es sich, trotz der formalen Überhöhung zum Staatsprinzip, eigentlich nur um einen Auftrag an den Gesetzgeber, den dieser nach den jeweiligen politischen Vorstellungen ausfüllen kann. Nur in krassen Fällen wird das Bundesverfassungsgericht einen Verstoß gegen das Sozialstaatsprinzip feststellen. Dabei ist der Orientierungsmaßstab das „Existenzminimum", das aber wieder politischen Vorgaben folgt, die nicht zuletzt von ökonomischem Kalkül gesteuert werden. Das Gericht argumentiert dann aber weniger mit dem Sozialstaatsprinzip als vielmehr mit Artikel 2 Grundgesetz, der als Teil des Rechtes auf Selbstentfaltung die Möglichkeit der Teilhabe an der Gesellschaft umfasst.

Das Sozialstaatsprinzip stellt also, wie das Staatsziel des Umweltschutzes, in der rechtlichen und politischen Praxis nur eine Leitlinie dar, die den jeweils aktiven politischen Gestaltern, sei es in der Regierung oder im Bundestag, den verfassungsrechtlich kaum eingeschränkten politischen Spielraum gibt, sich für die Umsetzung des Sozialstaatsprinzips und gegen das Umweltstaatsziel oder auch umgekehrt zu entscheiden.

Verantwortung für die künftigen Generationen

Dabei wird aber verkannt, dass sich diese Leitlinien des Sozialstaates einerseits und des Umweltstaates andererseits auf der Metaebene nicht gleichrangig gegenüberstehen. Das Sozialstaatsprinzip dient der Aufrechterhaltung des inneren Friedens des jeweils vorhandenen Staatsvolks. Das ist ein hohes Gut, aber das Staatsvolk im verfassungsrechtlichen Sinn ist mehr als die Summe der heute lebenden Staatsbürger. Der Begriff umfasst auch den dauerhaften Fortbestand des Staatsvolks in der Zukunft.

Das Umweltstaatsziel knüpft an diese Dimension der Zukunftssicherung an, denn es dient der Aufrechterhaltung der nachhaltigen Bewohnbarkeit des Staatsgebiets, wenn auch beschränkt auf die anthropozentrische Perspektive. Das ist ein in die Zukunft reichender Ansatz. Artikel 20a Grundgesetz erkennt deshalb auch die „Verantwortung für die künftigen Generationen" bei der Pflicht zum Schutz der „natürlichen Lebensgrundlagen" an.

Der Regelung könnte man, am Wortlaut und der Bedeutung orientiert, auch eine weiterreichende Substanz zuweisen. So sind die „natürlichen Lebensgrundlagen" nicht irgendein politisches Ziel, dessen Verfolgung von der jeweiligen Gemeinwohlvorstellung der Regierungsmehrheit abhängt, sondern der Begriff beschreibt das Biotop der Population bzw. geht es anders ausgedrückt darum, in welchem Zustand das Staatsgebiet ist, auf dem das Staatsvolk nicht nur lebt, sondern leben muss, denn es gibt rechtlich kein anderes. Dieser Dimension wird das herrschende politische Verständnis von der Reichweite und rechtlichen Bedeutung des Artikel 20a Grundgesetz nicht annähernd gerecht. Auch die herrschende Meinung in der Literatur und die Rechtsprechung des Bundesverfassungsgerichts weisen der Verantwortung für die künftigen Generationen keine relevante entscheidungsbegründende Dimension zu. Es entsteht der Eindruck, dass dieser Teilsatz „auch in Verantwortung für die künftigen Generationen" keine normative Relevanz hat, sondern nur der trivialen Feststellung dient, dass es sich um die Lebensgrundlagen der Menschen handelt. Dabei ist gerade der Hinweis auf die Verantwortung für die künftigen Generationen konstitutiv für eine überragende Bedeutung des Schutzes der natürlichen Lebensgrundlagen.

Innerer Frieden des Staatsvolks versus
Nachhaltigkeit des Staatsgebiets

Aus staatsrechtlicher und staatstheoretischer Sicht ist diese Aufgabe dem inneren Frieden also weit übergeordnet.

Trotzdem werden, wie die Entscheidungen zur Reduzierung der klimaschädlichen Emissionen zeigen, hier politische Kompromisse gemacht, die letztlich dem sozialstaatlichen Anliegen den Vorrang vor dem Umweltschutz geben. Auch die Diskussion über die Schädigung des Grundwassers wird vorrangig sozialpolitisch geführt.

Erst wenn sich die Erkenntnis durchsetzt, dass der Schutz des Staatsgebiets zweifelsfrei einen höheren Rang hat als der Schutz einzelner Berufsgruppen, kann eine ernsthafte Umweltpolitik umgesetzt werden. Damit aber ist nicht zu rechnen.

Entscheidend für den Unterschied im Rang der Ziele ist der Maßstab der Gerechtigkeit.

Beim Sozialstaatsprinzip betrachtet man das Staatsvolk horizontal und in der Gegenwart. Ziel ist die Herstellung möglichst gerechter Lebensverhältnisse innerhalb der jeweils bestehenden Bevölkerung.

Beim Staatsziel des Schutzes der natürlichen Lebensgrundlagen geht es dagegen um eine historische Perspektive und, da die Verantwortung für die zukünftigen Generationen ausdrücklich als Auftrag an die heutige Politik formuliert wird, um die nachhaltige Gewährleistung der Existenz des Staatsgebiets in für Menschen bewohnbarer Qualität. Dabei geht es um die gerechte Verteilung von Vor- und Nachteilen zwischen Generationen. Dieser Verfassungsauftrag geht, wegen der historischen Perspektive in seiner Bedeutung, weit über das Anliegen der horizontalen Gerechtigkeit zwischen den Zeitgenossen hinaus. Zwischen dem Umweltschutz und dem Sozialstaat besteht daher materiell keine Ranggleichheit, der Umweltschutz hat objektiv das weit höhere Gewicht. Ihm kommt die politische Priorität zu.

Jedenfalls sachrational betrachtet. Das ist aber nicht die Perspektive der Entscheidungsträger. Diese sind zwangsläufig in der systemrationalen Situation gefangen, dass sie ihr Mandat zur Herrschaftsausübung nur von den heute Lebenden erhalten haben und, zuverlässig prognostizierbar, nur von diesen für weitere Entscheidungen erhalten werden. Die „heute Lebenden" haben eine historische Verantwortung für die in Zukunft Lebenden. Die „zukünftigen Generationen" sind aber kein relevanter Teil des Entscheidungssystems. Daher werden die Entscheidungsträger unvermeidlich weiter die soziale Komponente der ökologischen Verantwortung vorziehen.

Dieses Dilemma hat schon John Rawls zutreffend formuliert: „Da es keinen moralischen Grund für die Minderbewertung künftigen Wohlergehens in Form einer reinen Zeitpräferenz gibt, ist es umso wahrscheinlicher, dass die größeren Vorteile für die künftigen Generationen fast alle heutigen Opfer aufwiegen." (Rawls 1975, 321)

An der Diskontierung der Interessen der zukünftigen Generationen werden auch noch so häufige „Fridays for Future"-Demonstrationen von Kindern und Jugendlichen so lange nichts ändern, wie sich die Kinder und Jugendlichen nicht so weit radikalisieren, dass sie eine effektive politische Partizipation fordern und ihr aktives Wahlrecht erzwingen. Erst dann ist das von der sozialen Gruppe der heute lebenden Kinder und Jugendlichen getragene ökologische Interesse der „künftigen Generationen" nicht nur sachrational, sondern auch systemrational relevanter Teil des politischen Diskurses. Erst dann besteht die politische Option, Mehrheiten für eine, wenn nicht wirklich radikale, so doch sehr viel konsequentere Umweltpolitik als heute üblich zu organisieren.

Wozu auch ein schwerfälliges politisches System wie das der Bundesrepublik Deutschland fähig ist, wenn die Entscheidungsträger eine Krise als gravierend anerkennen, lässt sich staunend an den weitreichenden politischen Entscheidungen zur Bekämpfung des Corona-Virus beobachten. Unter exzessiver Ausschöpfung seuchenrechtlicher Befugnisse werden über Allgemeinverfügungen Grundrechte reihenweise außer Kraft gesetzt. Es wird nicht nur die Entfaltungsfreiheit des Artikel 2 Grundgesetz durch Ausgangsbeschränkungen massiv tangiert, sondern auch das Grundrecht der Versammlungsfreiheit ebenso aufgehoben wie das Grundrecht der Berufsausübung und, durch das Verbot von Gottesdiensten, auch das Grundrecht der Religionsausübung. Ganz zu schweigen vom Datenschutz, der bereits jetzt deutlich beschränkt und durch die – „freiwillige" – Offenlegung individueller Bewegungsprofile noch weiter aufgeweicht werden soll. Das mag seuchenrechtlichen Sachzwängen adäquat sein, wenn und weil es dem Schutz der Volksgesundheit dient. Die Intensität dieser Eingriffe ist in hohem Maße bedenklich, zeigt aber – und nur darauf kommt es hier an –, dass politische Entscheidungen auch in demokratisch verfassten Staaten sehr weitgehend sein können.

Die Gefährdungen, die von der Klimaproblematik in all ihren Aspekten ausgehen, sind aber nun für das Überleben der Bevölkerung nicht weniger relevant, sie stellen eine ebenso konkrete Gefahr dar, nur sind sie nicht so akut und offenbar. Die Möglichkeiten politischen Handelns sind also ersichtlich vorhanden, wie die sofortige Bereitschaft der Bundesregierung zeigt, praktisch unbegrenzte Steuermittel einzusetzen, um die wirtschaftlichen Konsequenzen zu begrenzen. Auch in der Klimakrise wäre durch den Einsatz entsprechender Steuermittel etwa zur Stilllegung von mit Braunkohle betriebener Kraftwerke oder besonders gesundheitsschädlicher Dieselfahrzeuge gegen entsprechende Entschädigung eine sehr viel schnellere Reduzierung der Umweltprobleme möglich, als bisher vorgesehen.

Wäre die Politik bereit, der Klimakrise mit der gleichen fiskalischen Vehemenz („what ever it takes", hat der Bundesfinanzminister erklärt) zu begegnen und das Grundrecht des Eigentums in geringem Maße einzuschränken, wäre für die Gesundheit der heute Lebenden und auch für die in Zukunft Lebenden sehr viel gewonnen. Rechtlich gesehen wäre das nur eine Anerkennung der überragenden Bedeutung der Idee des in die Zukunft gedachten Umweltstaats gegenüber dem nur heute verteilenden Sozialstaat, ohne diesen aufzugeben oder unangemessen einzuschränken.

Literatur

Rawls, John (1975): Eine Theorie der Gerechtigkeit. Frankfurt a.M.

Scholz, Rupert (1981): Sozialstaat zwischen Wachstums- und Rezessionsgesellschaft [Vortrag, 1. Juni 1981]. Heidelberg/Karlsruhe: Müller, Juristischer Verl.

Scholz, Rupert (1993): Grundgesetz zwischen Reform und Bewahrung. Vortrag gehalten vor der Juristischen Gesellschaft zu Berlin am 2. Dezember 1992. Berlin/New York: de Gruyter.

Scholz, Rupert (1994): Die Gemeinsame Verfassungskommission von Bundestag und Bundesrat, in: ZG – Zeitschrift für Gesetzgebung 1994, S. 1-34.

Zur Dialektik ökologischer und sozialer Gerechtigkeit

Ein Versuch am Beispiel der Landwirtschaft

Franz-Theo Gottwald

Ohne ökologische keine soziale Gerechtigkeit in der Landwirtschaft; und umgekehrt – die Aufgabe

In kaum einem anderen Feld der menschlichen Bedürfnisbefriedigung werden weltweit die Kosten des privaten Nutzens auf die Allgemeinheit so verlagert wie in der Landwirtschaft. Verbraucher zahlen direkt, also an der Ladenkasse, im Vergleich zu früheren Jahrzehnten relativ wenig für ihre Ernährung. Dies ist ein (scheinbarer) sozialer Fortschritt. Sie werden aber andrerseits mit steigenden Preisen beispielsweise für die Trinkwasserversorgung dafür zur Kasse gebeten, dass die konventionelle und industrielle Produktionsform von Rohstoffen für die menschliche Ernährung in den vergangenen Jahrzehnten zunehmend die Gewässer geschädigt haben: die Grundwasserstände sinken, die Oberflächengewässer verschmutzen, Agrarchemikalien müssen im Rahmen der Trinkwasseraufbereitung herausgefiltert und entsorgt werden, wofür der Verbraucher und nicht der Verursacher zu zahlen hat.[1]

Dies ist nicht die einzige sozial und sozioökonomisch nicht zu rechtfertigende ökologisch ungünstige Folge sogenannter guter fachlicher Praxis bei Ackerbau und Viehzucht. Biodiversitätsverluste bei Pflanzen und Tieren, Bodenerosion und der Verlust fruchtbarer Böden gehören ebenfalls in das widerspruchsreiche Spannungsfeld von Gewinnen auf der einen und Verlusten auf der anderen Seite und werden deshalb ebenfalls

---

[1] Vgl. Gaugler/Michalke 2018.

weltweit zu Recht beklagt. Auch werden Fischgründe knapper und Starkwetterereignisse nehmen aufgrund der globalen Erwärmung zu, wodurch sie ihrerseits die Nahrungsgrundlagen des Menschen verstärkt bedrohen. Sozial verantwortbare, gerechte Zugänge zu Nahrung und ihren Grundlagen werden durch diese ökologisch schädlichen Formen der Ressourcenaneignung zunehmend bedroht.[2]

Und umgekehrt gilt auch, dass gerade dort, wo soziale Wohlfahrt ein knappes Gut ist, wo also Armut, Hunger, Fehl- und Mangelernährung herrschen, die Nutzung der natürlichen Mitwelt und ihr Erhalt für die kommenden Generationen keinen besonderen Schutz erfahren. Dies belegen die katastrophalen Lebensbedingungen nicht nur in den Slums und Favelas der Megastädte, sondern auch und gerade in ländlichen Regionen des sogenannten globalen Südens.

Der technologische Fortschritt, der viele Verbesserungen zur Sicherung und zur Sicherheit der menschlichen Ernährung mit sich gebracht hat, frisst dabei die biologisch und sozial Schwächsten einmal mehr. So ist der Hunger gerade in ländlichen Räumen am stärksten.[3] In den landwirtschaftlichen Erzeugerbetrieben – vom Kleinbauern bis zum Großagrarier – gilt, bis auf die agrarökologischen Ausnahmen, nach wie vor global die Maxime des „Wachsens oder Weichens"; diese führt zur weiter zunehmenden Ausrottung von für die Produktion unmittelbar nicht gebrauchter Flora und Fauna und schwächt damit große regionale Ökosysteme. Die ungebremste Verschlechterung bei den „Produktivkräften der Natur" (Böden, Gewässer, Diversität) geht darüber hinaus mit einer Verknappung der natürlichen Ressourcen einher. Diese führt ihrerseits ökonomisch zwangsläufig auf längere Sicht zu höheren Preisen, auch für Grundnahrungsmittel, die sich dann wieder die weniger Begüterten zunehmend schlechter werden leisten können.

Diese ungünstigen Spannungsverhältnisse und sich teils gegenseitig negativ verstärkenden Wechselwirkungen könnten jedoch möglicherweise mit einem veränderten Verständnis ökologisch-sozialer Gerechtigkeit produktiv gewendet werden. Dieser dialektischen Transformation geht der folgende Aufsatz nach. Er verdeutlicht, dass es ohne ökologische keine soziale Gerechtigkeit geben kann. Dafür untersucht er zunächst das Kon-

---

[2] https://www.bmu.de/themen/natur-biologische-vielfalt-arten/naturschutz-biologische-vielfalt/biologische-vielfalt-international/weltbiodiversitaetsrat-ipbes/
[3] http://www.fao.org/cfs/cfs-hlpe/en/ und HPLE 2020.

zept der ökologischen Gerechtigkeit. Dabei werden Schnittmengen mit sozialen Gerechtigkeitsfragen sichtbar. Anschließend wird im Wirtschaftsfeld der Ernährungssicherung ein mögliches neues agrarökologisches Tätigsein in den Blick genommen, welches sich jenseits der konventionalisierten Kontroverse zwischen konventioneller und biologischer Landwirtschaft bewegt. Unter Zuhilfenahme von politischen Gestaltungsprinzipien wird schließlich auf die Formung einer zukunftsweisenden Agrarpolitik für plurale, ökologisch-soziale Agrarökonomien eingegangen, die einer öko-sozialen Marktwirtschaftsordnung unter den Bedingungen der nächsten Jahre gerecht werden können.

Ökologische Gerechtigkeit

Das Konzept der ökologischen Gerechtigkeit hat sich denkgeschichtlich aus dem im Natur- und Umweltschutz schon seit Rachel Carsons bahnbrechender Publikation „Der stumme Frühling" (1962)[4] vorherrschenden Bemühen um Umweltgerechtigkeit entwickelt. Keine zwei Jahrzehnte nach dem Zweiten Weltkrieg wurde überdeutlich sichtbar, dass die dynamische Durchdringung aller Lebensbereiche durch den Warenkapitalismus zu extremen Kollateralschäden im Naturhaushalt des Planeten führte. Der soziale Fortschritt ging offensichtlich zu Lasten der natürlichen Mitwelt. Der sozioökonomische Wohlstandsgewinn brachte eine Schädigung von Luft, Wasser, Wald und Pflanzen und Tieren sowie von Menschen (Stichwort DDT) mit sich, die von der sich formierenden Umweltbewegung nicht länger hingenommen werden wollte. Zehn Jahre später wurde ein verändertes Wirtschaften mit dem Bericht an den Club of Rome über die Grenzen des Wachstums (1972)[5] gefordert, eine wirtschaftliche Hinwendung zur Umwelt angemahnt. Das ökonomische Handeln sollte, so die normative Hauptforderung, der natürlichen Mitwelt gerechter werden. Die Ressourcenaneignung sollte nachhaltiger auf der Grundlage freiwilliger Selbstverpflichtungen, aber auch durch politisch-ökonomische Maßnahmen geregelt werden. Die Zeit des Umweltmanagements begann.

Mit der im Anschluss an die UN-Konferenz für Umwelt und Entwicklung 1992 in Rio de Janeiro weltweit propagierten und in Teilen umge-

---

[4] Carson 1962.
[5] Meadows/Meadows 1972.

setzten Agenda 21[6] erweiterte sich das Verständnis von Umweltgerechtigkeit zu einem Konzept ökologischer Gerechtigkeit. Vom Umweltmanagement zum nachhaltigen Wirtschaften insgesamt wurde zur Devise, um die soziale Dimension der Entwicklung, also Bildung, Gesundheit, Armutsbekämpfung, zu fördern. Dadurch sollten Teufelskreise aus armutsbedingter Umweltzerstörung und daran anschließender Migration mit der Folge weiterer Umweltzerstörung durch Übernutzung am neuen Ort unterbrochen werden. Ein radikaler Schutz der Rechte aller Lebewesen sowie ein fair verteilter Umgang mit Naturgütern im Ganzen des Lebens wurden zur Maxime für die Integrationsentwicklung der Welt unter ökologischen Vorzeichen.

Der Ansatz der Umweltgerechtigkeit brachte nur die soziale und sozialräumliche Ungleichverteilung von Naturgütern und deren Nutzung wie Vernichtung sowie die daraus folgenden Umweltbelastungen zur Sprache. Mit dem erweiterten Konzept der ökologischen Gerechtigkeit kam die Forderung in die politischen Arenen, dem wirtschaftlichen Handeln von Privatakteuren oder Unternehmen nicht länger die Abwälzung der daraus entstehenden Umwelt- und Sozialkosten zu gestatten. Es ging zunehmend um intragenerationale und intergenerationale Gerechtigkeit – wie gesagt, von der Natur aus gesehen. Die nächsten Generationen sollten, so die Forderungen, einen ähnlichen Handlungsspielraum mit Bezug auf die Naturgüter haben wie die heute Lebenden.[7] Ökologisch motiviert sollten gesellschaftliche Zustände geschaffen werden, in denen die Zugangsrechte zu den natürlichen (biotischen und anorganischen) Voraussetzungen für ein gutes Leben im Sinne sozialer Regelgerechtigkeit, eingebettet in eine gerechte Sozialordnung fair gestaltet und einklagbar sind.

Wissenschaftsgeschichtlich korrelierte mit dieser paradigmatischen Entwicklung die Entstehung von Disziplinen wie Human-, Sozial- und Kulturökologie, die schon G. Bateson[8] in seinem weitsichtigen Werk zur „Ökologie des Geistes" (1985) angelegt hatte. In diesen Schule machenden Ansätzen wurde inter- und transdisziplinäres Erforschen von gangbaren Wegen in die Zukunft methodologisch erschlossen. Wenn heute von ökologischer Gerechtigkeit die Rede ist, dann stehen soziale und ökologische Schnittmengen im Fokus, die sich aus der Mehrperspektivität des

---

[6] Konferenz der Vereinten Nationen für Umwelt und Entwicklung 1992.
[7] Klostermeyer/Inden-Heinrich 2014.
[8] Bateson 1985.

Konzepts der Ökologie ergeben. Dazu gehören z.B. Erkenntnisse zur nachhaltigen Befriedigung von Basisbedürfnissen wie Nahrung, Behausung und Mobilität, die keine neuen sozialen Asymmetrien oder Ungerechtigkeiten erzeugen und zugleich umweltverträglich sind, deren Umsetzbarkeit durch Studien z.B. des Wuppertal Institut für Klima, Umwelt und Energie vielfach belegt ist.

Im Feld der menschlichen Ernährung geht es dabei u.a. um neue Wege der Regionalversorgung mit Lebensmitteln, um solidarische oder gemeinschaftsgestützte Landwirtschaft, um urbanes Gärtnern, den Aufbau neuer Genossenschaften à la Kartoffelkombinat in München und andere Praxen, die Umwelt- bzw. Klimaschutz als Maxime des Ernährungshandelns anerkennen. Dazu gehören z.B. Aktivitäten des „Lebensmittel-Rettens", der Veränderung des Umgangs mit dem Mindesthaltbarkeitsdatum oder des Einkaufs- und Wegwerfverhaltens. Diese Praxen machen deutlich, dass Umweltschutz oder, genauer noch, die Umsetzung von ökologischer Gerechtigkeit nicht nur mitweltgerechter ist in Bezug auf die natürliche Mitwelt, sondern immer und zugleich einen positiven sozialen und sozioökonomischen Beitrag leistet. Gelegentlich kann ein ökologisch gerechteres Handeln sogar zu einer Entlastung benachteiligter Gruppen und zu sozialem Ausgleich führen, was besonders die kirchliche Entwicklungszusammenarbeit beispielsweise um die Fair-Trade-Bemühungen oder die „Dritte Welt Läden" anschaulich dokumentiert.

Die Gerechtigkeitsdebatte ist mithin aus sich heraus eine Schnittmengendebatte. Gerechtigkeit ist unteilbar, wie K. Bosselmann in seiner Studie „Im Namen der Natur. Der Weg zum ökologischen Rechtsstaat" (1993)[9] bis hin zu verfassungstheoretischen Überlegungen gut begründet dargelegt hat.

In historisch-dialektischer Perspektive wird verständlich, dass die Widersprüche zwischen sozialem Fortschritt und umweltverträglichem, wirtschaftlich-sozialem Handeln in einer Zeit des Klima- und Biodiversitätsschutzes neu unter ökologischem Vorzeichen dialektisch aufgehoben werden müssen. Dagegen gab es zwar 2019 Aufstände von Bauern in Deutschland, deren Kritik am zeitgemäßen Mitweltschutz sich in der Bewegung „Land schafft Verbindung" verstetigt. Diese bäuerliche Bewegung argumentiert, dass Umweltschutz und umweltpolitische Maßnahmen die Produktionskosten für Ernährung in die Höhe treiben und damit

---

[9] Bosselmann 1993.

ökonomisch Schwächere in Stadt und Land benachteiligt werden. Dennoch gilt, wie seit dem Übereinkommen von Paris vom 12.12.2015 vereinbart, dass Klimaschutz und Biodiversitätserhalt die beiden Leitplanken sind, die für zukunftsfähiges Wirtschaften auch auf und mit dem Lande weltweit zu gelten haben – wenn Menschen noch eine gute Lebenschance auf dem Planeten im kommenden Jahrhundert haben wollen. Diese Tatsache hilft zu verstehen, warum eine fortschrittliche, an Gerechtigkeit ausgerichtete Umweltpolitik die neue Klammer für alles politische Handeln ist und in sich die sozialen Anliegen einer guten Entwicklung in allen Regionen der Welt aufhebt.

Ökologische Gerechtigkeit meint beides: umwelt- und sozioökonomische Gerechtigkeit. Dabei ist es unstrittig, dass mit den Möglichkeiten des politischen Ausgleichs (Förderungen, Anreize, Subventionen) die möglichen Ungleichverteilungen direkter Folgen und indirekter Wirkungen von umweltpolitischen Maßnahmen, z.B. bei der Düngeverordnung für die betroffenen Landwirte, kompensiert werden müssen. Das zeitgemäße Neue aber besteht darin, dass ein Gerechtigkeitsverständnis vorherrscht, das nicht Maß am bisherigen Produktpreis nimmt, da dieser in der Regel durch die soziale und ökologische Externalisierung von Kosten falsch ist. Nicht die scheinbare Erschwinglichkeit preisgünstig ausgelobter Lebensmittel schafft Zukunft, sondern das angemessene Einpreisen der Langzeitfolgen der derzeitigen konventionellen und industriellen Erzeugung von Nahrung, also der Kosten, die durch Klimaschäden, die Nitratbelastung des Trinkwassers, den Verlust der Biodiversität und andere Folgen entstehen. Diese Kosten dürfen – so verlangt es eine zunehmend größer werdende Zahl von ökologisch und sozial aufgeweckten Menschen – nicht länger auf die Allgemeinheit abgewälzt werden. Sie müssen vielmehr im Produktpreis abgebildet sein. Der Ansatz des „true cost accounting"[10] gibt mittlerweile Werkzeuge an die Hand, die hierfür belastbar eingesetzt werden können.

---

[10] Engelsman/Geier 2018.

*Ernährungssicherung durch Agrarökologie –
neue Wege in eine plurale Landwirtschaft*

Schon im Weltagrarbericht[11] von 2008 wurde hervorgehoben, dass neue Wege zur Ernährungssicherung weltweit benötigt werden. Die ökologischen und sozialen, aber auch die ökonomischen Grenzen des industriellen Systems agrarischer Produktion wurden kritisch analysiert. Angesichts der Tatsache, dass weltweit bei weitem die Mehrheit der agrarischen Erzeugnisse für die menschliche Ernährung (bis heute) aus eher kleinbäuerlicher Landwirtschaft stammen, wurde Agrarökologie als gemeinsamer Nenner aller neuen Wege für eine zukunftsfähige Landbewirtschaftung herausgestellt.

Agroökologie wird seitdem zunehmend als wissenschaftliche Disziplin innerhalb der Agrarwissenschaften erkennbar, welche sich um den Gegenstandsbereich lokal oder regional an- und eingepasster agrarischer Praxen und sozioökonomischer Gemeinschaften profiliert. Der wissenschaftsbasierte Ansatz fokussiert auf die Wechselwirkungen, die zwischen einzelnen Faktoren der Ernährungssicherung bestehen, also zwischen Böden, Wasser, Luft und Klima, Saat- und Zuchtgut, menschlicher Arbeit, Technik und Innovationen, politischen Rahmenbedingungen, sozioökonomischen Umständen und agrarkulturellem und historischem Gewordensein.

Eine besondere Rolle spielen dabei die Familienunternehmen (family farms). Sie stellen als einzelne, besonders aber in ihrer organisierten Struktur in agrarsozialen Bewegungen, wie zum Beispiel bei Via Campesina[12], als Gemeinschaften den Hauptakteur der Ernährungssicherung dar, auf den sich alle anderen Akteure, also die Inputlieferanten (Saat- und Zuchtgut, Pflanzenschutzmittel, Düngemittellieferanten, Agrartechnikunternehmen, Finanz- und Versicherungsdienstleister, Berater, Verbände und politische wie religiöse Organisationen), genauso zu beziehen haben wie alle Akteure auf der abnehmenden Seite, also Agrarhändler, Verarbeiter und der Lebensmittelhandel bzw. die Konsument*innen.

Als praxiswissenschaftlich fundiertes Set lokal oder regional an- und eingepasster Bewirtschaftungsformen versuchen agrarökologische Ansätze standortspezifische und nachhaltige Anbausysteme (zum Beispiel

---

[11] IAASTD 2009.
[12] https://viacampesina.org/en/

durch neue Fruchtfolgen) zu schaffen, sie zu optimieren und dabei die Erträge zu stabilisieren. Agrarökologische Praxen sind vielfältig und in den unterschiedlichen Weltregionen naturgemäß unterschiedlich. Ihr institutioneller agrarkultureller und soziopolitischer Organisationgrad ist entsprechend weltweit verschieden hoch. Es finden sich genossenschaftliche Formen der Organisiertheit, regionalpolitisch aufgestellte Bewegungen, aber auch global aktive Organisationen wie Via Campesina, Slow Food oder Nyeleni, die alle gemeinsam auf Ernährungssouveränität durch agrarökologischen Landbau abzielen.[13]

Auf dieser akteurspolitischen Grundlage verwirklicht der agrarökologische Ansatz eine ortsgemäße, multifunktionale Landwirtschaft.[14] Bei dieser tragen unterschiedliche Einkommensquellen und Wertschöpfungsformen auch zur sozioökonomischen Zukunftsfähigkeit der Familienunternehmen oder von Betrieben bäuerlicher Landwirtschaft bei. Der ländliche Raum bekommt durch agrarökologisches Bewirtschaften sein je eigenes Gesicht. Die ortsspezifischen Agrarkulturen stellen einen sozio-kulturellen Rahmen dar, der u.a. durch die Verwendung autochthonen Saat- und Zuchtguts bei Pflanze und Tier seine besondere Gestalt bekommt. Dabei wird im Sinne von Praxisforschung altes bäuerliches Wissen mit neuen Technologien verbunden und ein weltweiter Wissensaustausch gepflegt. Fragen sozialer Gerechtigkeit werden gleichgewichtet mit Fragen der bioregionalen Entwicklung, dem Humusaufbau und der Regeneration von Böden behandelt. Sie stellen geradezu ein Rückgrat für die Pflege und Weiterentwicklung der kulturellen Identität vor Ort dar.

Beim International Symposion on Agroecology for Food Security and Nutrition, das 2014 bei der Food and Agriculture Organisation (FAO) der Vereinten Nationen in Rom stattfand, verständigten sich die Teilnehmer auf wesentliche agrarökologische Prinzipien, die zur Abgrenzung des neuen Ansatzes der Landbewirtschaftung geeignet seien.[15]

---

[13] Gottwald/Boergen 2011.
[14] Gottwald/Fischler 2007.
[15] FAO 2015.

Die zehn Elemente der Agroökologie sind:
- Biodiversität
- Mitgestaltung und Wissensteilung
- Synergien
- Effizienz
- Recycling
- Resilienz
- Menschen- und Sozialwerte
- Kultur und Ernährungstraditionen
- Verantwortungsvolle Regierung
- Kreislauf- und Solidarwirtschaft[16]

Darüber hinaus wurden einige Kernaussagen von der teilnehmenden Wissenschaftsgemeinschaft geprüft und für haltbar befunden, die für eine nicht nur ökologische und soziale, sondern auch ökonomisch belastbare agrarökologische Zukunft der Ernährungssicherung Orientierung geben. Dazu gehören:

- Agrarökologie ermöglicht es, größere Mengen agrarischer Erzeugnisse anzubauen und zu ernten, die ihrerseits auch – verglichen mit konventionellen Methoden des Landbaus – eine bessere Produkt- und Prozessqualität haben. Dies gelingt allerdings nur, wenn die Abhängigkeit von synthetischen Produkten der Agrarchemie abgebaut wird und stattdessen ein ganzheitliches oder integratives Ökosystem-Management angewandt wird. Dies geschieht durch gesteigerte biologische Vielfalt und Komplexität (zum Beispiel durch ganzjährige Grünbedeckung, Hecken- und Baumbestandspflege oder erweiterte Fruchtfolgen).

- Agrarökologische Systeme sind vielschichtig gegliedert und wissensintensiv. Um sie aufzubauen und zu erhalten benötigen Bauern und Bäuerinnen Unterstützung. Sie müssen dabei auch befähigt werden, die Risiken zu meistern, die mit Innovationen einhergehen, und die technischen Veränderungen müssen ihrerseits angepasst sein an die lokalen Bedarfe und Engpässe.

[16] http://www.fao.org/agroecology/knowledge/10-elements/en/

– Das Schließen von Nährstoffkreisläufen, zum Beispiel beim Stickstoff, kann die Effizienz der Nahrungserzeugung erhöhen und geht dabei einher mit Vorteilen für die Umwelt; dabei hilft es zugleich, Abfall zu verringern und die Verschmutzung der Umwelt zu minimieren, was wiederum auch sozial und ökonomisch positive Nebenwirkungen mit sich bringt.[17]

Für die Rekonstruktion der Dialektik zwischen ökologischer und sozialer Gerechtigkeit ist in diesem Zusammenhang festzuhalten, dass ein agrarökologisch motivierter und durchgeführter Umweltschutz nach Auffassung agrarökologischer Akteure zugleich andere soziale Wohlfahrtseffekte mit sich bringt, wie bessere Bedingungen für die menschliche Gesundheit in agrarisch geprägten Landschaften oder z.B. Einkommensvorteile. Durch diesen neuen Ansatz der Ernährungssicherung werden Spannungen und Widersprüche überwunden und aufgehoben, die zwischen konventionellen oder industriellen Ansätzen der Landwirtschaft einerseits und Bioanbau zum Beispiel nach EU-Ökoverordnung andererseits bestehen. Agrarökologie wirkt wie ein neues Drittes, das jenseits der konventionalisierten Kontroversen und ihren Anspruchsgruppen beziehungsweise Interessenvertretern eine neue Kraft entfalten kann.

Für die Ausweitung agrarökologischer Praxen bedarf es einer politischen Rahmung. Jüngst hat die Convention Citoyenne pour le Climat, ein Bürgerkonvent, den der französische Präsident Emmanuel Macron einberufen hat, vorgeschlagen, dass bis 2040 auf 50 Prozent der landwirtschaftlichen Flächen in Frankreich nach den Prinzipien der Agrarökologie gewirtschaftet werden soll. Dies wurde neben anderen Vorschlägen, um Treibhausgasreduktion bei gleichzeitiger Gewährleistung sozialer Gerechtigkeit zu erwirken, politisch begrüßt. Die Umsetzung wird eine strukturelle Veränderung der Landwirtschaft im Industrieland Frankreich mit sich bringen, die bisher ungeahnte Ausmaße zeitigen wird. Sie setzt u.a. voraus, dass neue Allianzen zwischen Landwirt*innen, Wissenschaftler*innen, Technikentwickler*innen und Konsument*innen entstehen, die zu regionalen Wertschöpfungsketten führen, in denen die agrarökologische Kostenstruktur durch wahre Preise gedeckt sein wird.[18]

---

[17] FAO 2015, 3.
[18] Convention Citoyenne pour le Climat 2020.

Dieses Beispiel zeigt, dass es mittlerweile auch im Bewusstsein breiter Bevölkerungskreise der sogenannten entwickelten Welt angekommen ist, einen Systemwandel zur Ernährungssicherung herbeizuführen. Der französische Bürgerkonvent hat in seinem Bericht detailliert und wissenschaftlich gestützt für diesen Systemwechsel argumentiert. Er konnte u.a. auf bestehende Forschungsdaten zur Beschäftigungswirksamkeit von agrarökologischer, standortangepasster Landbewirtschaftung zurückgreifen. Eine Reihe von Fallstudien zeigen auf, dass die multifunktionale Nutzung bäuerlicher Ressourcen neue Arbeitsgelegenheiten schafft und die Produktivität der Arbeit erhöht.[19] Auch die positiven Effekte auf das Einkommen bäuerlicher Betrieb sind wissenschaftlich unstrittig dokumentiert.[20]

Die Hinwendung zu einem ortsangepassten agrarökologischen Praxis-Set führt aber auch im sogenannten globalen Süden zu einer Vielzahl von lokalen oder regionalen Ökonomien mit eigenen Wohlfahrtseffekten sozialer und umweltbezogener Art. Man kann von der Emergenz pluraler Ökonomien sprechen, also dem Neben- und Miteinander von unterschiedlichen Anbausystemen, bei einem Gesamtwandel in Richtung größerer Klimaverträglichkeit und größerer Biodiversität. Eine vom World Future Council 2019 durchgeführte Studie hat 15 herausragende agrarökologische Politik- und Praxisbeispiele in den Ländern der sich entwickelnden Welt identifiziert. Dazu gehören in Brasilien das PNAPO-Programm, eine nationale Rahmenpolitik, um Produktion, Weiterverarbeitung, Vermarktung und Verbrauch in regionalen Wertschöpfungsketten zusammenzubinden. Oder das Projekt „Von Waffen zu Farmen" in Kauswagan auf den Philippinen, in dem Ernährungsunsicherheit, Armut, Hunger und ökonomische Ungleichheiten zwischen verschiedenen Bevölkerungsgruppen durch den Aufbau agrarökologisch wirtschaftender Farmen überwunden werden. Ferner sei der indische Bundesstaat Sikkim erwähnt, in dem es gelungen ist, zu hundert Prozent auf organischen Landbau umzusteuern. Die meisten Ansätze jedoch gibt es auf dem afrikanischen Kontinent. Beispielsweise das „Growing Food in Windhoek" Projekt oder der Greentech-Ansatz von Premium Hortus in Benin, wo mit den Mitteln des E-Commerce rund um agrarökologische Erzeugnisse ein florierender Markt entstanden ist.[21]

---

[19] Gottwald et al. 2019.

[20] FAO 2015.

[21] World Future Council 2018.

Neue integrative Agrarpolitik

Damit sich in Zukunft agrarökologische Praxen in ihrer Vielfalt weiterentwickeln und an regionalen Märkten bewähren können, bedarf es neuer regulativer Rahmenbedingungen. Das von starkem Wettbewerb gekennzeichnete Spielfeld der agrarischen Produktion benötigt neue Spielregeln, um erfolgreich auf das Ringen mit den Folgen des Klimawandels, die Vermeidung weiterer Biodiversitätsverluste und auf sozioökonomische Fairness ausgerichtet zu werden. Diese drei Zielstellungen ergeben sich aus den Hauptherausforderung der Ernährungssicherung weltweit.

Die potenziellen Folgen des Klimawandels reichen von sinkenden Ernteerträgen, abnehmender Wasserverfügbarkeit bis hin zur Zunahme von Wetterextremen. Der Landwirtschaftssektor trägt nicht nur zum Klimawandel bei, sondern ist auch stark von seinen Auswirkungen betroffen. Klimagase, wie zum Beispiel Ammoniak, werden nicht nur in Deutschland hauptsächlich durch die Landwirtschaft verursacht. Die Folgen sind regional und saisonal unterschiedlich. Die Erarbeitung standortangepasster Maßnahmen ist deshalb notwendig und muss politisch gefördert werden. Die Treibhausgas-Emissionen der Landwirtschaft werden durch Düngung, Tierverdauung, Ernterückstände, Stickstoffverluste, Energieverbrauch und Mineralisierung von Moorböden verursacht. Sie bestehen größtenteils aus Methan und Lachgas sowie einem kleinen Teil CO_2. Der Klimawandel selbst führt zu einer schnelleren Treibhausgas-Entweichung aus dem Boden. Die verstärkte Nutzung von mechanischen Verfahren im Pflanzenschutz wäre zwar biologisch wünschenswert, könnte aber bei einem Verzicht auf chemischen Pflanzenschutz zu höheren CO_2-Emissionen führen. Die Nutzung und Umwandlung von Böden in Acker- oder Grünland verändern den Kohlenstoffgehalt im Boden, sodass Treibhausgase (THG) freigesetzt oder fixiert werden. Und gerade um die Bindung von CO_2 muss es in Zukunft verstärkt gehen.

Ein Drittel der deutschen Ackerfläche ist bereits durch konservierende Maßnahmen geprägt, die mit einer möglichst geringen Bearbeitung u.a. dazu führen sollen, Kohlenstoff im Boden gebunden zu halten und weniger Agrardiesel zu verbrauchen. Die Kohlenstoffbindung durch Humusaufbau kann in organischen und mineralischen Böden einen großen Beitrag zur Bodenfruchtbarkeit, Stressstabilität der Pflanzen und Nährstoffversorgung leisten. Die Bodenfruchtbarkeit wird durch die Versorgung mit organischer Substanz (z.B. Ernteste), Durchwurzelung oder eine angepasste Bodenbearbeitung unterstützt. In einer kreislauforientierten Landwirtschaft trägt die Nutzung wirtschaftseigenen Düngers zur Reduzierung der Stickstoffbilanz bei. In den letzten Jahren wurde der Einsatz flüssiger Wirtschaftsdünger ressourceneffizienter und klimafreundlicher. Eine zügige Einarbeitung der ausgebrachten Gülle auf Landwirtschaftsflächen hilft, Ammoniakemissionen deutlich zu reduzieren. Die Ausbringung mit Breitverteilern geht – auch aufgrund politisch gesetzter Regeln – zurück und es etablieren sich emissionsärmere Verfahren wie Schleppschuh, Injektionstechnik und Güllegrubber. Das in Deutschland noch relativ neue Strip-Till-Verfahren kombiniert die Direktsaat mit einer streifenweisen tiefen Bodenlockerung in der Saatreihe. Der restliche Boden wird nicht bearbeitet. Darüber hinaus findet der Pflug wieder vermehrten Einsatz. Das zu wählende Bodenbearbeitungsverfahren sollte sich an den Standort, die Fruchtfolge und Witterungsbedingungen anpassen und eine Verbesserung oder den Erhalt der Bodenstruktur ermöglichen.

Die effektive Quantifizierung des Nutzens von z.B. konservierender Bodenbearbeitung zum Klimaschutz ist derzeit umstritten. Die EU will bis 2030 mindestens 40% der THG-Emissionen gegenüber 1990 senken – als Teil des europäischen Green Deals will die Kommission dieses EU-Ziel auf mindestens 50% anheben und 55% anstreben. Deutschland verpflichtete sich dazu, bis 2050 THG-neutral zu sein. Während der veröffentlichte Klimaschutzplan 2050 der Bundesregierung sektorspezifische Ziele zur Emissionsminderung enthält, beschreibt das Klimaschutzprogramm 2030 auch übergreifende Maßnahmen. Das Klimaschutzprogramm beinhaltet verbindliche Emissionsziele für die einzelnen Sektoren sowie ein nationales Emissionshandelssystem für Treib- und Brennstoffe. Durch die Einnahmen werden Fördermaßnahmen für den Klimaschutz finanziert, die u.a. etwa 1,3 Milliarden Euro für den Agrar- und Forstsektor bis 2023 bereitstellen sollen. Maßnahmen des Programms im Bereich Landwirtschaft sind u.a. die Senkung der Stickstoffemissionen, Methanminderung durch Güllenutzung in Biogasanlagen, Erhöhung der Energieeffizienz und der Humuserhalt und -aufbau im Ackerland. Finanzielle Anreize sollen durch die Gemeinsame Agrarpolitik (GAP) der EU gegeben werden. Eine Verknüpfung der GAP mit den Zielen des europäischen Green Deals steht ebenfalls politisch derzeit zur Debatte.

Eine neue integrative Biodiversitätspolitik ist ebenfalls notwendig. Mehr als 50% der deutschen Landesfläche wird landwirtschaftlich genutzt. Die Art und Weise der Landbewirtschaftung zählt somit zu einem der wichtigen Einflussfaktoren auf die Biodiversität, die ungebrochen zurückgeht. Vergrößerte Ackerschläge, die Beseitigung von natürlichen Landschaftselementen wie Hecken, Blühstreifen, Weiher und Ackerrandstreifen zählen zu den Hauptursachen. Der intensivierte Anbau nachwachsender Rohstoffe kann durch die engen Fruchtfolgen ebenfalls negative Auswirkungen auf die örtliche Biodiversität haben. Viele sehen in dem erhöhten Einsatz von Pflanzenschutzmitteln eine weitere starke Ursache für Biodiversitätsverlust. Welche Rolle sie aber wirklich spielen, wie sie ersetzt werden können und welche Wirkungen die Ersatzoptionen entfalten, ist umstritten und hängt oft von den konkreten Standort- und Rahmenbedingungen der Produktion ab.

Bisher ist keine Verlangsamung des Biodiversitätsverlusts in Sicht, doch die Landwirtschaft kann – so zeigen es Pilotprojekte und der biologische Landbau – als positiver Treiber einen großen Beitrag zum Erhalt des Artenbestandes leisten. Ökologisch hochwertige Biodiversitätsmaßnahmen, die Schaffung neuer Lebensräume und die Wiederherstellung von Biotopverbundsystemen spielen hierbei eine große Rolle. Sie stärken z.B. die Bestäuberleistung, die Schädlingsregulation und die Umsetzung von Erosionsschutz. Dies hat nicht nur einen ökologischen Nutzen für die Landwirtschaft und fördert regionale Biodiversität, sondern kann auch das öffentliche Ansehen der Landwirtschaft positiv verändern.[22]

Biodiversitätsfördernde Maßnahmen führen zu höheren Kosten zur Deckung des Mehraufwands in der Fläche und zu Erlösminderungen, da sich die landwirtschaftlich nutzbare Fläche verkleinert. Auf der anderen Seite beschäftigen sich aktuelle Forschungsinitiativen mit den positiven Wirkungen von Biodiversitätsmaßnahmen auf die Erträge und die Qualität von Böden. Auf gesellschaftlicher Ebene muss deshalb eine Vereinbarung darüber geschlossen werden, wie die Balance zwischen dem Verzicht auf Ertrag und Zugewinn an Biodiversität aussehen soll. Für die Landwirtschaftsbetriebe selbst muss dann ein ökonomisch vertretbares Maß gefunden und der richtige Weg zur Integration solcher Maßnahmen in die Betriebsabläufe aufgezeigt werden. Biodiversitätsfördernde Maßnahmen können beispielsweise in die Produktion integrierte Kompensationsmaßnahmen oder Maßnahmen außerhalb der Produktionsflächen sein. Beim Anlegen von multifunktionellen Ausgleichsflächen sollte entweder

---

[22] https://www.ble.de/DE/Themen/Landwirtschaft/Biologische-Vielfalt/Strategie-des-BMEL-zur-Agrobiodiversitaet/strategie-des-bmel-zur-agrobiodiversitaet_node.html

eine an den Standort und die Fruchtfolge angepasste Ansaat von artenreichen Blüh- und Habitatstreifen stattfinden oder eine natürliche Begrünung zugelassen werden. Im Rahmen einer Feldkontrolle können diese multifunktionellen Ausgleichs- sowie Kulturflächen durch angepasste Evaluationsparameter analysiert werden. Um den Wert von Biodiversitätsmaßnahmen zu erfassen, zu dokumentieren und die erzielten Leistungen zu kommunizieren, müssen diese anhand nachvollziehbarer Indikatoren bewertet werden. Ein mögliches System ist das DLG-Programm Nachhaltige Landwirtschaft Ackerbau, welches 8 Indikatoren im Bereich Ökologie für Umwelt-, Arten- und Ressourcenschutz enthält. Mit der Teilnahme an dem Programm erhält der Landwirt einen Nachweis über das betriebliche Nachhaltigkeitsergebnis oder das DLG-Zertifikat, welches in der Kommunikation eingesetzt werden kann.[23]

2020 hat die Europäische Kommission eine neue Biodiversitätsstrategie für 2030 beschlossen, die im Einklang mit dem europäischen Green Deal steht und ehrgeizige Verpflichtungen zum Schutz von Land und Meer sowie zur Wiederherstellung geschädigter Ökosysteme beinhaltet.[24] Verbindliche Ziele sind u.a. die Umwandlung von mindestens 30% der europäischen Land- und Meeresgebiete in wirksam bewirtschaftete Schutzgebiete, die Umwandlung von 10% der Agrarflächen in Landschaftselemente mit hoher Biodiversität, eine ökologische Bewirtschaftung von 25% der Agrarflächen (im Sinne des zertifizierten EU-Ökolandbaus) sowie eine Verringerung des Einsatzes hochriskanter Pestizide um 50%. Diese Zielvorgaben erzeugen hohe Kontroversen bei den bäuerlichen Landnutzern. Ein integrativ agrarpolitischer Rahmen ist zu konzipieren und zu implementieren, der die von der Gesellschaft von den Landwirten erwarteten Leistungen pro Biodiversität nicht nur aufwandsneutral entschädigt, sondern incentiviert.

Im Rahmen der Gemeinsamen Agrarpolitik (GAP) der EU erhielten Landwirte bisher Direktzahlungen und weitere Förderungen, die u.a. an Umweltschutzauflagen gebunden waren und auf nationaler Ebene durch z.B. Investitionszuschüsse oder Zahlungen aus Agrarumweltprogrammen erfolgten. In der aktuellen Debatte steht nun die Verknüpfung der GAP mit den Zielen des Green Deals. Direktzahlungen mit Umweltauflagen

---

[23] https://www.dlg-nachhaltigkeit.info/de/dlg-zertifikat
[24] https://ec.europa.eu/info/strategy/priorities-2019-2024/european-green-deal/actions-being-taken-eu/eu-biodiversity-strategy-2030_de

und die Einführung von Eco-Schemes sollen dabei Instrumente für eine nachhaltigere EU-Landwirtschaft werden.

Die politische Gestaltung soziökonomischer Fairness stellt eine besonders große dritte Herausforderung dar. Wie jeder bedeutende Wirtschaftssektor trägt auch die Landwirtschaft die Verantwortung, ihre negativen Auswirkungen auf Umwelt und Menschen zu minimieren. Gleichzeitig muss sie weiterhin die Lebensmittel- und Rohstoffversorgung sicherstellen. Höhere Produktionskosten für Klimaschutz- und Biodiversitätsmaßnahmen sowie ressourcenschonendes Management sollten dabei nicht allein auf die Landwirtschaft verteilt werden. Belastbare Bewirtschaftungskonzepte müssen nicht nur wettbewerbsfähig sein, sondern auch ein gesichertes Einkommen der Landwirt*innen ermöglichen. Zudem geht es um Fragen des fairen Zugangs zu den Produktionsmitteln und deren geregelte Verfügbarkeit sowie um Bildungsmaßnahmen in Bezug auf den optimalen Einsatz von Saatgut, Pflanzenschutzmitteln oder technischen Verfahren.

Darüber hinaus spielt auch die gesellschaftliche Akzeptanz eine Rolle. Um diese zu stärken, müssen moderne Bewirtschaftungskonzepte nach außen kommuniziert und ein Diskurs auch durch politische Unterstützung angestoßen werden, der vor allem soziökonomische Aspekte mit in den Blick nimmt. In der Praxis wird daher oft auf Labels und Siegel zurückgegriffen, um Transparenz in Aspekten der Regionalität, Produktion und Nachhaltigkeit für den Verbraucher zu schaffen. Zur externen Kommunikation und Sichtbarmachung von Nachhaltigkeitsleistungen der Gesellschaft gegenüber bietet es sich an, Nachhaltigkeit mittels standardisierter Verfahren zu messen und zu bewerten. Das DLG-Programm Nachhaltige Landwirtschaft ist auch in dieser sozialen Dimension ein praktikables Beispiel dafür. Am Ende steht eine Zertifizierung, die als Nachweis kommuniziert werden kann.[25]

Bei der Entwicklung zu einem agrarökologisch vertretbaren Pflanzenbau ist die Ermittlung der realen Preise von landwirtschaftlichen Erzeugnissen notwendig. Um dies zu fördern, wäre die Vergütung nach einem dokumentierten Nachhaltigkeitsstandard eine mögliche Option. So könnte die Wirkung von Umweltmaßnahmen und Anbauarten erfasst werden, wobei Honorierungssysteme regional anpassungsfähig sein müssten. Um höhere Kosten für Umwelt- und Klimaschutzmaßnahmen nicht auf die

---

[25] https://www.dlg-nachhaltigkeit.info/de/dlg-zertifikat

Landwirtschaft abzuwälzen, soll die reformierte Gemeinsame Agrarpolitik (GAP) neue (Förder-)Bedingungen für die Zeit nach 2020 aufstellen. Eine Vereinbarkeit mit den Zielen des europäischen Green Deals wird dabei angestrebt.

Seitens der Landwirtschaft werden hierbei fundierte und gleichzeitig praxistaugliche Vorschläge sowie kooperative Lösungen bei der Abwägung und Auflösung von Zielkonflikten erwartet. Gleichzeitig muss ein gesellschaftliches Einvernehmen darüber erreicht werden, wie die Balance zwischen Ertrag und Umweltleistung bzw. stabiler regionaler Erzeugung und der Versorgung aus Importen definiert werden soll. Die aktuellen Verhandlungen über den EU-Haushalt der neuen Förderperiode 2021-2027 halten an dem Zwei-Säulen-Prinzip aus Direktzahlungen und der Förderung des ländlichen Raums, Umwelt und Klima fest. Direktzahlungen sollen begrenzt und Umwelt- und Klimaleistungen umfassender gefördert werden. Die 1. Säule soll um einjährige Eco-Scheme-Maßnahmen und die 2. Säule um mehrjährige Agrar- und Umweltmaßnahmen erweitert werden. Entsprechende Auflagen und Anreize sollen die Mitgliedstaaten zukünftig selbst festlegen. Geplant ist auch, den Bürokratie- und Verwaltungsaufwand zu reduzieren. Die neun spezifischen Ziele der GAP nach 2020 enthalten u.a. auch die Einkommenssicherung der Landwirt*innen. Wichtige Instrumente dabei wären die Berechnung ökologisch korrekter Preise, die Vergütung ökologischer und gesellschaftlicher Leistungen aus öffentlichen Zahlungen sowie gesetzlich vorgegebene, angemessene Entlohnungen für Landwirt*innen. Allerdings scheinen real ermittelte Preise, die die ökologischen Folgen miteinschließen, am Markt nur durchsetzbar, wenn auch entsprechende Importe mit vergleichbaren Auflagen versehen werden.

Um diese drei Hauptproblemkreise neu politisch zu rahmen, müssen die derzeitig wirkenden Treiber mitweltschädigender Landwirtschaft in den Blick genommen werden. Dazu gehören in Europa fehlgerichtete Agrarsubventionen, fehlgerichtete oder fehlende Investitionsanreize, zu hohe Renditeanforderungen, fehlender Schutz der Gemeinschaftsgüter vor privatwirtschaftlicher Übernutzung, ein Wettbewerbsrecht, das die Abwälzung von Kosten auf die Allgemeinheit als Wettbewerbsvorteil begünstigt, ungeeignete Bilanzierungsformen in der Landwirtschaft, eine unzureichende Berücksichtigung nicht-monetärer Gemeinwohlleistungen der Landwirtschaft (z.B. Naherholungsraumerhalt) und hohe Intransparenz hinsichtlich der Folgewirkungen auf die basalen Systeme der Aufrechterhaltung der Lebensfunktionen bei Böden, Gewässern, Forsten und Wäldern, Luftqualität und anderes mehr, was von der Landwirtschaft direkt anhängt.[26]

Eine Weiterentwicklung des politischen Ordnungsrahmens ist alles andere als leicht. So wird die europäische Landwirtschaft von den gleichen marktlichen Prinzipien beherrscht wie die Industrieproduktion von technischen Gütern. Dabei ist die oberste Maxime, die Wettbewerbsfähigkeit mit Blick auf den Weltmarkt und seine Preise zu erhalten. Deshalb wird nahezu aller Orten die Höhe der Agrarexporte als Maßstab für eine erfolgreiche Landwirtschaft akzeptiert.

Dies hat europaweit zu starken Konzentrationen zum Beispiel in der Milch- und Fleischwirtschaft geführt. Auf Grundlage (zollfreier) importierter billiger Futtermittel wie südamerikanische Soja können Intensivtierhaltungssysteme betrieben werden, die Kostenvorteile durch ihre Größe mit sich bringen, um Preisführerschaft im Wettbewerb zu erhalten. Dabei werden weder die bei der Futterproduktion entstehenden Umweltschäden (Brandrodung, Monokulturen und anderes mehr) eingepreist noch die sozial negativen Folgen am Produktionsstandort in Europa (Nitratprobleme, Antibiotikaprobleme, Pestizidabdriftprobleme, schlechte Arbeitsbedingungen und anderes mehr). Diese Kosten werden der Allgemeinheit aufgebürdet. Wenn die Preise ungebrochen nach unten müssen, geht dies zwangsläufig am langen Ende auch zu Lasten der Erzeugerbetriebe: sie müssen wachsen oder weichen.

In der Europäischen Union wird vor allem hinsichtlich der ungleichen Verteilung der Agrarzahlungen unter den Landwirten eine Veränderung politisch zu organisieren sein. Zahlungen müssen grüner und sozial gerechter gestaltet werden. Marktbedingungen müssen dabei genauso berücksichtigt werden wie die lokale (intensive oder extensive) Nutzung der landwirtschaftlichen Betriebsflächen und die individuellen Umstände des Betriebs. Eine Analyse der Gesamteinkommenssituation von Betriebsinhabern unter besonderer Berücksichtigung der Vermeidung von Selbstausbeutung beim Unternehmerlohn oder beim Lohn für die Mitarbeiter (meist aus der Familie) wäre ein zentraler Hebelpunkt beim Umsteuern in Richtung einer insgesamt gerechteren Agrarförderpolitik. Das bestehende Regime der sogenannten flächenbezogenen Direktzahlungen benachteiligt die gerade agrarökologisch zukunftsfähigen Betriebe, die meist flä-

---

[26] Dahm 2017.

chenarm sind und mit hohem Personaleinsatz wirtschaften, wie zum Beispiel Gemüse- und Obstbaubetriebe.

Nun sind diese Forderungen schon seit 1991 unter dem damaligen Agrarkommissar MacSharry in der Diskussion. Kraftvoll umgesetzt sind sie dennoch nicht, auch wenn sie mit zunehmendem Nachdruck unter dem Motto „öffentliches Geld für öffentliche Leistungen" von immer breiteren Kreisen aus Wissenschaft und Gesellschaft artikuliert werden.[27] Die politische Lobbyarbeit der Bestands- und Besitzwahrung seitens der landwirtschaftlichen Ständevertretungen und der an den Landwirten verdienenden Industrien (Agrarchemie, Futtermittelhandel, Finanz- und Versicherungsdienstleister, Agrartechnikhersteller und -händler) ist machtvoll. Die Kontroversen sind konventionalisiert. Diskussionsrituale beherrschen die agrarpolitischen Debatten und der Einsatz von Zukunftskommissionen aus Experten, die jenseits der bürgerschaftlichen Realitäten um neue Wege ringen, wird voraussehbar wenig ändern.

Folgt man gesellschaftlich und politisch aber konsequent der historischen Entwicklung der großen planetaren Krisen bei Klima, Biodiversität und sozialer Fairness und nutzt die produktive, dialektische Spannung zwischen ökologischen und sozialen Gerechtigkeitsbemühungen zur Krisenbewältigung, dann bietet sich die Ernährungssicherung als wirtschaftliches und politisch besonders geeignetes Gestaltungsfeld für ökologisch-soziale Transformationen an. Um aus der Vielfalt des agrarökologisch Wünschenswerten das realpolitisch Mögliche mit planetarem Bezug auch in Europa zu verwirklichen, könnte ein jüngst vom Institut für sozial-ökologische Forschung vorgelegtes Konzept hilfreich werden, das politische Gestaltung als kollektives, experimentelles Tätigsein begreift.[28]

Die Forscher haben sechs Gestaltungsprinzipien herausgearbeitet, die besonders in hoch kontroversen Diskursen als konkrete Orientierungen für Gestaltungsprozesse komplexer Realitäten dienen können. Dabei fokussieren sie vornehmlich auf die kommunikative Gestaltung von Aushandlungsprozessen zwischen unterschiedlichen gesellschaftlichen Akteuren, also auf das „Wie". Um Verständigungsprozesse im politischen Raum zu befördern, setzen sie auf Beziehungsgestaltung.

Sie rücken erstens die Beziehungen zwischen Gesellschaft und Natur in den Mittelpunkt. Diese stellen zweifelsohne in der Ernährungssiche-

---

[27] Deter 2017.
[28] Jahn/Hummel et al. 2020.

rung mittels pluraler Agrarökonomien die Hauptbeziehungen dar. Zweitens ist das Prinzip der Koexistenz handlungsleitend, um die Herstellung oder den Erhalt von Bedingungen der Koexistenz zu gewährleisten. Für die Zukunft der Ernährungssicherung müssen Koexistenzbedingungen für die unterschiedlichen Akteursgruppen zu Geltung gebracht werden. Es geht um ein klug organisiertes Mit- und Nebeneinander verschiedensten Anbau-, Verarbeitungs- und Vermarktungssysteme. Dieses bedarf der politisch festgelegten Gewährleistung. Nur dann bilden sich neue regionsspezifisch angepasste und angemessene Wertschöpfungskreisläufe heraus. Drittens wird auf das Prinzip der Absteckung und Reflexion von Grenzen zugegriffen. Die physischen, sozialen, kulturellen und politischen Räume, in denen Ernährungssicherung geschaffen werden soll, sind in ihrer Eigenart als begrenzt anzuerkennen. Die ökologischen und sozialen Funktions- und Sinnzusammenhänge ziehen Grenzen und weisen zugleich über die gesetzten Grenzen hinaus. Viertens gilt es, auch in der Fläche neu mit Komplexität umgehen zu lernen und die Beschränkungen auch der politischen Steuerbarkeit von Ungewissheiten (hinsichtlich Klimaveränderungen, neuen Marktbedingungen und anderem mehr) zu respektieren. Ein neues System der agrarökologisch verträglichen Ernährungssicherung könnte dann das fünfte Prinzip, die Stärkung der Widerstandsfähigkeit umsetzen helfen. Resilienz ist ein zunehmend wichtiger werdender Maßstab für nachhaltige Entwicklung auch in agrarischen Zusammenhängen. Schließlich kann eine neue Politik für die ökosoziale Ernährungssicherung nur durchgesetzt werden, wenn sie sechstens die Teilhabe aller Akteure sichert.

Derartig prozedural kommunikativ ausgerichtet verspräche eine neue Agrarpolitik integrativ zu sein und für die vielfältigen Herausforderungen im 21. Jahrhundert aufgeklärt und überzeugend ihre Macht einzusetzen.

Quellenverzeichnis

Bateson, G. (1985): Ökologie des Geistes: Anthropologische, psychologische, biologische und epistemologische Perspektiven. Berlin: Suhrkamp.

Beck, A., Haerlin, B., Richter, L. (Hg.) (2016): Agriculture at a Crossroads. IAASTD findings and recommendations for future farming. Berlin: Foundation on Future Farming (Zukunftsstiftung Landwirtschaft), https://www.globalagriculture.org/fileadmin/files/weltagrarbericht/EnglishBrochure/BrochureIAASTD_en_web_small.pdf

Bosselmann, K. (1993): Im Namen der Natur. Der Weg zum ökologischen Rechtsstaat. München: Scherz.

Carson, R. (1962): The Silent Spring. Boston: Houghton Mifflin.

Convention Citoyenne pour le Climat (2020): Les Propositions de la Convention Citoyenne pur le Climat. Thématique Se Nourrir, https://propositions.conventioncitoyennepourleclimat.fr/pdf/ccc-rapport-final-senourrir.pdf

Dahm, J.D. (2017): ECS-Fachgespräch Bedingungen einer aufbauenden Agrarwirtschaft. https://www.zu.de/forschung-themen/forschungszentren/ecs/news/fachgespraech-aufbauende-argrarwirtschaf.php

Deter, A. (2017): Standpunkt: Umverteilen zulasten der bäuerlichen Landwirtschaft, https://www.topagrar.com/management-und-politik/news/standpunkt-umverteilen-zulasten-der-baeuerlichen-landwirtschaft-9587669.html

Engelsman, V., Geier, B. (Hg.) (2018): Die Preise lügen. Warum uns billige Lebensmittel teuer zu stehen bekommen. München: Oekom.

FAO (The Food and Agriculture Organization of the United Nations) (2015): Final Report for the International Symposium for Food and Agriculture Organization Food Security and Nutrition, 18 and 19 September 2014. Rome 2015, http://www.fao.org/3/a-i4327e.pdf

Gaugler, T., Michalke, A. (2018): „How much is the dish?" – Was kosten uns Lebensmittel wirklich?, http://www.tollwood.de/wp-content/uploads/2018/09/20180914_how_much_is_the_dish_-_was_kosten_uns_lebensmittel_langfassungfinal-2.pdf

Gottwald, F.-Th., Boergen, I. (2011): Eine Frage der Gerechtigkeit. Vielfalt als normatives Leitbild für Ernährungssicherung, in: AgrarBündnis (Hg.), Der Kritische Agrarbericht 2011, S. 255-260.

Gottwald, F.-Th., Fischler, F. (Hg.) (2007): Ernährung sichern – weltweit. Öko-soziale Gestaltungsperspektiven. Bericht an die Global Marshall Plan Initiative. Hamburg: Murmann.

Gottwald, F.-Th., Seidl, I., Zahrnt, A. (2019): Tätigsein in der Landwirtschaft. Agrarkultur als Leitkonzept, in: Seidl, I., Zahrndt, A. (Hg.), Tätigsein in der Postwachstumsgesellschaft. Marburg: Metropolis, S. 161-174.

HLPE (2020): Food security and nutrition: building a global narrative towards 2030. A report by the High Level Panel of Experts on Food Security and Nutrition of the Committee on World Food Security, Rome, http://www.fao.org/fileadmin/user_upload/hlpe/2020._Global_Narrative/HLPE_15__2020_._Global_Narrative_2030.pdf

IAASTD (Hg.) (2009): Agriculture at a Crossroads. Global Report. Washington/Covelo/London: Island Press.

Jahn, Th., Hummel, D. et al. (2020): Sozial-ökologische Gestaltung im Anthropozän, in: GAIA, 29/2, S. 93-97, https://www.oekom.de/_files_media/zeitschriften/artikel/GAIA_2020_02_93.pdf

Klostermeyer, Th., Inden-Heinrich, H. (2014): Ohne Umweltschutz keine soziale Gerechtigkeit, in: Ökologische Gerechtigkeit. Strategische Allianzen zwischen Umweltschutz und Sozialpolitik (politische ökologie Bd. 136). München: Oekom, S. 18-24.

Konferenz der Vereinten Nationen für Umwelt und Entwicklung (1992): AGENDA 21, Rio de Janeiro, Juni 1992, https://www.un.org/Depts/german/conf/agenda21/agenda_21.pdf

Meadows, D., Meadows, D. (1972): Die Grenzen des Wachstums, Club of Rome zur Lage der Menschheit. Stuttgart: DVA.

World Future Council (2018): Agrarökologie stärken. Hamburg.

Wie es das Klima schließlich auf die politische Agenda schaffte

Der Greta-Effekt und weitere Erklärungen

Winfried Schulz

Die 15-jährige Schülerin mit Asperger-Syndrom, die seit dem 20. August 2018 freitags vor dem schwedischen Parlament mit dem Slogan SKOLSTREJK FÖR KLIMATET protestiert, brachte einiges in Bewegung. Sie inspirierte weltweit Millionen von Jugendlichen zu Aktionen mit dem Motto „Fridays for Future". Das Bild der still protestierenden Greta Thunberg wurde Symbolbild für den Klimawandel, weit wirksamer als alle Illustrationen von schmelzenden Gletschern, brennenden Wäldern und von Eisbären, die verloren auf einer Eisscholle treiben. Die erlangte weltweite Aufmerksamkeit war eine der Voraussetzungen für eine bisher nicht gekannte politische Beachtung klimatischer Veränderungen und ihrer Folgen für die Generationengerechtigkeit. Der Vorgang ist beispielhaft für einen Prozess, den Niklas Luhmann (1970) in seinem seinerzeit vielbeachteten Essay über die öffentliche Meinung als „Thematisierung" bezeichnete. Und er illustriert exemplarisch einige inzwischen geläufige Konzepte der Kommunikationsforschung, so die Agenda-Setting-Funktion der Medien, die Medialisierung politischen Handelns, das Framing von Ereignissen und die Konstruktion von Öffentlichkeit. Welche Rolle dabei Greta Thunberg, ihre Sympathisanten und die Medien spielten, das will ich hier skizzieren. Es sollen die Bedingungen deutlich werden, unter denen das Anliegen engagierter Bürger politische Prozesse in Gang setzen und politische Entscheidungen befördern kann. Die Thematisierung des Klimawandels mündete schließlich in Entscheidungen von Bundesregierung und Bundestag gegen Jahresende 2019, mit den landläufig „Klimapaket" genannten Maßnahmen zur Reduktion von Treibhausgas-

Emissionen beizutragen. Manches an den hier nachgezeichneten Entwicklungen ist historisch einmalig, aber einiges lässt sich auch verallgemeinern.

Die Themenkarriere des Klimawandels

Zu den regelmäßigen Ermittlungen verschiedener Meinungsforschungsinstitute gehört eine offene Frage danach, was „gegenwärtig das wichtigste Problem in Deutschland" sei. Es handelt sich dabei um punktuelle Reaktionen der Bevölkerung in telefonischen oder persönlichen Interviews, und zwar auf eine offene Frage, d.h. ohne Antwortvorgabe. Die Meinungsforscher fassen die Antworten zu Kategorien zusammen, u.a. auch zu der Kategorie „Umwelt/Energiewende". Die Häufigkeit der Nennungen, die in diese Kategorie fallen, lag seit vielen Jahren meist unter fünf Prozent und nur sporadisch auch einmal etwas über 10 Prozent (vgl. Abb. 1). Damit weist der Verlauf der Nennungen offensichtlich nicht die geringste Parallelität zu Umwelt- bzw. Klimaveränderungen auf, wie sie etwa das Bundesumweltamt, der Sachverständigenrat für Umweltfragen (SRU) oder das Intergovernmental Panel on Climate Change (IPCC) kontinuierlich dokumentieren. Andere Probleme wie etwa „Arbeitslosigkeit" oder Migration („Ausländer/Integration/Flüchtlinge") erhielten in den gleichen Umfragen mit Werten von zeitweise annähernd 90 Prozent erheblich mehr Nennungen. Der Klimawandel spielte offenbar im Bewusstsein der Bevölkerung keine nennenswerte Rolle.

Ergebnisse aus Umfragen bei repräsentativen Stichproben der Bevölkerung, ermittelt von kommerziellen Meinungsforschungsinstituten, wie z.B. Emnid, Infratest oder der Forschungsgruppe Wahlen, gelten gemeinhin als ein Indikator der Thematisierung. Als Thematisierung bezeichnet Luhmann (1970) die „Institutionalisierung" von Themen, so dass die Bereitschaft, sich in Gesprächen mit ihnen zu befassen, allgemein unterstellt werden kann. Üblicherweise werden die Umfrageergebnisse in den Medien prominent veröffentlicht; einige Medien geben diese Umfragen selbst in Auftrag. Man kann davon ausgehen, dass Themen, die von den Massenmedien weit verbreitet und in den sozialen Medien vielfach diskutiert werden, dann „allgemein" bekannt sind. Sie werden meist als Momentaufnahme der öffentlichen Meinung interpretiert. Durch die öffentliche Kommunikation erhalten die Themen Publizität und einen

Wie es das Klima schließlich auf die politische Agenda schaffte 151

hohen Grad an Verbindlichkeit und man kann sich ihnen nicht ohne weiteres entziehen. Dieser Grad der allgemeinen Informiertheit ist dadurch gekennzeichnet, dass ein jeder (oder nahezu jeder) weiß, was andere wissen können, und zugleich auch, dass andere wissen können, dass sie oder er weiß, was sie wissen (Merten 1977, 147). Die Umfrageergebnisse entfalten dann eine soziale Realität nach dem Muster des Thomas-Theorems: „If men define situations as real, they are real in their consequences" (Thomas/Thomas 1928, 572). Dieser Status der Thematisierung des anthropogenen Klimawandels war erst im Sommer 2019 erreicht, auch wenn das Problem in der Wissenschaft und in den Kreisen interessierter Bürger schon seit langem bekannt ist und diskutiert wird (vgl. Abb. 1).

Abbildung 1: Nennungen zu Umwelt/Energiewende auf die Frage: „Was ist Ihrer Meinung nach gegenwärtig das wichtigste Problem in Deutschland?"

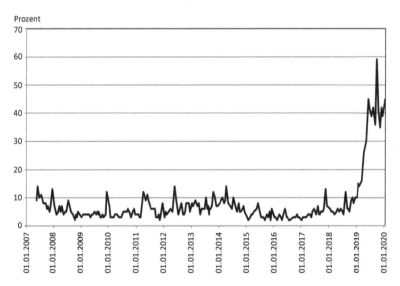

Quelle: Forschungsgruppe Wahlen: Politbarometer

Da in früheren Jahren Themen wie Arbeitslosigkeit oder Migration („Ausländer/Integration/Flüchtlinge") in den Umfragen sehr hohe Nennungen von annähernd 90 Prozent erhielten, könnte man meinen, dass dies Reaktionen auf reale Ereignisse waren, die sehr viele Menschen betrafen, nämlich hohe Arbeitslosigkeit in den Jahren zu Beginn dieses Jahrhunderts und ein plötzlicher Migrationsschub im Herbst 2015. Allerdings: Als die Arbeitslosigkeit im Jahr 2005 ihren Höhepunkt erreichte, waren davon nicht mehr als 13 Prozent der Bevölkerung direkt betroffen. Auch wenn man berücksichtigt, dass sich das Schicksal des Jobverlusts im jeweiligen sozialen Umfeld auf weit mehr Personen mittelbar auswirkte, dürften doch weit weniger als 90 Prozent der Bevölkerung Arbeitslosigkeit oder Migranten aus eigener Erfahrung oder Anschauung kennen. Demgegenüber ist der Klimawandel geradezu paradigmatisch für eine allgemeine, ja universelle Betroffenheit. Zudem gab es zu den Themen Umwelt und Energiewende in den letzten Jahrzehnten eine Vielzahl bedeutender Ereignisse, so etwa die dramatischen Berichte des Weltklimarats IPCC, das Pariser Klimaabkommen 2017, die Reaktorkatastrophe in Fukushima 2011 und die extrem heißen Sommer 2003 und 2018. Aber diese Ereignisse schlugen sich im Problembewusstsein der Bevölkerung in weit geringerem Maße nieder als die hohe Arbeitslosigkeit und massive Zuwanderung. So erhielt das Thema Umwelt/Energiewende in den Umfragen nach Ereignissen wie Fukushima, dem Pariser Klimaabkommen und in den Hitzesommern 2003 und 2018 nur Werte von maximal 13 Prozent. Offensichtlich hängt die Thematisierung von Ereignissen weder von ihrem Realitätscharakter noch von der Betroffenheit der Bevölkerung ab.

Ob Ereignisse als „real" und als „reales Problem" definiert werden, ist vielmehr das Ergebnis sozialer Kommunikation (Berger/Luckmann 1970). Aber selbst wenn Ereignisse als real oder als problematisch definiert werden, ist damit noch nicht gesagt, dass sie auch gesellschaftlich angemessen wahrgenommen oder gar politisch bearbeitet werden. Eine Voraussetzung dafür ist ihre Institutionalisierung als Thema, und das hängt wiederum davon ab, in welchem Umfang die ein Thema konstituierenden Ereignisse mediale Aufmerksamkeit erhalten. Dabei spielen neben den herkömmlichen Massenmedien in zunehmendem Maße auch digitale Medien eine wichtige Rolle. Die Medien sind die wichtigste Quelle der Bevölkerung für die Einschätzung der Situation von Umwelt und Klima (Brüggemann et al. 2018). Die Informiertheit der Bevölkerung über Umwelt- und Klimaprobleme korreliert deutlich mit der Mediennutzung, und die Besorgnis über den Zustand der Umwelt hängt wiederum deutlich mit der Informiertheit zusammen (Schulz 2003).

Wie es das Klima schließlich auf die politische Agenda schaffte

Die Medialisierung des Klimawandels

Was mediale Aufmerksamkeit erregt und wie man sie steuert, ist inzwischen gut erforscht (vgl. etwa Eilders 1997). Aufmerksamkeit ist knapp und volatil. Aufmerksamkeit ist daher immer selektiv, sie orientiert sich an bestimmten aufdringlichen Reizen, an auffälligen Ereignismerkmalen, reagiert auf einige wenige, vernachlässigt andere. Medialisierung eines Themas ist ein wirksames Rezept, um einem Anliegen, einem Problem öffentliche Aufmerksamkeit zu verschaffen. Das heißt vor allem, die Ereignisse, die ein Thema konstituieren, mediengerecht zu machen, ihre Ingredienzien der Medienlogik anzupassen (Schulz 2004). Denn ein Ereignis drängt sich den Medien nicht von selbst auf, wenn es „aktuell" ist. Darüber, was „aktuell" und berichtenswert ist, entscheiden die Gatekeeper der öffentlichen Kommunikation. Traditionell sind das die Reporter und Redakteure in den herkömmlichen Massenmedien. Inzwischen übernehmen das zunehmend auch Informationsintermediäre mit ihren Algorithmen, das sind soziale Medien wie z.B. Facebook und Suchmaschinen wie Google.

Was für die Gatekeeper in den Medien Nachrichtenwert hat, was sie in ihren jeweiligen Kanälen publizieren, wie oft und wie auffällig sie es herausstellen und auch, wie stark es von den Nutzern beachtet und weiterverbreitet wird, hängt von einigen wenigen Ereignismerkmalen ab. Um beachtet zu werden, brauchen Ereignisse eine dramatische Auffälligkeit, brauchen Dynamik, Intensität und Kontinuität (neben einigen anderen Faktoren, die hier aber nicht vollständig berücksichtigt werden, vgl. dazu Schulz 2011). So kann beispielsweise ein Terroranschlag mit vielen Opfern zunächst kurzfristig breite Berichterstattung auslösen. Aber erst eine Serie von Anschlägen machen die Ereignisse dann zum Thema Terror bzw. zum Thema Sicherheit. Ähnlich wird eine längere, anschwellende Migrationsbewegung zum Thema Flüchtlingswelle. Wenn auf der anderen Seite die Dynamik von Ereignissen zu schwach, zu wenig überschaubar ist, ist die Chance der Thematisierung gering. Klimatische Veränderungen und Folgen, die sich mit nur geringen Amplituden über viele Jahrzehnte und Jahrhunderte hinziehen, haben nicht die für die mediale Aufmerksamkeit passende Dynamik. Die Voraussetzungen für die Thematisierung des Klimas waren gering. Auch bedeutende internationale Klimakonferenzen und umweltpolitische Beschlüsse hatten in der Vergangenheit, wenn überhaupt, nur einen sehr geringen Einfluss auf die Medienbeachtung von Umweltfragen (vgl. oben Abb. 1 wie auch die statistischen Analysen von Schäfer et al. 2014).

Eine weitere wichtige Ingredienz ist die Wertigkeit von Ereignissen. Wertigkeit – also, was gut oder schlecht ist, positiv oder negativ – wird gesellschaftlich definiert und hat oft emotionale Reaktionen als Grundlage. Meist ist es damit getan, auf Fehlverhalten, Normverletzungen, Fehlentwicklungen, soziale Bedrohungen hinzuweisen und diese zu kritisieren. Das geschieht außer im sozialen Umgang auch in der medialen Kommunikation. Daher hat in der medialen Kommunikation Negativismus einen besonders hohen Nachrichtenwert, werden Unglücke und Verbrechen, Konflikte und Kontroversen besonders stark beachtet. Ein weiteres wichtiges Nachrichtenwert-Kriterium wird meist als Personalisierung bezeichnet. Personalisierte Ereignisse sind dadurch gekennzeichnet, dass Personen im Mittelpunkt des Geschehens stehen, dass sich das Geschehen am Handeln oder Schicksal von Personen manifestiert. Allerdings ist das oft auch nur eine Frage des Blickwinkels, den die mediale Berichterstattung wählt. Personalisierung ist daher nicht immer ein genuines Ereignismerkmal, sondern auch ein Darstellungsmerkmal.

Die Aktionen Greta Thunbergs hatten mehrere Ingredienzien, die ihnen Nachrichtenwert verliehen: Negativismus, wie jede Protestaktion, zusätzlich verstärkt durch die Normverletzung des Schuleschwänzens. Zweitens Kontinuität durch die hartnäckige Ausdauer, mit der Greta ihren Protest zelebrierte, und weiterhin befeuert durch medienwirksame Aktionen wie die Atlantiküberquerung und diverse Auftritte bei internationalen Konferenzen und Demonstrationen weltweit, auch durch verschiedene Auszeichnungen und Ehrungen. Das sorgte dafür, dass die Medienaufmerksamkeit über lange Zeit erhalten blieb. Schließlich war es die Personalisierung in Gestalt der Greta Thunberg, die das relativ abstrakte Thema Klimawandel medientauglich machte. Dafür sorgte nicht zuletzt auch ein Symbolbild, das die Themenkarriere von Anfang an begleitete und beförderte. Das Bild der besorgt dreinblickenden Greta mit immer dem gleichen Transparent bewegte Millionen von Jugendlichen weltweit zum Engagement für den Klimaschutz.

Greta Thunberg setzte mit ihrem freitäglichen Schulstreik und weiteren Aktionen einen Prozess in Gang, in dem die Medienaufmerksamkeit eine der treibenden Kräfte war, einen Prozess des Agenda-Settings. Er beförderte schließlich das Klima-Thema an die Spitze der Publikumsagenda. Aber Greta war nur der Auslöser für diesen Vorgang, war das Vorbild, das personalisierte Symbol für eine mächtige Protestwelle mit dem Motto „Fridays for Future", die ab Jahresbeginn 2019 für zunehmend stärkere Medienpräsenz des Klima-Themas sorgte, wie beispielhaft die Berichterstattung der Süddeutschen Zeitung zeigt (vgl. Abb. 2).[1]

Abbildung 2: Häufigkeit von Artikeln in der Süddeutschen Zeitung mit Bezug auf „Klima", verglichen mit Nennungen zu Umwelt/Energiewende in Bevölkerungsumfragen

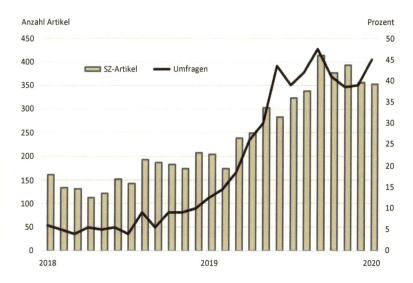

Quelle: Forschungsgruppe Wahlen: Politbarometer. Für Monate mit mehr als einer Umfrage ist hier jeweils ein Durchschnittswert der Ergebnisse pro Monat ausgewiesen.

[1] Dass es einen deutlichen Zusammenhang zwischen den beiden Datenreihen gibt, die Abbildung 2 zeigt, lässt sich auch quantitativ belegen. Sie korrelieren sehr hoch mit einem Wert von r = 0,95. Damit ist allerdings die kausale Richtung des Zusammenhangs noch nicht geklärt (obwohl es plausibler ist, anzunehmen, dass die Publikumsagenda der Medienagenda folgte als umgekehrt). Um die kausale Richtung statistisch abzusichern, bräuchte es Zeitreihenanalysen mit längeren Datenreihen und auch ein breiteres Mediensample. Immerhin ist der starke Zusammenhang zwischen Publikumsagenda und Medienagenda beachtlich, obwohl letztere nur durch ein einziges Organ repräsentiert ist. Vermutlich gab es eine große Konsonanz der Berichterstattung im Mediensystem.

Diese Aktionen der Schülerinnen und Schüler, denen sich schließlich auch andere Gruppen anschlossen, hatte ähnliche Nachrichtenwert-Ingredienzien wie Gretas Aktionen, vor allem Negativismus in Form von Protest, auch Kontinuität durch die für Medien gut kalkulierbare freitägliche Periodizität, und schließlich auch Personalisierung durch den permanenten Bezug auf Greta Thunberg, flankiert dadurch, dass im Lauf der Zeit weitere Protestakteure eine gewisse Medienprominenz (und TV-Talkshow-Präsenz) erlangten, so etwa Luisa Neubauer. Für den Erfolg der „Fridays for Future"-Bewegung war neben der durch Nachrichtenwert stimulierten Aufmerksamkeit der herkömmlichen Massenmedien auch ausschlaggebend, dass soziale Medien wie Whatsapp und Facebook „connective action" ermöglichen (Bennett/Segerberg 2012). Sie sind bestens geeignet, um Protestaktionen zu organisieren und schnell eine hohe Teilnehmerzahl zu aktivieren. Über soziale Medien vernetzten sich AktivistInnen und TeilnehmerInnen der „Fridays for Future"- Bewegung, tauschten Argumente, Appelle und Verabredungen aus. Auf diese Weise erreichten die Demonstrationen teilweise eine Massivität und Kontinuität, die nicht nur den Nachrichtenwert der Aktionen erheblich steigerte. Sie trugen auch entscheidend zu einer weiteren Politisierung und Mobilisierung von Jugendlichen bei, die sich früher für die institutionalisierte Politik und die Politikberichterstattung eher wenig interessierten. Es hat sogar den Anschein, dass Mädchen dank „Fridays for Future" zu den Vorreiterinnen im politischen Engagement geworden sind, wie die Shell-Jugendstudie diagnostiziert (Albert et al. 2019).

Die Problematisierung des Klimawandels

Wenn ein Thema starke mediale Beachtung hat, ist das eine Voraussetzung dafür, dass es nicht nur von der Bevölkerung wahrgenommen wird, sondern auch von politischen Entscheidungsträgern (Sevenans 2018). Auch politische Entscheidungsträger nutzen, wie politisch interessierte Bürger, die Medien als wichtige Quellen der aktuellen Information. Politiker setzen sich sogar einer besonders hohen „Mediendosis" aus (Kepplinger 2007). Sie nutzen regelmäßig weitverbreitete Medien, lesen die Zeitungen in ihrem Wahlkreis und beachten Onlinemedien wie Facebook und Twitter. Sie nutzen diese Quellen nicht nur, um sich über das aktuelle Geschehen zu informieren und um zu erfahren, wie sie selbst und ihre

Partei bzw. das politische Amt, in dem sie tätig sind, in den Medien ankommen. Sie interessieren sich auch dafür, welche Informationen ihre Wähler erhalten und welche Themen und Probleme die Bevölkerung besonders bewegen. Die Medien-Agenda ist das Surrogat der öffentlichen Meinung (Rössler 2015). Wichtige Anhaltspunkte bieten darüber hinaus neben Eindrücken aus ihrem sozialen Umfeld und parteiinternen Quellen auch die veröffentlichten Ergebnisse von Meinungsumfragen. Auf diese Weise gibt es einen kontinuierlichen, aktuellen Informationsfluss von den Medien zu Abgeordneten und Regierungsmitgliedern. Und das ist eine Voraussetzung dafür, dass die mediale Agenda Resonanz im politischen System findet.

Der Informationsfluss vom Mediensystem zum politischen System hat aber nicht notwendigerweise politische Responsivität zur Folge, führt also nicht unbedingt zu politischem Handeln in Reaktion auf die öffentliche Meinung. Eine wichtige Zusatzbedingung ist das, was gemeinhin als Problemdruck bezeichnet wird. Problemdruck, der politisches Handeln herausfordert, manifestiert sich üblicherweise in sozialen oder ökonomischen Indikatoren wie z.B. steigender Arbeitslosigkeit, zunehmender Migration, Kostensteigerungen in bestimmten Wirtschaftssektoren, Wohnungsknappheit, höheren Rentnerzahlen und Pflegebedarfen. Meist sind davon einzelne Bevölkerungsgruppen betroffen, deren Interessen von Parteien, Gewerkschaften, Verbänden vertreten werden. Diese artikulieren den Problemdruck der partikularen Interessen und tragen ihn durch Lobbying in die Parlamente und an die Regierungen heran. Die Interessenvertretung für Umweltprobleme, als die sich die Partei der Grünen versteht, wird offensichtlich vor allem von Jugendlichen als nicht wirksam genug wahrgenommen. Dies erklärt u.a. den großen Zuspruch der „Fridays for Future"-Bewegung, die sich explizit als Interessenvertretung der jüngeren und zukünftigen Generationen versteht.

Zudem mangelt es an auffälligen sozialen oder ökonomischen Indikatoren, die den Problemdruck des Klimawandels sichtbar machen. Zwar gibt es zahlreiche Versuche, die Folgen des Klimawandels in Form einer Kostenrechnung zu verdeutlichen (am bekanntesten ist der Stern-Report 2006 des ehemaligen Weltbank-Chefökonomen Nicholas Stern). Sie quantifizieren die zukünftigen Kosten des Klimawandels, die vor allem spätere Generationen zu tragen haben. Doch die ökonomischen Berechnungen haben einen gravierenden Nachteil. Sie sind mehr oder weniger abstrakt und bewirken wenig gegen die verbreitete Prokrastination der gegenwärtigen Generation, also das Aufschieben effektiver Maßnahmen und damit die Belastung zukünftiger Generationen.

Unter derartigen Voraussetzungen gibt es zwei gängige politische Strategien, um Problemdruck aufzubauen, und zwar Protestaktionen und thematisches Framing. Beides ist an der Karriere des Themas Klimawandel beispielhaft zu erkennen. Protestaktionen, ziviler Ungehorsam, die Verletzung sozialer, moralischer und rechtlicher Normen haben einen hohen Nachrichtenwert und führen mit großer Prognostizierbarkeit zu Medienaufmerksamkeit, die sich zudem steigert mit der Zahl der normverletzenden Aktivisten und der permanenten Wiederholung ihrer Aktionen. Die in dieser Weise angelegten Protestaktionen der „Fridays for Future"-Bewegung und einiger anderer Gruppierungen – wie etwa „Extinction Rebellion" und „Ende Gelände" – verhalfen so dem Thema Klimawandel im Lauf des Jahres 2019 zu großer Medienaufmerksamkeit und zur Problemwahrnehmung durch die Bevölkerung.

Einen wichtigen Beitrag dazu leistete nicht zuletzt das thematische Framing des Klimawandels. Frames interpretieren Ereignisse, Situationen oder Entwicklungen in moralisch oder ideologisch wertender Färbung, definieren Ursachen, Folgen und Verantwortlichkeiten. Das kann allein durch die Art der Darstellung oder Wortwahl für einen Sachverhalt oder ein Problem geschehen. So verdeutlichte schon das Bild der besorgt dreinblickenden Greta von Anfang an, dass die Situation des Klimas bedrückend und alarmierend ist. Wesentlich für den Erfolg der „Fridays for Future"-Bewegung war die Verknüpfung des Klimaproblems mit der Frage der Generationengerechtigkeit. Diese Strategie hatte bereits Greta Thunberg vorgegeben, und das trug entscheidend dazu bei, dass sich ab Herbst 2018 weltweit vor allem Jugendliche an Klimaprotesten beteiligten.

Framing ist auch erkennbar an den verschiedenen Bemühungen, die Verbalisierung klimatischer Veränderungen zu kontrollieren. So ist die Bezeichnung Klimawandel eigentlich eine euphemistische Bezeichnung für das Phänomen. Ein Berater der US-amerikanischen Regierung unter George W. Bush empfahl 2003 in einem Memo mit dem Titel „Winning the Global Warming Debate" den Ausdruck „global warming" durch die Bezeichnung „climate change" zu ersetzen, weil dieser weniger furchterregend sei (Lakoff 2010). Inzwischen gibt es verschiedene Bemühungen, den wenig dramatisch klingenden Begriff Klimawandel durch eindeutig negativ konnotierte Termini wie Klimakrise, Klimakatastrophe,

Klimanotstand zu ersetzen. Der Terminus Klimakatastrophe taucht in der Presse zum ersten Mal im November 2018 auf. Den Klimanotstand rief als erste die Stadt Konstanz im Mai 2019 aus. Dem haben sich zahlreiche Kommunen und Parlamente weltweit – inzwischen auch das Europäische Parlament – angeschlossen.

Ein Blick ins Ungewisse

Durch die Thematisierung des Klimawandels wurden die politischen Entscheidungsträger zum Handeln gezwungen. Als eine sichtbare politische Folge verabschiedeten Regierung und Bundestag 2019 eine Reihe von Maßnahmen, landläufig als Klimapaket und Kohlekompromiss bezeichnet. Beide Entscheidungen wurden in der Öffentlichkeit heftig kritisiert, teils, weil sie zu weit, teils, weil sie nicht weit genug oder in eine vermeintlich falsche Richtung gehen würden. Die Thematisierung des Klimawandels beförderte nicht nur politische Beschlüsse, sie trug auch dazu bei, dass sich die Kräfteverhältnisse im politischen System veränderten. Erklären lässt sich das als ein Priming-Effekt, der die Bewertung von Parteien und Politikern betraf. Ein Priming-Effekt in der Politik kann dann eintreten, wenn sich die Beachtung und Relevanz politischer Themen verändert. Dann verändern sich zugleich die Kriterien, die von der Bevölkerung zur Beurteilung von Parteien und Politikern herangezogen werden.

Die große Bedeutung, die das Klima-Thema im Bewusstsein der Bevölkerung im Lauf des Jahres 2019 bekam, erklärt – wenigstens zum Teil – die Erfolge der Partei der Grünen bei einigen Wahlen des Jahres 2019 und den Popularitätsgewinn ihrer Spitzenpolitiker, wie er sich in Bevölkerungsumfragen abbildet. In den Langzeitmessungen des Politbarometers erzielten die Grünen 2019 die besten Bewertungen seit 1998, und ihr Co-Vorsitzender Robert Habeck rangierte in der Popularitätsrangfolge nur knapp hinter der Spitzenreiterin Angela Merkel. Bei der Europawahl 2019 waren die Grünen in der Altersgruppe der unter 30-Jährigen mit 33 Prozent die mit Abstand stärkste Partei, während auf die Unionsparteien und die SPD nicht mehr als 13 bzw. 10 Prozent entfielen. Der Kommentar der Berliner taz dazu lautete: „Für die ehemaligen Volksparteien sind die Zahlen ein fürchterliches Omen, nämlich Todesboten. Für die Grünen sind sie ein Zukunftsversprechen."

Dass die Thematisierung des Klimawandels langfristig zu so dramatischen Veränderungen des Parteiensystems führen wird, ist eine kühne These. Die Gesetze, die über die Zuweisung öffentlicher Aufmerksamkeit entscheiden, sprechen nicht unbedingt dafür. Aufgrund der Knappheit und Volatilität öffentlicher Aufmerksamkeit ist eher zu erwarten, dass die Klima-Thematisierung nicht von Dauer sein wird. Veränderungen der Ereignislage – wie z.B. eine deutliche Rezession, eine massiv steigende Arbeitslosigkeit, dramatische Migrationsbewegungen, Terroranschläge in Deutschland, internationale Krisen und Konflikte – könnten die öffentliche Aufmerksamkeit stark binden und das Klimathema von der Agenda verdrängen. Es ist ferner möglich, dass die „Fridays for Future"-Bewegung an Durchhaltevermögen einbüßt, so „dass sich die bisherige Flughöhe allmählich verringern wird", wie der Bewegungsforscher Dieter Rucht (2019) annimmt. Denkbar ist aber auch, dass die Bewegung zu einer dauerhaften Politisierung der jüngeren Generation und zu einem Anstieg der Wahlbeteiligung der Generation unter 30 beiträgt.

Viel hängt außer von der Ereignislage auch davon ab, ob es über einen kurzfristigen Greta-Effekt hinaus zu längerfristigen Veränderungen sozialer Normen, Einstellungen und Verhaltensweisen kommt. Das wäre etwa dann der Fall, wenn sich ein Konsens darüber entwickelt, dass der Verbrauch fossiler Energie besonders unter dem Aspekt der Generationengerechtigkeit unmoralisch und unethisch ist. Derart weitreichende normative Umorientierungen sind jedoch allenfalls langfristig zu erwarten. Dagegen könnten Umorientierungen im Weltfinanzsystem weit schneller weitreichende Auswirkungen auf den Klimawandel haben. Otto et al. (2020) diskutieren – in Analogie zum Ökosystem – „Kipppunkte" des sozialen Wandels, ab denen Veränderungen eintreten, die unumkehrbar sind. Wenn weltweit Finanzinvestoren ihre Kapitalanlagen aus Wirtschaftsbereichen mit hohem Verbrauch an fossiler Energie abziehen, würde das deren Niedergang herbeiführen und umweltfreundliches Wirtschaften befördern.

Auf der anderen Seite ist aber nicht zu übersehen, dass es mächtige Gegenkräfte gibt, die einen anthropogenen Treibhauseffekt leugnen und die Sinnhaftigkeit von Klimaschutzmaßnahmen bestreiten. Zu den Klimawandel-Skeptikern gehören mächtige Lobbygruppen, einflussreiche Wirtschaftsvertreter und vor allem Parteien und Politiker im rechten politischen Spektrum. Sie bemühen sich um eine Diskreditierung der Klimaschützer, um Einfluss auf Inhalte in den Medien und auf das Framing des

Klima-Themas. Ein sichtbares Zeichen ist die Lancierung des Frames „Klimahysterie". Den diffamierenden Begriff, den Sprachwissenschaftler der Technischen Universität Darmstadt im Januar 2020 zum „Unwort des Jahres" kürten, verwendete bereits 2004 der spätere AfD-Funktionär Konrad Adam in einem Zeitungsbeitrag in der Welt. Wenn Maßnahmen zur Begrenzung des Klimawandels stärker greifen, könnten die Klimawandel-Skeptiker deutlich an Boden gewinnen. Denn erst dann wird großen Teilen der Bevölkerung bewusst werden, dass die Maßnahmen mit Änderungen des Lebensstils verbunden sind, die viele nicht zu akzeptieren bereit sind.

Postskriptum im August 2020

Diesen Beitrag habe ich im Februar 2020 abgeschlossen und am 22. Februar mit der Bemerkung abgeschickt: „Ich hoffe, dass bis zum Erscheinen keine so dramatischen Entwicklungen eintreten, dass meine Interpretationen überholt sind." Die Befürchtung war nicht unberechtigt, wie die Ereignisse ab März zeigen (wenn auch meine Interpretationen ihre Gültigkeit behielten). Tatsächlich bringen die darauffolgenden Wochen einen dramatischen Beleg für die im Beitrag erwähnte „Knappheit und Volatilität öffentlicher Aufmerksamkeit". Innerhalb kürzester Zeit wird das Klima-Thema aus den Medien und den Vorstellungen der Bevölkerung verdrängt. Pandemie-Ereignisse mit ihrer dramatischen Auffälligkeit, Dynamik, Intensität und Kontinuität und ihrem starken Negativismus absorbieren die öffentliche Aufmerksamkeit. Ihre Folgen vor allem im Gesundheitssystem entfalten unmittelbar sichtbaren Problemdruck und verlangen entschiedenes Handeln der Exekutive. Manch politischer Protagonist setzt sich geschickt in Szene und profitiert vom Phänomen des Primings. Demonstrationen der „Fridays for Future"-Bewegung aber sind eingestellt, Greta Thunberg ist nun unsichtbar. Der Aspekt der Generationengerechtigkeit, der die Klima-Aktivisten bewegt, erhält nun eine ganz andere Bedeutung, wird gleichsam umgepolt. Nun sind es Angehörige der älteren Generation, für die das aktuelle Geschehen besonders bedrohlich ist. In den Umfragen büßt das Umweltthema schnell seinen vorrangigen Platz ein. Mitte Januar nannten es noch 47 Prozent der Bundesbürger als „wichtiges Problem in Deutschland", Ende März nur noch neun Prozent. Während das Umweltthema aus dem Blickfeld schwindet, nehmen Ursachen und Folgen des Klimawandels dramatische Formen an. Durch fortschreitende Abholzung verliert der Amazonas-Regenwald weiter große Teile seiner Fläche. In Kalifornien wüten die schlimmsten Brände der Geschichte. In Nordsibirien steigen die Tagestemperaturen wochenlang über 30 Grad; viele Brände setzen Unmengen Kohlendioxyd und Methan frei. All das ist zwar punktuell Gegenstand der medialen Beobachtung, trägt aber in der Politik kaum zum Problemdruck bei. Zu dominant ist das Pandemie-Thema. Der Zusammenhang zwischen Umweltzerstörung, Klimawandel und Pandemie wird zwar vereinzelt beschrieben – so etwa in Verlautbarungen der Vereinten Nationen. Aber dieser Zusammenhang ist zu komplex, um breitere öffentliche Aufmerksamkeit zu erhalten. Noch seltener sind Überlegungen, wie sie der Dachverband evangelischer Friedensinitiativen (AGDF) bereits auf dem Höhepunkt der Pandemie äußerte: „Die Corona-Pandemie ... könnte auch eine Chance sein zur Umkehr hin zu einer nachhaltigen Umwelt-, Wirtschafts- und Friedenspolitik, die ... geprägt ist von einer Ethik, einer Ökonomie und einem Lebensstil des Genug". Noch ist es eher eine Utopie als eine realistische Vision.

Literatur

Albert, M., Hurrelmann, K., Quenzel, G. et al. (2019): Jugend 2019. Eine Generation meldet sich zu Wort. 18. Shell Jugendstudie. Deutsche Shell Holding GmbH. Hamburg.

Bennett, W. L., Segerberg, A. (2012): The logic of connective action. Digital media and the personalization of contentious politics, in: Information, Communication & Society 15, S. 739-768, doi: 10.1080/1369118X.2012.670661

Berger, P. L., Luckmann, T. (1970): Die gesellschaftliche Konstruktion der Wirklichkeit. Eine Theorie der Wissenssoziologie. Frankfurt a.M.: S. Fischer.

Brüggemann, M., Neverla, I., Hoppe, I., Walter, S. (2018): Klimawandel in den Medien, in: von Storch, H., Meinke, I., Claußen, M. (Hg.), Hamburger Klimabericht – Wissen über Klima, Klimawandel und Auswirkungen in Hamburg und Norddeutschland. Berlin, Heidelberg: Springer Spektrum, S. 243-254.

Eilders, C. (1997): Nachrichtenfaktoren und Rezeption. Eine empirische Analyse zur Auswahl und Verarbeitung politischer Information. Opladen: Westdeutscher Verlag.

Kepplinger, H. M. (2007): Politiker als Protagonisten der Medien, in: Zeitschrift für Politik, 54, S. 272-295.

Lakoff, G. (2010): Why it matters how we frame the environment, in: Environmental Communication, 4, S. 70-81, doi: 10.1080/17524030903529749

Luhmann, N. (1970): Öffentliche Meinung, in: Politische Vierteljahresschrift, 11, S. 2-28.

Merten, K. (1977): Nachrichtenrezeption als komplexer Kommunikationsprozeß. Ein Beitrag zur Theorie der Nachricht, in: Publizistik, 22(4), S. 450-463.

Otto, I. M. et al. (2020): Social tipping dynamics for stabilizing Earth's climate by 2050. Proceedings of the National Academy of Sciences of the United States of America, S. (PNAS first published January 21, 2020, online first), doi: 10.1073/pnas.1900577117

Rössler, P. (2015): Thematisierung und Issues Framing, in: Fröhlich, R., Szyszka, P., Bentele, G. (Hg.), Handbuch der Public Relations. Wissenschaftliche Grundlagen und berufliches Handeln. Mit Lexikon. 3., überarbeitete und erweiterte Auflage, Wiesbaden: Springer VS, S. 461-478.

Rucht, D. (2019): Faszinosum Fridays for Future, in: Aus Politik und Zeitgeschichte 47-48, https://www.bpb.de/apuz/300410/faszinosum-fridays-for-future

Schäfer, M. S., Ivanova, A., Schmidt, A. (2014): What drives media attention for climate change? Explaining issue attention in Australian, German and Indian printmedia from 1996 to 2010, in: International Communication Gazette, 76, S. 152-176, doi: 0.1177/1748048513504169

Schulz, W. (2003): Umweltbewußtsein durch Mediennutzung. Eine Analyse von Medieneinflüssen und Umweltverhalten, in: Adam, A., Kohout, F., Merk, P. K., Schönherr-Mann, H.-M. (Hg.), Perspektiven der Politischen Ökologie. Festschrift für Peter Cornelius Mayer-Tasch zum 65. Geburtstag. Würzburg: Königshausen & Neumann, S. 249-269.

Schulz, W. (2004): Reconstructing mediatization as an analytical concept, in: European Journal of Communication, 19, S. 87-101, doi: 10.1177/0267323 104040696

Schulz, W. (2011): Politische Kommunikation. Theoretische Ansätze und Ergebnisse empirischer Forschung. 3., überarbeitete Auflage, Wiesbaden: VS Verlag für Sozialwissenschaften.

Sevenans, J. (2018): How mass media attract political elites' attention, in: European Journal of Political Research, 57, S. 153-170, doi: 10.1111/1475-6765. 12220

Thomas, W. I., Thomas, D. S. (1928): The child in America. Behavior problems and programs. New York: Knopf.

Zum Potenzial junger sozioökologischer Bewegungen

Severin Böhmer

1. Demokratie als Verteilungsgerechtigkeit

2019 war das Jahr der großen Klimaproteste und Umweltbewegungen. Meist junge Menschen demonstrierten weltweit, hauptsächlich in westlichen Industriestaaten, für eine gerechtere und nachhaltigere Klimapolitik. Seit Jahrzehnten steht die Klimaproblematik auf der Agenda der großen politischen Kräfte, insbesondere in Deutschland. „Grüne" Politik ist nicht mehr wegzudenken. Selbst die konservativen Parteien, die den Ideen der Grünen lange Zeit äußerst skeptisch gegenüberstanden, besitzen eigene Agenden zum Thema Nachhaltigkeit. Man denke hier nur an Angela Merkels Zeit als „*Klimakanzlerin*".

Die Häufigkeit und Intensität der aktuellen Demonstrationsbewegungen und die Forderungen der DemonstrantInnen zeigen trotz der bisherigen Entwicklung, eine stark gesteigerte Nachfrage gerade junger Bevölkerungsgruppen an klimapolitischen Maßnahmen, die noch weit über das Erreichte und das von der Politik Geplante hinausgehen. In der Vergangenheit war eine solche Zunahme an Interesse an diesem Politikfeld häufig auf wenige Forderungen begrenzt, zumeist durch ein spezielles Ereignis initiiert worden und eher von kurzer Dauer. Als Beispiel sei hier der Ausstieg aus der Kernenergie zu nennen, ausgelöst durch die Katastrophe in Fukushima. Bestehende und neu gegründete Umweltverbände versuchten darüber hinaus auf ein ökologischeres politisches Handeln hinzuwirken. Die große Begeisterung der Bevölkerung ließ allerdings nach, sobald das singuläre Ziel erfüllt war

Im Gegensatz zu den hauptsächlich von Erwachsenen getragenen Protesten nach der Einzelkatastrophe Fukushima wurden die Klima-Demonstrationen 2018/2019 überwiegend von einem jüngeren Publikum besucht und gewannen ihr Moment aus wachsenden Zweifeln an der Erreichbarkeit der im *Pariser Übereinkommen* von 2015 festgelegten Ziele mit den bereits ergriffenen oder geplanten Maßnahmen der Politik.

Hierdurch haben sich die neuen/jungen Bewegungen eine längere „Halbwertszeit" gegeben, denn ihre Aufgabe ist es nun, den gesamten Prozess bis hin zum Erreichen der Ziele kritisch zu begleiten.

Hierfür ziehen nun bspw. SchülerInnen jeden Freitag unter dem Motto *Fridays For Future* (*FFF*) durch die Straßen und streiken, inzwischen unterstützt durch einen breiten Verbund an WissenschaftlerInnen (Scientists For Future), für mehr *Klimagerechtigkeit*, *Umweltgerechtigkeit* und *ökologische Gerechtigkeit*.

Gerechtigkeit erscheint als politischer Kampfbegriff häufig auf der Bühne der Öffentlichkeit. Nicht nur im Bereich der Umweltpolitik spielt dieser Begriff eine entscheidende Rolle, sondern auch sozialpolitische Maßnahmen werden streng auf ihre Kompatibilität mit einer wie auch immer gearteten Idee von Gerechtigkeit geprüft und ausgerichtet. Hieran zeigt sich das Problem der Gerechtigkeit als Kampfbegriff. Sie ist als Idee zu groß und vielfältig, sodass sie kaum zu fassen ist und es somit schwerfällt, Menschen hinter einem derart amorphen Begriff zu einer solidarischen Einheit zu versammeln. Sie bietet, was jede gute Ideologie braucht, nämlich eine Leerstelle, die jede/r mit seinem/ihrem eigenen, persönlichen Verständnis dessen füllen kann, *für* was gerade gekämpft und gestritten wird. Am Beispiel der *FFF*-Proteste, deren TeilnehmerInnen bunt die oben genannten Gerechtigkeitsbegriffe durcheinandermischen, lässt sich dieses Phänomen gut beobachten. Sie demonstrieren unter anderem *für* eine lebenswerte Zukunft, *für* Tierwohl und *für* Menschen aus Entwicklungsländern. Kurzum stehen sie *für* Gerechtigkeit gegenüber allem auf irgendeine Art und Weise durch klima- und umweltschädigende Maßnahmen ebenfalls Geschädigten, auch wenn sich die einzelnen normativen Ideen von Gerechtigkeit gegenseitig widersprechen können, solange sie sich nur unter einen gemeinsamen Oberbegriff – nennen wir ihn „Grün" – einordnen lassen.

Das „für" ist hier ein entscheidender Aspekt, denn niemand steht „gegen" Gerechtigkeit. Eine Bewegung, die in der Öffentlichkeit glaubhaft macht, für Gerechtigkeit zu kämpfen, kann ihrerseits wiederum öffentlich nur bekämpft werden, indem der politische Gegner seinerseits die Idee der Gerechtigkeit ins Feld führt. Er benötigt einen Gerechtigkeitsbegriff, der, möchte man ihn gegen den bestehenden der Bewegung aufwiegen, als mindestens gleich-, im besten Falle höherwertig wahrgenommen wird. Der gegen die Gerechtigkeitsvorstellungen der Klima-, Umwelt- und Ökologiebewegungen in Stellung gebrachte Begriff ist regelmäßig der der sozialen Gerechtigkeit. Zunächst scheinen die Vorstellungen einer ökologischen Gerechtigkeit – also Gerechtigkeit gegenüber der Natur – und einer sozialen Gerechtigkeit – also Gerechtigkeit innerhalb der menschlichen Gesellschaft – nahezu disjunkte Mengen zu sein, die nicht gleichzeitig in vollem Ausmaß existieren können.

Möchte man die Zerstörung der Natur (etwa durch Verkehr, Braunkohlestromerzeugung, Massentierhaltung) aufhalten und den Klimawandel bekämpfen, so dürfte dies nur auf Kosten des erreichten Lebensstandards möglich sein. Es scheint, als müsse man sich entscheiden: der Mensch oder die Natur.

Diese Frage birgt die Gefahr der völligen Externalisierung der Natur aus dem demokratischen Diskurs. Stephan Lessenich beschreibt in seinem kurzen wie lesenswerten Buch *„Grenzen der Demokratie"* das liberal demokratische System industrie-kapitalistischer Demokratien als eine sich durch Berechtigungsräume und Schließungssysteme auszeichnende Gesellschaftsform (Lessenich 2019). Diese Schließungen finden entlang verschiedenster Achsen statt. Entlang der *vertikalen Achse* kämpfen Besitzende und Nicht-Besitzende um Berechtigungsräume politischer Teilhabe, entlang der *horizontalen Achse* ziehen die Nicht-Besitzenden dem Konkurrenzkampf geschuldet weitere Grenzen zwischen sozialen Gruppen (bspw. zwischen Mann und Frau). Entlang der *transversalen Achse* entfacht sich der Kampf Innen gegen Außen, also anhand nationaler Grenzen, und entlang der *externalen Achse* entstehen Konflikte aus der Trennung von sozialer Welt und Natur (ebd.). Lessenich folgert, dass die Natur durch eine industriell-kapitalistische Demokratie notwendigerweise ausgebeutet und zunichtegemacht wird, da jede/r in einer solch geordneten Demokratie Macht über die Natur ausüben kann und dies auch tut. Dies liegt am sogenannten *„demokratisch-kapitalistischen Doppelarrangement"* (Lessenich 2019, 75). Dieses besteht darin, dass Menschen in sozialen Gefügen auf der einen Seite Berechtigung auf der anderen Seite Entrechtung erfahren. Nimmt der Mensch sich nun gewaltsam etwas aus der Natur oder schadet er ihr, bspw. durch den hohen CO_2-Verbrauch bei Flugreisen, handelt es sich hierbei um kurzzeitige Ermächtigungen des oder der Einzelnen. An der Natur kann sich jede/r bedienen, ohne sie hierfür entschädigen zu müssen. In der bekannten Metapher des *„Nach oben*

Buckelnden und nach unten Tretenden" steht niemals ein Mensch ganz unten; ganz unten steht die Natur.

Der Mensch wird sich also bei der Entscheidung zwischen Mensch und Natur für den Menschen entscheiden. Allein schon, um nicht der Natur das Eindringen in den eigenen Berechtigungsraum zu ermöglichen und damit einen potenziellen Machtverlust in Kauf zu nehmen. Daher ist die soziale Frage eine derart wirksame Gegenstrategie gegen konsequenten Klima-, Umwelt- und Naturschutz.

Dies bedeutet freilich nicht, dass soziale Gerechtigkeit zugunsten des Klimaschutzes aus der öffentlichen Debatte entfernt werden sollte. Da der Klimawandel keine variable politische Größe darstellen kann, die letztendlich diskutabel bleibt, sondern ein Faktum ist, das die Existenz der Lebenswelt der Menschen bedroht, ist seine Bekämpfung eigentlich apolitisch. Sie gehört, um es mit Hannah Arendt zu sagen, ins „*Reich der Notwendigkeit*" (Arendt 2015). Über die Frage, wie dies am effektivsten geschieht, kann selbstverständlich auf politischer Bühne gerungen werden. Nur würde die Anerkennung der Bekämpfung des Klimawandels notwendig auch die völlige Aussparung der sozialen Frage bedeuten. Dies darf und kann aber auch nicht passieren, denn erstens kann die Kopplung beider Begriffe, der sozialen und der ökologischen Gerechtigkeit – so dialektisch sie auch sein mögen – nicht vermieden werden und zweitens ist Klimaschutz in sozialer Verantwortung durchaus möglich. Das Erste ist daran zu erkennen, dass der Klimawandel längst selbst zu einer sozialen Frage geworden ist. Entwicklungsländer bspw. fürchten einerseits um ihre Existenz und können andererseits ökonomisch wie sozial direkt von effektivem und konsequentem Klimaschutz profitieren. Das Zweite können wir auch an Investitionen in Entwicklungsländern beobachten, etwa beim Ausbau erneuerbarer Energien. Entwicklungsminister Gerd Müller schrieb hierzu in einem Gastbeitrag im Magazin Focus, Afrika hätte das Potenzial, nicht nur aufgrund natürlicher Vorteile, wie etwa großer Freiflächen und hoher Sonneneinstrahlung, sondern auch durch eine Vielzahl motivierter junger Menschen, in Zukunft die grüne und saubere Energie zu liefern, die Europa so dringend benötigt (Müller 2019).

Global ist es also möglich, in vielen Bereichen einen Ausgleich zwischen sozialer und ökologischer Gerechtigkeit zu schaffen. Auch national können klimapolitische Maßnahmen sozial verträglich implementiert werden. Sozial verträglich bedeutet jedoch, nicht ohne Wohlstandsverlust in einzelnen Bereichen. Der Ausstieg aus der Braunkohle wird lokal

Arbeitsplätze kosten, bspw. in der Lausitz. Das ist offensichtlich. Nur handelt es sich hierbei erstens um eine selektive Wahrnehmung des gesamtgesellschaftlichen Wohlstandsniveaus – der Verlust tausender Arbeitsplätze auf dem Gebiet der erneuerbaren Energien nach Abbau von Subventionen findet keine Berücksichtigung. Zweitens kann die Produktion erneuerbarer Energien im betroffenen geografischen Gebiet ausgebaut werden, um eine zunächst strukturschwache Region mit nachhaltiger und zukunftsfähiger Industrie zu stärken. Diese Argumente finden allerdings nur selten Anklang bei Betroffenen, Interessenverbänden oder Lobby-Gruppen. Eine Angst dabei ist, etwa durch den Verlust der Arbeitsstelle ins soziale Sicherungssystem zurückzufallen und hierdurch, um noch einmal Lessenich zu bemühen, bereits erkämpfte Berechtigungsräume wieder zu verlieren. Diese Angst ist nicht unbegründet. Sie entsteht aus einem seit den 1980er und 90er Jahren existierenden Denkfehler in der Zielsetzung des deutschen Sozialstaates. Dieser zielt darauf ab, den MitbürgerInnen zu helfen, die alleine nicht für ihren Lebensunterhalt sorgen können, und versucht, diesen ein würdiges Leben zu ermöglichen. Dies geschieht aus der moralischen Überzeugung heraus, dass es in einem reichen Land wie etwa Deutschland keine Armut geben dürfe. Diese Überzeugung ist fragwürdig, zumindest als Zielsetzung sozialpolitischer Maßnahmen. Das Ziel des deutschen Sozialstaats war ursprünglich Freiheit, aber nicht irgendeine Freiheit, sondern die, wie Hannah Arendt es formulieren würde, *Freiheit, frei zu sein* (Arendt 2018). Diese Freiheit kann ein Mensch nur unter Seinesgleichen und nur im Bereich des Politischen erleben. Das heißt, Ziel einer jeden Sozialpolitik müsste es sein, die BürgerInnen in die Lage zu versetzen auf der politischen Bühne erscheinen und partizipieren zu können (und das auch zu wollen). Es müsste also eine Verschiebung stattfinden. Von der Sicherung sozialen/privaten Wohlstands durch den Staat, hin zu einer Sicherung bürgerlicher Freiheiten.

Ein Sozialstaat mit einer solchen Zielsetzung verhindert den Verlust der jeweils eigenen Berechtigungsräume auf der Grundlage, dass sich die Schließungssysteme (Lessenich 2019) auflösen müssten.[1]

Dies bedeutet, um gleichzeitig sozial gerecht und ökologisch gerecht zu handeln, bedarf es einer neuen Demokratisierung. Die Zugangsvoraussetzungen zur politischen Bühne müssen neu geschrieben werden, sodass

---

[1] Dies bedeutet nicht zwangsläufig auch eine ökonomische Gleichstellung aller.

sowohl die Natur als Selbstzweck sowie alle BürgerInnen gleichermaßen in der Öffentlichkeit in Erscheinung treten können. Zu dieser neuen Verteilung der Zugänge zum politischen System können die neuen/jungen Bewegungen auf unseren Straßen einen wertvollen Beitrag leisten.

2. Die Politisierung der Jugend und der Natur

In Demokratien herrscht das Volk (der Demos), indem es sich selbst Gesetze gibt. Nur tun sich gerade Demokratien traditionell und ihrem Wesen nach schwer, klar zu umreißen, wer eigentlich Teil dieses Volkes ist. Einen allgemeingültigen und zeitlich unabhängigen Volksbegriff für Demokratien scheint es nicht zu geben. Wer als BürgerIn einer Demokratie als Staats- oder Lebensform gilt, ist ein ständig und stetig andauernder Aushandlungsprozess.

Um die Erweiterung des Berechtigungsraumes der demokratischen Partizipation wird stetig gerungen. So steht die Absenkung des Wahlalters immer wieder zur Debatte, um die politische Bühne auch für minderjährige MitbürgerInnen zu öffnen.

Hinter alldem, steht die Frage, wer an der Gestaltung der gemeinsamen Welt mitwirken kann/darf und wer davon ausgeschlossen bleibt. Zusätzlich zur demokratischen Wahl gibt es andere Möglichkeiten, politisch in Erscheinung zu treten, bspw. ein Engagement in einer NGO oder eben auf öffentlichen Demonstrationen.

Die AktivistInnen der jungen ökologischen Bewegungen wie *FFF* tun genau das. Sie formierten eine eigene Bewegung mit eigenen politischen Zielen und gingen trotz Rechtsverstoßes und gegen den Widerstand vieler Erwachsener auf die Straße. Die Generation, der über Jahre hinweg vorgeworfen wurde, unpolitisch zu sein, schafft sich mit den Mitteln des zivilen Ungehorsams auf radikale Art und Weise Zugang zum politischen Raum. Dies überraschte etablierte politische Kräfte auf allen Seiten.

Jedoch nahezu alle politischen Parteien waren sich einig, dass die Anliegen der *FFF*-Bewegung sowohl berechtigt, richtig und wichtig sind, als auch die Notwendigkeit besteht, schnellstmöglich Maßnahmen zu ergreifen.

Kritik an den AktivistInnen gab es dennoch genug. Zwei Argumentationsstrategien gegen die junge Initiative stachen dabei im Besonderen heraus: *erstens* die Missachtung der Schulpflicht und *zweitens* die fehlende Lebenserfahrung der DemonstrantInnen und die daraus resultierende eingeschränkte Weitsicht.

Die Kritik an der Missachtung der Schulpflicht entstand nicht zuletzt aus der Hilflosigkeit der Parteien mit einer Bewegung umzugehen, die zunächst gar keine konkreten Forderungen zur Umsetzung ihres generellen Anliegens, des effektiven Klimaschutzes, stellte. Gegenargumente waren nur möglich, indem man den Klimawandel entweder leugnete oder seine Gefahren stark relativierte. Die engagierte Jugend forderte anfänglich nicht mehr, aber auch nicht weniger als die Einhaltung der Klimaziele, die sich die Politik selbst gesteckt hatte, als eine Mahnung an die eigens beschlossenen Ziele und Verpflichtungen. Hiermit stellte der kalkulierte Rechtsbruch, nämlich dem Unterricht fernzubleiben, einen Akt des zivilen Ungehorsams *par excellence* dar. Er war und ist eine moralisch absolut vertretbare Handlung, die dem öffentlichen Wohl dienen soll und gewaltfrei ist. Zudem sind die SchülerInnen bereit, die rechtlichen Konsequenzen, sprich einen Schulverweis, zu akzeptieren. Die widerstandslose Akzeptanz der Bestrafung ist hierbei wichtig, um trotz des Überschreitens der Grenzen des Rechts, die eigene Rechtstreue und somit die Aufrichtigkeit des Vorhabens zu demonstrieren. Aufrichtigkeit in dem Sinne, dass die Grundlage der rechtlich strafbaren Handlung die Gerechtigkeitsgrundsätze sind, auf die sich der Staat selbst gründet (Rawls 2017). Damit stellt der zivile Ungehorsam eine Art Spiegel dar, den BürgerInnen dem Staat selbst vorhalten, um ihn daran zu erinnern, dass er seine Rechte überschreitet. Der französische Philosoph Geoffroy de Lagasnerie stellt in diesem Zusammenhang fest, dass es sich bei der strafbaren Aktion zwar um eine Gesetzesübertretung handeln muss, diese allerdings als „*Mahnung an das Gesetz*" und nicht als „*Anfechtung der Rechtsordnung*" verstanden werden muss (Lagasnerie 2016, 68). Dieses Überprüfen der Legitimität politischer Entscheidungen und der gegebenenfalls rechtswidrige Widerstand gegen dieselben durch die BürgerInnen einer Demokratie ist kein usurpatorisches Handeln einer Minderheit gegenüber der Mehrheitsmeinung, das den sozialen Frieden gefährdet. Es ist, wie Jürgen Habermas richtig anmerkt, „*Ausdruck der Reife der politischen Kultur*" (Habermas 2017, 226). Es ist nicht anzunehmen, dass die Problematik der *ökologischen Gerechtigkeit* heute einen solchen Raum in der öffentlichen Debatte einnehmen würde, wenn nicht das Fernbleiben vom Unterricht symbolisch die Frage aufgeworfen hätte, weshalb Kinder in die Schule gehen und für ihre Zukunft lernen sollen, wenn doch die Erwachsenen die gemeinsame Welt und damit eben diese Zukunft durch bedenkenlose Politik aufs Spiel setzen. Eben deshalb ist es auch das Bestreben der AktivistInnen, jene strukturelle Benachteiligung zu verringern. Neben den Forderungen nach mehr Umwelt-, Klima- und Naturschutz steht daher auch die nach der Absenkung des Wahlalters auf sechzehn Jahre. Das heißt, die derzeitige ökologische Bewegung erhält sowohl durch die Aktionen des zivilen Ungehorsams als auch durch die konkreten Forderungen nach der Erweiterung demokratischer Berechtigungsräume auf Minderjährige Politisierungs- und Demokratisierungscharakter.

Die TeilnehmerInnen der Proteste nehmen für sich in Anspruch, die Gefahren des Klimawandels besser einschätzen zu können als die Erwachsenen. Dies mündet schließlich in den oben erwähnten *zweiten* großen Vorwurf gegen die Bewegung, der freilich mit dem *ersten* eng verknüpft ist. Jugendliche könnten die Situation aufgrund ihrer mangelnden Lebenserfahrung und ihrer nicht abgeschlossenen Ausbildung nicht in ihrer Gesamtheit vollständig einschätzen und sollten die große und komplizierte Aufgabe des Klimaschutzes daher, um es mit FDP-Chef Christian Lindner zu sagen, *„den Profis überlassen"*, sprich, die Fakten den WissenschaftlerInnen, die technische Umsetzung den IngenieurInnen und die Implementierung in Gesetzestexte den PolitikerInnen – ein Argument, dem *FFF* niemals wirklich widersprochen hat. Denn bis zu dem Zeitpunkt, als *FFF Deutschland* tatsächlich gemeinsam mit *Scientists For Future* einen konkreten Plan vorlegte, blieb die Bewegung dogmatisch bei ihrem grundsätzlichen Anliegen, den menschengemachten Klimawandel als Menschheitsbedrohung auf die politische Agenda zu setzen und dort zu halten. Die AktivistInnen weisen selbst darauf hin, dass die Aufgabe, den Klimawandel aufzuhalten, äußerst komplex und unübersichtlich ist und dass auch sie keine Blaupause zur Lösung des Problems besitzen. Das angestrebte Hauptziel der Bewegung ist ein Problembewusstsein zu schaffen und einen konstanten öffentlichen Druck aufrechtzuerhalten. Wer mehr – also konkrete Handlungsoptionen – von den AktivistInnen erwartet hat, musste notwendigerweise enttäuscht werden.

Dennoch haben beide Kritikpunkte einen wahren Kern. So offensichtlich die Dringlichkeit ist, Lösungen für den Klimawandel zu finden, bleibt doch die Frage, ob es wirklich die vordringliche Aufgabe der Jugendlichen sein sollte, diese Problemstellungen im öffentlichen Raum zu diskutieren.

Hierzu lohnt es sich, ideengeschichtlich weit zurück bis in die Antike zu gehen. Es war nun schon des Öfteren vom „In-der-Öffentlichkeit-Erscheinen" oder von Berechtigungsräumen die Rede. Die Griechen im antiken Athen teilten ihre Welt, grob gesagt, in zwei Bereiche ein, den des *oikos* (das Haus) und den der *polis* (die Stadt). Das Leben im *oikos* war geprägt und diktiert von der Beschaffung der Lebensnotwendigkeiten. Erst wenn ein Bürger Athens sich nicht mehr um den Erhalt seines Lebens und des seiner Familie sorgen musste, kurzum, wenn er Sklaven besaß, die diese Aufgabe für ihn erfüllten, konnte er in die *polis* übertreten. Dort war er unter Gleichen und konnte an der Gestaltung des Gemeinwesens mitwirken. Neben der gewissermaßen ökonomischen Komponente mussten noch weitere Zugangsvoraussetzungen erfüllt sein. Ein Athener Bürger konnte nicht weiblich sein, Ausländer, Sklave, Kind oder Greis. Das Kind ist hier das Einzige, das in der Lage ist, sich seinen Zugang zum Bereich des Politischen nach dem Erreichen eines gewissen Alters zu erarbeiten.

Hannah Arendt führt diese Idee der Trennung zwischen *oikos* und *polis*, zwischen dem Bereich des Privaten und dem der Öffentlichkeit, weiter. Das Kind ist bei ihr ebenfalls, wie wir es in unserem heutigen System auch kennen, aus dem öffentlichen Raum exkludiert. Sie begründet dies letztendlich mit der *Natalität*, der Gebürtlichkeit. Die Kinder kommen als Neue in eine alte Welt, die vor ihnen bestand und auch nach ihnen bestehen wird. Durch ihre Rolle als Neuankömmlinge in dieser Welt sind sie dazu befähigt, etwas völlig Neues, nie Dagewesenes zu beginnen. Diese Fähigkeit ist konstitutiv für das Menschsein (Arendt 2015). In ihrem 1958 gehaltenen Vortrag zur Krise der Erziehung in Amerika erklärt Arendt, dass es für die Neuankömmlinge zunächst notwendig ist, außerhalb des Bereichs des Politischen die alte, bereits bestehende Welt und ihre Regeln kennenzulernen. Die Alten, sprich die Eltern der Kinder, sind für die Erziehung derselben verantwortlich. Erst danach treten die Kinder in die Welt der Erwachsenen über und können diese gemeinsame Lebenswelt als Gleiche unter Gleichen mitgestalten (Arendt 1958). In diesem Bereich des Politischen sind die Gleichen allerdings schutzlos, weshalb die Kinder vor ihrem Übertritt dorthin davor geschützt bleiben müssen. Politische Entscheidungen und Debatten dürfen nicht auf dem Rücken von Kindern ausgetragen werden. Arendt kritisiert, dass es ein Fehler sei, bei politischen Maßnahmen, die in der Welt der Erwachsenen nicht bereits überzeugt haben, bei den Kindern in der Schule und in der Erziehung anzufangen (Arendt 1959). Man möchte die Kinder direkt in eine neue Welt anstatt in die alte einführen, nimmt ihnen aber damit die Chance, ihre eigene neue Welt zu erschaffen (Arendt 1958). Ihre Kritik zeigt sich am besten in einem Absatz aus einem Beitrag im Dissent 1959:

> „[…] abolishing the authority of adults, implicitly denies their responsibility for the world into which they have borne their children an refuses the duty of guiding them into it. Have we now come to the point where it is the children who are being asked to change or improve the world?" (Arendt 1959, 50)

Unweigerlich drängen sich hier die jungen AktivistInnen von *FFF* auf. Denn zu den bereits erwähnten Kritikpunkten gesellt sich hier noch ein dritter: die Verantwortung der Erwachsenen für die existierende Welt. Dieser Verantwortung sind die Erwachsenen heute eindeutig nicht nachgekommen.

Diese Verantwortung ist im vorpolitischen Bereich beheimatet. Die Natur als Lebensraum des Menschen zu erhalten, ist Notwendigkeit für das Leben der Menschen auf der Erde. Die Frage des Erhaltens selbst darf daher auch nicht politisiert werden. Die „*Oikologie*" gehört in den Bereich, der durch unsere Lebensnotwendigkeiten diktiert ist. Weiter vorne wurde erwähnt, die Natur müsse politisiert und demokratisiert werden. Dies bedeutet aber gerade, dass eben nicht mehr über das „*Ob*", sondern über das „*Wie*" des Natur-, Umwelt-, und Klimaschutzes gerungen wird. Die jungen sozioökologischen Bewegungen unserer Zeit haben dies bewirkt. Erste Ansätze über das „*Wie*" sind an der Aufmerksamkeit und den steigenden Umsätzen für Unternehmen wie etwa „*Atmosfair*"[2] oder „grünen" Banken erkennbar. Die Entschädigung der Natur für ihre Benutzung und damit auch ihre Eingliederung ins demokratische System rückt hiermit einen Schritt näher.

Die Arbeit, durch die die Jugend in den Bewegungen zum Klimaschutz, aber auch zur Öffnung von Berechtigungsräumen beiträgt, hat einen positiven Demokratisierungseffekt. Dass die Jugend diese Aufgabe übernehmen muss, ist bedauerlich und sollte sich ändern. Es bleibt zu hoffen, dass der Mobilisierungseffekt, den *FFF* unbestreitbar ausübt, ein Mehr

---

[2] Diese Unternehmen bietet die Möglichkeit, Kompensationszahlungen für ökologisch schädliches Verhalten zu leisten.

an Engagement erwachsener Organisationen wie bspw. *Parents For Future* oder *Students For Future* folgen lässt.

3. Vom überforderten Individuum zur neuen Solidarität

Es ist klar geworden, dass die TeilnehmerInnen der Demonstrationen von *FFF* es erreicht haben, die Natur auf die politische Agenda zu heben. Es ist ein wenig verwunderlich, dass viele BürgerInnen von der Relevanz des Themas überrascht scheinen. Die Gefahr eines drohenden Kollapses unseres Ökosystems ist spätestens seit dem Bericht des *Club of Rome* 1972 bekannt. Dieser stellte bereits mit seinem Titel „*The Limits to Growth*" die unangenehme Systemfrage. Durch die Demokratisierungstendenzen von *FFF*, die auf der einen Seite Berechtigungsräume für bisher strukturell benachteiligte Minderheiten und auf der anderen Seite für die Natur selbst schafften, und die Tatsache, dass eine Öffnung der Demokratie nach außen, hin zur Natur, einen Abbau der inneren Schließungssysteme nach sich ziehen muss, um die soziale Frage als Gegenspieler der *ökologischen Gerechtigkeit* auszuschließen, wird die Notwendigkeit einer solchen Systemfrage unterstützt. Als Gegenargument dazu wird neben möglichen technischen Entwicklungen häufig die Freiheit des oder der Einzelnen ins Feld geführt. Das Individuum müsse sich nur freiwillig ökologischer verhalten. Insbesondere sei es dabei wichtig, das eigene Konsumverhalten kritisch zu hinterfragen. Dies ist auch nicht falsch. Dennoch stellt sich die Frage, wie viel Einfluss der oder die Einzelne auf eine Verbesserung des Weltklimas hat, in einer Gesellschaft mit einem Wirtschaftssystem, welches auf ständiges Wachstum ausgerichtet ist. Gerade in einer globalisierten Welt, mit anarchisch organisierten internationalen Beziehungen wirken die BürgerInnen eines Landes häufig hilflos, wenn sie mit ansehen müssen, wie bspw. der Amazonas brennt und nicht einmal die eigene Regierung in der Lage zu sein scheint, substanziell irgendetwas daran zu ändern. Wie soll es dann der oder die Einzelne schaffen? Zudem liegt auf dem Individuum auch die große Last des immer stärker zu werden scheinenden Individualismus. Die Freiheit des einzelnen Menschen war selten so groß. Der Satz „*keine Freiheit ohne Verantwortung*" trifft das Problem vieler BürgerInnen im Kern. Das Individuum erscheint überfordert. Daher verdrängt es die bestehenden Probleme oder relativiert sie. Slavoj Žižek zeigte in einem Beitrag in der *London Review of Books*, dass sich

Menschen aufgrund der Tatsache, dass sie Dinge akzeptieren, von denen sie wissen, dass der Großteil der Gesellschaft auch davon weiß und diese akzeptiert, obwohl sie bspw. moralisch falsch sind, persönlich schämen (Žižek 2011). Dies führt zu einer Verdrängung durch die gesamte Gesellschaft, bis es nicht mehr möglich ist, das Verdrängte aus dem öffentlichen Diskurs herauszuhalten. Anders gesagt: Analoges bewirkte der zivile Ungehorsam der Jugend. Er zwang die BürgerInnen, sich mit dem Problem des Klimawandels auseinanderzusetzen. Dass sie dies vorher nicht taten, obwohl offenbar ein Problembewusstsein vorhanden war, zeigen die erfolgreichen Versuche der Individuen, den „*easy way out*" zu finden, z.B. mithilfe der Firma „*Atmosfair*". An den steigenden Einnahmen und gleichzeitig steigenden Flugpassagierzahlen kann man erkennen, dass sich die Menschen hier eher ein reines Gewissen erkaufen möchten. Der/die KonsumentIn ist hier also nicht nur KonsumentIn, der/die sich schlecht fühlen muss, da der übermäßige Konsum der westlichen Welt einer der Hauptverantwortlichen für den Klimawandel ist, sondern er/sie kann durch Unterstützen einer Umweltorganisation der Natur direkt Gutes tun und Ausgleich schaffen.

Ein weiteres Beispiel für die Fähigkeit überforderter Individuen zur Verdrängung ist die Wahrnehmung der Relevanz verschiedener umweltschonender Praktiken. In der Regel werden leicht umzusetzende persönliche Einschränkungen (z.B. der Verzicht auf Plastiktüten) als effektiver wahrgenommen, als sie tatsächlich sind, während die Wirksamkeit persönlich schwieriger Maßnahmen häufig stark unterschätzt wird.

Die AktivistInnen von *FFF* sorgten hier bereits für einen Perspektivwechsel. Die Last soll vom Individuum auf die Gemeinschaft übertragen werden. Ziel ist es, das alltägliche Verhalten, statt durch moralische Begründung durch Gesetze klimaneutral zu gestalten. Letztendlich soll der individuelle, schnell überfordernde Klimaschutz durch einen solidarischen entlastet, wenn nicht gar ersetzt werden.

Und Solidarität ist notwendig. Solidarität zwischen den BürgerInnen eines Staates, gegenüber den Menschen außerhalb desselben und gegenüber der Natur als Selbstzweck, um Ausschluss und Entrechtung aus demokratischer Öffentlichkeit zu verhindern. Diese notwendige Solidarität gegenüber der Natur setzt die Solidarität gegenüber den MitbürgerInnen und Mitmenschen voraus (Lessenich 2019). Dies bedeutet in Folge nicht nur die Systemfrage für die Nationalstaaten, sondern für die anarchisch organisierte Weltgemeinschaft selbst. Es ist ein großes Vorhaben, das man nur mit jugendlicher Naivität und einem guten Schuss Idealismus tatsächlich in Erwägung ziehen kann. Doch wenn wir die *soziale Gerechtigkeit* nicht substanziell verbessern können, wird sie immer die Frage der *ökologischen Gerechtigkeit* ausstechen. Wir müssen es also versuchen. Das klingt nach Revolution und das ist es vielleicht auch. Und wie bei jeder Revolution ist das Ziel Freiheit (Arendt 2018). Freiheit durch Demokratisierung und Solidarisierung. Niemand kann voraussehen, wie das, was dann folgt, aussehen wird, und in welcher Art von System wir dann leben werden, aber eins ist sicher,

„[…] von der Freiheit der Menschen – von ihrer Fähigkeit, das Unheil zu wenden, das stets automatisch verläuft und daher unabwendbar scheint, von ihrer Gabe, das ‚unendlich Unwahrscheinliche' zu bewirken […] – mag diesmal mehr abhängen als je zuvor, nämlich die Fortexistenz der Menschheit auf der Erde" (Arendt 2017, 88).

Literaturverzeichnis

Arendt, Hannah (1958): Die Krise der Erziehung. Radio Bremen / WDR Köln, 07.10.1958. Online verfügbar unter https://www.youtube.com/watch?v=nOTl1Wp8-ME&feature=youtu.be

Arendt, Hannah (1959): Reflections On Little Rock, in: Dissent, Winter 1959, S. 45-56.

Arendt, Hannah (2015): Vita activa oder Vom tätigen Leben. 16. Auflage, München: Piper.

Arendt, Hannah (2017): Mensch und Politik. Hg. v. Thomas Meyer. Ditzingen: Reclam.

Arendt, Hannah (2018): Die Freiheit, frei zu sein. Deutsche Erstausgabe. München: dtv.

Habermas, Jürgen (2017): Ziviler Ungehorsam – Testfall für den demokratischen Rechtsstaat, in: Braune, Andreas (Hg.), Ziviler Ungehorsam. Texte von Thoreau bis Occupy. Ditzingen: Reclam, S. 209-228.

Lagasnerie, Geoffroy de (2016): Die Kunst der Revolte. Snowden, Assange, Manning. Erste Auflage, Berlin: Suhrkamp.

Lessenich, Stephan (2019): Grenzen der Demokratie. Teilhabe als Verteilungsproblem. Ditzingen: Reclam.

Müller, Gerd (2019): Der neue grüne Kontinent, in: Focus, 30.12.2019. Online verfügbar unter https://www.focus.de/die-welt-2020/the-world-in-2020-der-neue-gruene-kontinent_id_11423375.html

Rawls, John (2017): Eine Theorie der Gerechtigkeit, in: Braune, Andreas (Hg.), Ziviler Ungehorsam. Texte von Thoreau bis Occupy. Ditzingen: Reclam, S. 101-128.

Žižek, Slavoj (2011): Good Manners in the Age of WikiLeaks, in: London Review of Books, 33(2), S. 9-10.

Kooperation statt Konkurrenz: Die Grünen und Fridays for Future

Linus Pohl und Joana Bayraktar

„Skolstrejk för klimatet". So lautet die Aufschrift eines Plakates, mit dem die damals 15-jährige Schwedin Greta Thunberg drei Wochen lang – während der Unterrichtszeit – vor dem schwedischen Reichstagsgebäude in Stockholm saß und für die Einhaltung des Pariser Klimaabkommens protestierte. Mit diesem ungewöhnlichen Engagement legte sie den Grundstein für eine global agierende Umweltbewegung, welche eine ganze Generation junger Menschen prägt und in rund 150 Ländern regelmäßig auf die Straßen treibt. Der „globale Klimastreik" am 20. September 2019 zeichnet dabei den bisherigen Höhepunkt, an diesem Tag waren weltweit fast 1,4 Millionen Menschen an den Demonstrationen von Fridays for Future beteiligt (Tagesschau, 20.09.2019). Diese Form des Protestes, freitags für Umwelt- und Klimaschutz nicht in die Schule, sondern auf die Straße zu gehen, war etwas genuin Neues. Doch das Thema, um das es dabei ging, war es eigentlich überhaupt nicht. Seit Jahren warnen ForscherInnen weltweit vor den Auswirkungen des Klimawandels und auch in der Politik gibt es eine unter anderem aus der Anti-Atomkraftbewegung entstandene Partei, die dieses Thema seit dem Anfang der 1990er Jahre zu ihrer Hauptaufgabe erklärt: Bündnis 90/Die Grünen.

Trotzdem gelang dieser neuen Bewegung etwas, was die Grünen schon seit ihrer Gründung mal mehr und mal weniger erfolgreich erreichten: ein öffentliches, breites Bewusstsein für die Gefährlichkeit und Risiken des Klimawandels zu schaffen und eine Trendwende in Gesellschaft und Politik voranzutreiben.

Auch wenn sich beide Gruppierungen in ihren Zielen grundsätzlich einig und in ihrem Aufbau ähnlich sind, wirkt ihr Verhältnis zueinander nicht immer unkompliziert. Im Folgenden untersuchen wir die Gründe dafür und betrachten dafür vor allem Fridays for Future (im Folgenden

FFF) etwas genauer, denn momentan wird Kritik an der aktuellen Situation besonders aus ihren Reihen laut. Außerdem gehen wir der Frage nach, wo die Zusammenarbeit zwischen FFF und den Grünen jetzt schon gut funktioniert und was es braucht, um das große, gemeinsame Ziel Klima- und Umweltschutz zu erreichen.

Forderungen for Future

Als Anfang April 2019 eine Gruppe junger AktivistInnen von FFF vor die Presse trat, um Öffentlichkeit und Politik eine Liste mit Forderungen vorzustellen, wurde aus dieser neuen Protestbewegung – für einige wohl sehr überraschend – eine politische Bewegung. Endlich stand in der öffentlichen Debatte nicht mehr die Frage im Zentrum, ob es gerechtfertigt sei, freitags auf die Straße, statt in die Schule zu gehen. Egal ob an der Supermarktkasse, bei der Bundespressekonferenz oder in Lokalzeitungen: An den Forderungen von FFF und den Diskussionen darüber kam im Grunde niemand vorbei. Die Reaktionen aus Politik und Gesellschaft reichten von Unterstützungsbekundungen bis zu purer Empörung, besonders in den sozialen Netzwerken.

Im Fokus des Maßnahmenkatalogs, den die Gruppierung über Monate hinweg zusammen mit WissenschaftlerInnen ausgearbeitet hatte, standen zwei zentrale Forderungen. So schreiben sie auf der eigenen Webseite etwa: „*Fridays for Future Deutschland* fordert die Regierungen auf Kommunal-, Landes- und Bundesebene auf, die Klimakrise als solche zu benennen und sofortige Handlungsinitiative auf allen Ebenen zu ergreifen" (Fridays for Future Deutschland 2019). Das umfasst sehr allgemeine Veränderungen in Sektoren wie Verkehr, Wohnen, Bauen oder Landwirtschaft, aber auch konkrete Vorschläge lassen sich in der Veröffentlichung finden, beispielsweise die konsequente Einhaltung des Pariser Klimaabkommens oder der Kohleausstieg bis 2030. Ebenso fand sich die Einführung eines CO_2-Preises in dem Positionspapier dieser jungen Bewegung wieder und erhielt sogar Einzug in das Klimapaket der Bundesregierung, auf das sich Kabinett und Bundesrat nach vielen Verhandlungen Ende 2019 einigen konnten. Allerdings nicht in der von FFF geforderten Höhe von 180 Euro pro Tonne, es wurden lediglich 25 Euro pro Tonne als Einstiegspreis festgelegt (Bundesregierung 2019).

Besonders die CO_2-Bepreisung war Gegenstand heftiger Debatten, denn die Frage „Was verändert sich dadurch für mich?" rief sowohl KritikerInnen als auch BefürworterInnen dieser Maßnahme auf den Plan. Für die einen gehe der von der Bundesregierung festgelegte Emissionspreis nicht weit genug und bewege niemanden dazu, sein Verhalten klimafreundlicher zu gestalten (Endt 2019). Die andere Seite kritisierte vor allem die finanzielle Belastung, die ein CO_2-Preis in dieser Form besonders für Menschen mit kleinem oder mittlerem Einkommen darstelle (Heberlein 2019). Gerade dieses Argument trifft KlimaschützerInnen hart.

Klimaschutz ist nicht nur eine Frage der globalen (Generationen-) Gerechtigkeit, sondern ist auch für eine Gesellschaft per se von großer Bedeutung. Es muss eines der obersten Ziele klimapolitischer Maßnahmen sein, den Weg in eine nachhaltige Zukunft für alle Menschen tragbar und finanzierbar zu gestalten. Der Klimakrise begegnen einzelne gesellschaftliche Gruppen nicht allein. Nur gesamtgesellschaftlich durchdachte Maßnahmen, bei denen insbesondere die Bedürfnisse der finanziell und gesellschaftlich Schlechtergestellten berücksichtigt werden, werden ihr gerecht. Diese soziale Komponente im Klimaschutz betont FFF besonders: „Die Verwirklichung dieser Forderungen muss sozial verträglich gestaltet werden und darf keinesfalls einseitig zu Lasten von Menschen mit geringem Einkommen gehen" (Fridays for Future Deutschland 2019).

Die FFF-Bewegung besteht eben nicht nur aus bestimmten sozialen Schichten, zeichnet sich nicht nur durch ihre Diversität aus, sondern auch durch wenig dogmatisches Aktivieren politischer Instinkte und damit durch das breite Politisieren einer neuen Generation.

FFF als Teil einer Werteverschiebung zwischen Generationen

Aber auch die globale politische Bedeutung und Notwendigkeit zielgerichteter Klimapolitik stellt für die jungen AktivistInnen seit Beginn ihrer Proteste ein zentrales Element ihrer Forderungen dar, denn der Klimawandel und eine ungebremste Erderwärmung haben existentielle Folgen für die Menschheit, den Frieden und den Wohlstand weltweit (Fridays for Future Deutschland 2019). Der akuten Notwendigkeit für koordiniertes globales Handeln entspricht die Globalität von FFF als Graswurzelbewegung mit einem hohen internationalen Organisationsgrad und internationalen Aktionstagen. Insbesondere die enge, länderübergreifende Vernetzung mit der Wissenschaft und das Insistieren auf harten wissenschaftlichen Fakten machen FFF zu einem besonders hartnäckigen Felsen in der Brandung der sozialen Bewegungen.

FFF markiert die Spitze des Eisbergs eines tiefgreifenden Bewusstseinswandels zwischen Generationen – unabhängig von ihrer mittel- und langfristigen medialen Präsenz und der Anzahl an aktiven Demonstrierenden.

Gelebter Feminismus, Antirassismus und LGBT

Dieser Wandel manifestiert sich am besten in zwei Punkten. Erstens in der selbstverständlichen Integration der Errungenschaften anderer bürgerschaftlicher Bewegungen: Werte wie Feminismus, Inklusion, die Gleichberechtigung der LGBT-Community oder Antirassismus werden hier praktisch gelebt und zwar vollkommen unabhängig von den restlichen Konfliktlinien, die sich durch die TeilnehmerInnen und SympathisantInnen der FFF ziehen. An den umstrittenen Punkten ohne festen Konsens bei FFF wird diese interne Kohärenz über bestimmte Wert- und Weltvorstellungen nämlich besonders deutlich: Etwa darüber, ob Antifa-Symbole oder Flaggen von unterstützenden Parteien auf Demonstrationen öffentlich gezeigt werden sollten und damit ihre Ideologie eine Rolle bei FFF spielen sollte. Die dominierende Gretchenfrage innerhalb von FFF Deutschland lautet, ob die geforderten Werte, wie zum Beispiel eine nachhaltige und CO_2-neutrale Wirtschaft, sich überhaupt mit dem jetzigen System vereinbaren lassen.

Kann also aus der jetzigen, *sozialen* Marktwirtschaft eine **ökologischsoziale** Marktwirtschaft werden, ohne dass bestimmte, bestehende Prinzipien nicht nur radikal hinterfragt, sondern auch radikal verändert werden müssen? Können diese Antworten in der ökonomischen *Post*wachstumsströmung gefunden werden und wenn ja, wo findet sich eine solche politische Forderung nach Postwachstum momentan im Parteienspektrum?

Diesen zweiten Punkt einer starken Werteverschiebung zwischen Generationen stellt damit die neue und umfassende Priorisierung von *Nachhaltigkeit* als Wert dar, die empirisch unter deutschen Jugendlichen bereits nachweisbar ist (zu diesem Punkt später mehr).

Rational-wissenschaftliche Argumentation und zivilgesellschaftliche Vernetzung

Eine weitere Besonderheit an FFF ist ihre enge Vernetzung mit der Wissenschaft: Noch nie hat eine Protestbewegung in Deutschland so rational argumentiert und ihre Positionen so akkurat mithilfe von wissenschaftlichen Erkenntnissen fundiert. Gleichzeitig war die Unterstützung der wissenschaftlichen Institutionen selten so groß und vor allem so eindeutig: Es haben sich erst durch FFF neue *epistemic communities* wie die *Scientists for Future* gebildet, die eine direkte Verbindung zwischen dem Druck von der Straße und evidenzbasiertem, wissenschaftlichem Auffordern zum Handeln schufen. Das Insistieren der Wissenschaft hat seit den schon damals dramatischen *Club of Rome*-Berichten aus den 1970er Jahren noch nie so großes Gehör und politischen Rückenwind erfahren wie heute.

Auch von bestimmten wirtschaftlichen und zivilgesellschaftlichen Akteuren geht große Unterstützung aus: Unter anderem hat sich in München das Bündnis *München muss handeln* formiert, das sich hinter die Forderungen von FFF München stellt und Dutzende Firmen, Verbände und Stiftungen von der Biosupermarktkette über Clubs bis hin zum Tollwood vereint. Diese Bandbreite verdeutlicht, wie erfolgreich Münchner KlimakämpferInnen inzwischen zusammenarbeiten und darüber hinaus konnten ziemlich kurzfristig schon erste politische Erfolge eingefahren werden, da München als bis dahin größte deutsche Stadt im Dezember 2019 den Klimanotstand ausgerufen hat. Vor allem wurde dabei das Ziel zur Klimaneutralität der Landeshauptstadt von 2050 auf 2035 korrigiert.

Organisationsstruktur: Basisdemokratie und Antihierarchie

Darüber hinaus zeichnet sich FFF dadurch aus, dass die Bewegung basisdemokratisch organisiert wird. Die Basisdemokratie und die gleichberechtigte Partizipation aller Mitglieder und Ortsgruppen sind ein genauso fester Bestandteil der DNA von FFF wie feministische, inklusive und antirassistische Werte. Alle Entscheidungen in den Ortsgruppen werden von den jeweils anwesenden Mitgliedern ausdiskutiert und dann meist einvernehmlich auf Konsensbasis getroffen. Dieses simple und gleichzeitig urdemokratische Prinzip setzt damit konsequent eine Antihierarchie um. Darüber hinaus gilt bei FFF ein Konsens darüber, als Graswurzelbewegung wahrgenommen werden zu wollen, und dementsprechend soll ein medialer Personenkult vermieden werden. Einer Zentrierung auf bestimmte, für die ganzen FFF stellvertretende Gesichter wie Luisa Neubauer soll dadurch entgegengewirkt werden, dass das Bild in der Presse in Interviews und Talkshows von möglichst diversen Mitgliedern aus unterschiedlichen Altersgruppen und verschiedenen Milieus bespielt wird, so dass FFF in seiner maximalen Breite zur Geltung kommt.

Damit stellen die FFF ein wesentliches Distinktionsmerkmal zu anderen Klimagerechtigkeitsbewegungen wie *Extinction Rebellion* dar, deren Strategie im Wesentlichen von der sogenannten *holding group* in London vorgegeben wird, einer Clique von einer Handvoll Aktivisten, die sich auch bewusst in den Fokus der Öffentlichkeit stellt.

Ein Problem der flachen Organisationsstruktur der FFF ist die zeitliche Ineffizienz: Es dauert lange, bis nach langem Diskutieren und Abstimmen ein Konsens über wesentliche strukturelle Veränderungen und inhaltliche Ausrichtungen herrscht und oft noch länger, diese auch umzusetzen. Das erschwert eine schnelle und schlagkräftige Reaktion auf tagespolitische Ereignisse, aber schließt sie keinesfalls aus (dazu wird später noch ein Beispiel diskutiert). Sobald sich eine inhaltliche Positionierung gefestigt hat, wird die interne Kohärenz erheblich erhöht.

Politische Trendwende: Neue Bedeutung von Nachhaltigkeit

FFF hat als eine dezentrale Graswurzelbewegung entschieden dazu beigetragen, das Thema Nachhaltigkeit in Deutschland umfassend zu verbreiten: Die flächendeckende Präsenz mit mehreren Hundert verschiedenen Ortsgruppen in fast jeder Kleinstadt zeigt die Durchdringung und Persistenz von FFF bis in die Provinz.

Schon jetzt ist es FFF damit gelungen, den Wert „Nachhaltigkeit" in der Millenial-Generation zu verwurzeln. Die beiden größten Ängste von Jugendlichen in Deutschland 2019 sind beides Kernanliegen der FFF: Die größte Sorge gilt mit 71 Prozent der Umweltzerstörung, gefolgt vom Klimawandel mit 65 Prozent (Albert et al. 2019, 4).

Damit hat eine Trendwende im gesellschaftlichen Diskurs stattgefunden, da z.B. 2015 noch die Angst vor Terroranschlägen dominierte (ebd.). Zudem sind 86 Prozent der Jugendlichen der Meinung, dass zu einem guten Leben eine intakte natürliche Umwelt unbedingt dazugehört (BMU

2018, 25). Auch die Demonstrationsbereitschaft ist 2019 im Vergleich zu 2017 von 19 Prozent auf 33 Prozent gestiegen (BMU 2020, 26).

Darüber hinaus verfügt FFF über ein sehr großes Mobilisationspotenzial: 23 Prozent der deutschen Jugendlichen haben schon einmal bei FFF demonstriert und davon sind 90 Prozent bereit, auch in Zukunft wieder zu partizipieren (ebd., 22).

Mit dieser Verschiebung im öffentlichen Diskurs gehen nicht nur erhebliche Ansprüche der Jugend an Staat und Firmen einher, sondern auch an den eigenen Lebens- und Konsumstil.

Mehr als Shitstorm-Potenzial: FFF und Joe Kaeser

Wie groß das Potenzial von FFF ist, um mithilfe von Kampagnen öffentlichen Druck auszuüben, zeigt der Protest gegen das Vorhaben des *Siemens*-Konzerns, Zugsignale im Wert von circa 18 Millionen Euro an ein hochumstrittenes Steinkohleabbauprojekt des indischen *Adani*-Konzerns in Australien zu liefern. Bei den Zugsignalen handelt es sich um kritische Infrastruktur, die zur Exportverschiffung der Kohle benötigt wird (Höpner 2020). FFF forderte von *Siemens* einen sofortigen Rückzug aus diesem Projekt und verbreitete auf den sozialen Netzwerken eine Kampagne gegen den Industriekonzern und insbesondere gegen dessen CEO Joe Kaeser.

Der öffentliche Druck auf *Siemens* wurde so groß, dass Kaeser per Twitter zunächst verkündete, die Entscheidung nochmals zu prüfen und schließlich der FFF-Aktivistin Luisa Neubauer einen Platz in einem Aufsichtsgremium für Nachhaltigkeit von *Siemens Energy* anbot.

Dieses eher fadenscheinige Angebot konnte den Shitstorm aber nicht abbremsen, sondern erschütterte die Glaubwürdigkeit des Konzerns, der sich gerne als ökologisch verantwortungsbewusst präsentiert, so stark, dass sich Kaeser öffentlich für sein Angebot an Neubauer rechtfertigte und es als „mehr" als einen bloßen PR-Gag verteidigte (Handelsblatt, dpa 2020).

FFF beinhaltet sicherlich auch viel Lifestyle und gut in Szene gesetzte Jugendkultur, z.B. die Auftritte populärer Bands bei den Streiks und kreativ-provokative Slogans. Aber die Auseinandersetzung mit *Siemens* steht paradigmatisch dafür, dass FFF ernsthaft in der Lage ist, über die wirkliche Bedeutung von Nachhaltigkeit zu verhandeln – und zwar auf einem real- und tagespolitischen Niveau. Es wird die konkrete Umsetzung des selbst gesteckten Ziels, als erstes großes Industrieunternehmen bis 2030 klimaneutral zu werden, öffentlich und glaubhaft eingefordert, vor allem müssen die Konsequenzen auch bei der Annahme von Aufträgen berücksichtigt werden. Öffentliche Bekenntnisse, mit denen sich *Siemens* schmückt, wie im Report *Siemens Sustainability Information 2019*, werden sonst als wertlos entlarvt: „Siemens was the world's first major industrial company to publicly commit to achieving carbon neutrality by 2030" (Siemens 2019, 2).

Damit findet eine Transzendierung von der bisweilen lose zusammengehaltenen Graswurzelbewegung zu einem schlagkräftigen Akteur statt, der spürbaren wirtschaftlichen und politischen Einfluss nehmen kann.

Auch die *Frankfurter Allgemeine Zeitung*, die jugendlichem und kreativem Klimaschutz eher skeptisch gegenübersteht, spricht mit einer Mischung aus Anerkennung und Furcht von „ein[em] weltumspannende[n] Netzwerk von Klimaaktivisten, [die] die Münchner als Schwachstelle ausgemacht [haben] und eine gnadenlos effiziente Kampagne gestartet" hätten (Astheimer 2020).

Wie nachhaltig ist FFF als politischer Akteur?

Was von FFF bleibt, kann abschließend wohl erst mit einem gewissen historischen Abstand konstatiert werden, aber auf alle Fälle sind bereits in wenigen Monaten entscheidende Erfolge erzielt worden: Eine empirisch nachweisbare Trendwende bei den deutschen Jugendlichen hat nicht nur zu einem Bewusstseinswandel geführt, sondern schon wichtige politische Weichenstellungen hervorgerufen wie den Ausruf des Klimanotstands in vielen deutschen Städten. Der enorme Druck auf Wirtschaft und Politik, sich glaubhaft an Versprechungen zu halten und ihrer Verantwortung in der Klimakrise gerecht zu werden, wird in all seinen Konsequenzen auf sämtlichen Ebenen nicht zuletzt in solchen Ereignissen bewusst.

FFF als politischer Vakuumfüller

Die italienische Politologin Donatella della Porta beobachtet aufgrund des Auseinanderdriftens der Arbeiterklasse eine Infragestellung des Staates:

"Today we face greater diversity in professional roles and interests. On the political side, the legitimacy of the state is called into question both by the tendency towards *globalization* and by that towards *localization*, but also by a retreat of the state in the face of the market. Furthermore, the capacity of the state to create and reproduce social groups through public intervention has led to an increasing number of demands which are fragmented and increasingly difficult to mediate" (della Porta 2006, 62).

Diese beiden dem Nationalstaat entgegenwirkenden Tendenzen Richtung Globalisierung und Lokalisierung bedient FFF als eine Bewegung, die eine Identität mit globalem Anspruch kreiert und gleichermaßen eng an die örtlichen Gegebenheiten angepasst und lokal verwurzelt ist. So entsteht ein sinnstiftendes Gefühl von globaler Gemeinsamkeit und Solidarität. FFF schafft es, verschiedene Interessengruppen und *pressure groups* zeitweise zu vereinen und erhöht damit einerseits den Druck auf Nationalstaaten (und Firmen), ihre internationalen Verpflichtungen des Pariser Klimaabkommens einzuhalten, und erfüllt damit gleichzeitig eine gewerkschaftliche Funktion.

Seit der Klimaprotest aus Schweden auch in Deutschland jeden Freitag Tausende, meist junge Menschen auf die Straße treibt, ist dieses Thema auch in den Parteien so allgegenwärtig wie schon lange nicht mehr. Nach der Europawahl im Mai 2019 gaben 48 Prozent der WählerInnen an, ihre Entscheidung dafür, wo sie ihr Kreuz setzen, von der Klima- und Umweltschutzpolitik einer Partei abhängig zu machen (infratest dimap 2019). Damit hat sich dieser Wert im Vergleich zur Europawahl 2014 fast verdoppelt.

Die meisten politischen Gruppierungen haben inzwischen verstanden, dass sich mit diesem Thema durchaus Wahlen gewinnen lassen. Auch wenn die CSU und der bayerische Ministerpräsident Markus Söder zuletzt versucht haben, ihre neu entdeckte Hingabe zu Umwelt- und Klimaschutz öffentlichkeitswirksam auszuleben, profitiert von alldem eine Partei wie keine andere: Die Grünen. Knapp die Hälfte aller WählerInnen schreibt ihnen besondere Kompetenzen in Klima- und Umweltschutz zu (ebd.).

Die Relevanz, die diese Themen seit einiger Zeit haben, stärkte der Partei nicht nur bei der Europawahl den Rücken, wo sie mit 20,5 Prozent so gut abschnitt wie noch nie zuvor bei einer vergleichbaren Wahl (ebd.). Auch bei der Sonntagsfrage zum Bundestag lag sie im Dezember bei 21 Prozent (INSA/YouGov 2019). Zum Vergleich: Bei der letzten Wahl im Jahr 2017 reichte es lediglich für 8,9 Prozent (ebd.). Gute Wahl- und Umfrageergebnisse, stark gestiegene Mitgliederzahlen – die Grünen nehmen mittlerweile eine sehr ernstzunehmende Rolle in der deutschen Parteienlandschaft ein. Über all das sollten sie sich eigentlich nicht beschweren können. Doch nicht alle sehen diesen Entwicklungen positiv entgegen: Aus den Reihen von FFF wird immer wieder Kritik an der Partei und ihren politischen Forderungen laut.

Auf den ersten Blick verwundert das, denn die Forderungen, die die neue Umweltbewegung an die Politik stellt, und das, wofür die Grünen seit Jahrzehnten in Oppositionen und Regierungen streiten, scheinen gar nicht so weit voneinander entfernt. Sozialverträglicher und konsequenter Umwelt- und Klimaschutz, die Betrachtung des Klimawandels als globale Herausforderung oder der Einbezug wissenschaftlicher Erkenntnisse und Forderungen in der Ausarbeitung politischer Maßnahmen – in diesen Punkten ist man sich einig.

Gemeinsamkeiten von FFF und Grünen

Neben den grundsätzlich gemeinsamen Zielen besteht eine weitere interessante Parallele zwischen FFF und den Grünen: Beide gewinnen ihre Mitglieder und UnterstützerInnen aus einem ähnlichen gesellschaftlichen Milieu. Grünen-WählerInnen haben oft einen akademischen Background, und bei einer Umfrage des Instituts für Protest- und Bewegungsforschung Berlin gaben 55 Prozent der befragten FFF-Aktiven an, ein Abitur oder eine Fachhochschulreife anzustreben und knapp ein Drittel waren Studierende (Sommer et al. 2019, 13).

Ebenfalls ähnelt sich die Kritik, die den beiden Interessengruppen entgegenschlägt. Vor allem mit dem Vorwurf der Doppelmoral werden sie oft konfrontiert. Sowohl die Grünen-Spitzenpolitikerin Katharina Schulze als auch die prominente Klimaschützerin Luisa Neubauer wurden öffentlich massiv für ihr Flugverhalten kritisiert. Schulze wurde ein Post von einem Urlaubsfoto in Kalifornien angekreidet und FFF-Gegner framten in sozialen Netzwerken den Begriff „Langstrecken-Luisa", mit dem sie gegen Neubauer und ihr Flugverhalten polemisierten. Diese Anschuldigungen sind nicht nur blanker tagespolitischer Populismus, sondern auch in der implizierten Kritik nicht gehaltvoll und lenken von Versäumnissen in der Mobilitätspolitik ab. Denn momentan bestehen weiterhin massive indirekte Subventionen des Luftverkehrs, da eine EU-weite Luftverkehrsteuer fehlt und Kerosin steuerfrei ist. Pro Jahr werden damit allein in Deutschland Steuern in Höhe von 570 Millionen Euro erlassen (Statista 2019).

Konsequent von der Politik Antworten einzufordern, die der Dringlichkeit der Klimakrise angemessen sind, bedeutet nicht, von heute auf morgen den eigenen Lebensstil radikal zu verändern und zur Frutarierin zu werden – schon allein, weil für einen enkeltauglichen Lebensstil die Alternativen fehlen. Gerade deshalb kämpfen KlimaaktivistInnen ja für ein Ende der Subventionierung von Massentierhaltung, Kerosin und Kohle.

Doch auch diese beiden Gemeinsamkeiten einen FFF und Grüne nicht. Für viele Aktive von Fridays for Future sind die Grünen beim Thema Klimaschutz oft nicht konsequent genug (Merkur 18.09.2019). Woher diese Kritik kommt, wird deutlich, wenn man nun die konkret geforderten Einzelmaßnahmen vergleicht. Hier werden die ersten, teils großen Unterschiede sichtbar. Beispielsweise bei der Forderung nach einer CO_2-Bepreisung. Aktuell liegen die Grünen mit einem Einstiegspreis von 60 Euro pro Tonne CO_2 ein Drittel hinter der Forderung der AktivistInnen, die in ihrem Maßnahmenkatalog von 180 Euro pro Tonne sprechen (Bündnis 90/Die Günen o.J.). Doch auch innerhalb der Grünen sorgte diese Entscheidung für Diskussionen. Auf dem Parteitag im November 2019 wurde dieses Thema heftig debattiert, Parteichefin Annalena Baerbock warnte jedoch sehr deutlich davor, sich selbst zu hohe Ziele zu stecken, denn: „Wir müssen auch liefern" (Kersting 2019).

Was sie damit meinte, ist relativ klar: Die Grünen bringen sich auf bundespolitischer Ebene seit geraumer Zeit in Stellung für eine Regierungsbeteiligung. Es sind viele Augen auf die Grünen gerichtet, und diese Aufmerksamkeit zwingt zu einer Abwägung zwischen politisch umsetzbaren Entscheidungen und idealistischeren Vorschlägen.

Doch nicht nur die Forderungen einer grünen Opposition im Bundestag werden von FFF kritisch gesehen. In immer mehr Bundesländern sind die Grünen an der Regierung beteiligt, zuletzt kam im Dezember 2019 Sachsen dazu. Was früher noch undenkbar war, wird aktuell ein Stück Normalität. Und dabei werden die Grünen Teil der „Politik", die von FFF zum Handeln aufgefordert wird. Der angeblich stagnierende Ausbau von Windkraftanlagen im schwarz-grün regierten Hessen oder das gespannte Verhältnis zwischen dem grünen baden-württembergischen Ministerpräsidenten Winfried Kretschmann und der Landesgruppe von FFF sind

Aspekte, die besonders in persönlichen Gesprächen mit AktivistInnen häufig diskutiert werden. Im Vorfeld der Kommunalwahlen in Bayern im März 2020 gingen Ortsgruppen der Bewegung sogar so weit, selbst mit eigenen „Klimalisten" zur Wahl anzutreten, weil man sich bei den Grünen offenbar nicht gut aufgehoben fühlt (Günther/Przybilla 2020).

Allerdings sehen bei weitem nicht alle AktivistInnen das Verhältnis zwischen FFF und den Grünen so kritisch. Vor Ort wird oft zusammengearbeitet, Veranstaltungen geplant oder es werden Anträge für Stadt- und Gemeinderäte gemeinsam ausgearbeitet, auf den Wahllisten der Grünen für die Kommunalwahl fanden sich Aktive von FFF aus ganz Bayern. Vermutlich ist gerade diese gute und oft enge Zusammenarbeit auf kommunaler Ebene für das Verhältnis dieser beiden Gruppierungen im Ganzen sehr ausschlaggebend. Denn auch wenn die Grünen in Hessen aktuell hinter ihren eigenen Zielen zum Ausbau der Windenergie liegen oder die Bundespartei öffentlich über eine Jahreszahl streitet: Vor Ort wird deutlich, wie viel Anstrengung und Abwägung zum Erreichen politischer Ideen notwendig ist; wie schwierig es ist, Mehrheiten für die eigenen Ziele zu organisieren; wie lange es dauert, bis Entscheidungen gefallen sind und umgesetzt wurden. Klimaschutz beginnt im Kleinen, in der eigenen Stadt, und wird dort von vielen (nicht nur den Grünen) aktiv vorangetrieben. Dieses Engagement der meist ehrenamtlichen PolitikerInnen in den Städten und Gemeinden lässt Fehler auf anderen Ebenen oft in den Hintergrund rücken.

Gemeinsamer Wertekonsens und Erfolge von Grünen und FFF

Mit dem Engagement von Ehrenamtlichen in der Lokalpolitik sowohl bei FFF als auch bei den Grünen, werden Werte republikanischer Philosophie wie die aktive Teilhabe am öffentlichen Geschehen verwirklicht und gleichzeitig wird eine inklusive und sozial integrative Rolle in der Gesellschaft eingenommen, die teilweise mit der gesellschaftlichen Funktion der Kirchen oder Gewerkschaften vergleichbar ist. Auch wenn Grüne und FFF sich nie vollkommen einig sein werden, bildet das Fundament für das Engagement der beiden Gruppierungen ein gemeinsamer Wertekonsens: Antirassismus, Feminismus, aktive Einbindung und Ansprache der LGBT-Bewegung, Inklusion, faire Teilhabe an politischen Prozessen und ein Eintreten für sozial verträglichen Klimaschutz. Diese Gemeinsamkeiten führen – freiwillig oder nicht – zwangsläufig zu Kooperation, in diesem Fall zu einer bisher sehr erfolgreichen. Interessanterweise forderte ausgerechnet Joe Kaeser beim Wirtschaftsgipfel der Grünen Ende Februar 2020 den Kohleausstieg 2030 und übernahm damit eine der Hauptforderungen von FFF Deutschland (Lipowski 2020). Gleichzeitig sprach er sich für die Einführung einer CO_2-Steuer aus und unterstützte damit eine Idee, die die Grünen schon lange fordern. Dass CEOs von DAX-Konzernen sich öffentlich Forderungen der Grünen anschließen, wäre bei der Gründung der Partei genauso undenkbar gewesen wie, dass die ersten Klimastreiks in Deutschland, bei denen SchülerInnen noch mit Bußgeldern wegen Fehlens im Unterricht gedroht wurde, in weniger als einem Jahr eine politische und ideologische Kehrtwende auslösen würden, und das eben nicht nur bei der Jugend. Es zeigt aber vielmehr, dass Klima- und Umweltschutz sich vom politischen Randthema, das es zu Beginn der Umweltbewegung einmal war, zum Kernthema im Diskurs etabliert hat und es für Konzerne und Politik gleichermaßen unumgänglich geworden ist, sich ernsthaft mit Nachhaltigkeit auseinanderzusetzen und ihrer Verantwortung in diesem Thema gerecht zu werden.

Die Grünen haben erstens die Gesellschaft bereits in der Hinsicht geprägt, dass Werte wie Feminismus heute selbstverständlich sind, und haben als Pioniere den Umweltschutz politisch institutionalisiert und damit eine neue Konfliktlinie im politischen Spektrum aufgetan: Neben dem Gegensatz von liberalem versus starkem Staat besteht dank ihnen auch die Dichotomie grün versus traditionell.

Neben vielen anderen Einflüssen, wie die der Friedensbewegung oder des Feminismus, prägte die Grünen in den 1980ern auch entschieden die naive und teilweise überstürzte Nutzung der Atomkraft und sie bezogen die Wissenschaft als Waffe stärker in den politischen Diskurs mit ein als andere Parteien.

Zweitens werden die Grünen durch die FFF-Bewegung unterstützt, die dank eines neuartigen, tiefgreifenden Bewusstseinswandels den Verhandlungsspielraum der Grünen erweitert und dabei zwangsläufig auch auf die Errungenschaften und das Politikerbe der Grünen aufbaut.

FFF baut seinerseits gegenüber den Grünen neuen zivilgesellschaftlichen Druck auf und fordert ähnlich konsequent wie die junge Ökopartei in den Achtzigern einen grundlegenden Wandel.

Wie sozial ist FFF?

Abschließend lässt sich die Frage stellen, wie tief der soziale Gedanke bei FFF verwurzelt ist. Wird *Climate Justice* eingefordert, ohne dass der zweite Teil so sehr mit Gehalt gefüllt ist, wie der erste? Das gestiegene ökologische Bewusstsein muss auch ein großes soziales Bewusstsein mit sich bringen, um ein gesamtgesellschaftlich tragbares Konzept zu entwickeln. Momentan besteht FFF in Deutschland zu einem Großteil aus akademischen Kreisen und ihre Forderungen können von ihnen wohl leichter getragen werden.

Auf keinen Fall sollte man sich von Vorurteilen und Klischees eines bestimmten sozialen Hintergrunds leiten lassen, aber das aktive Bewusstsein über eigene Vorteile ändert nichts an bestehenden Ungleichheitsverhältnissen.

Es besteht die Gefahr, dass ökologische und soziale Gerechtigkeit gegeneinander ausgespielt werden und erstere gegenüber letzterer favorisiert wird.

Natürlich muss die von FFF geforderte strukturelle Veränderung der Gesellschaft und Wirtschaft durch entsprechende sozialpolitische Maßnahmen begleitet und auch aufgefangen werden. Aus der Sicht von FFF ist das vielleicht nicht an erster Stelle, aber grundsätzlich in ihren Forderungen impliziert, schon allein deshalb, weil FFF als partizipative und basisdemokratische Bewegung agiert und sich bewusst ist, dass sie realpolitisch über den kleinsten gemeinsamen Nenner „Klimaschutz" funktioniert.

FFF beinhaltet viele globalisierungskritische Aspekte, wie den Hinweis auf durch den westlichen Lebensstil verursachte Naturkatastrophen, die besonders extrem für den globalen Süden sind; doch eine auf Katastrophen beschränkte Perspektive birgt aus der lokalen und individuellen Sicht das Risiko eines reduzierten, vielleicht sogar neokolonialen Blickwinkels, da der globale Süden im schlimmsten Fall nur als unautonomes Opfer der eigenen Lebensweise erscheint.

Demgegenüber steht, dass FFF als global vernetzte Bewegung explizit Solidarität einfordert – was aber oft noch ungefüllt, fragil und schwammig bleibt.

Gleichzeitig muss man anerkennen, dass es als soziale Bewegung extrem schwierig bis unmöglich ist, in komplexen Themen eine einigermaßen kontinuierliche einheitliche und schlagkräftige Linie zu finden und soziale Bewegungen immer von ihrem minimalen Konsens leben und geeint werden. Eine Partei kann in konkreten Vorschlägen mit einem speziellen Thema eine unverfänglichere und tagespolitischere Position einnehmen.

Systemwandel im bigger picture

Der britische Wirtschaftswissenschaftler und Politologe Raj Patel beschreibt mit dem US-amerikanischen Soziologen Jason W. Moore in *A History of the World in Seven Cheap Things* unser heutiges Zeitalter als „Kapitalozän" (Patel/Moore 2018, 9). Damit weisen sie darauf hin, dass der Kapitalismus als vorherrschendes Gesellschaftssystem das menschliche Leben in allen Lebensbereichen durchdringt. Für die meisten Menschen sei „ein Ende des Planeten" besser vorstellbar als „das Ende des Kapitalismus" (ebd., 8).

Sie grenzen sich zudem vom Begriff „Anthropozän" ab, der nahelegen ließe, dass „Menschen allein, weil sie *Menschen* sind, den Klimawandel und das sechste Massensterben [...] verursacht haben" (ebd.).

Die Auswirkungen dieses Lebensstils auf den Planeten seien aber nicht dem Menschen qua seiner Existenz geschuldet, sondern eben dem Kapitalismus, der die Zerstörung der Natur mit sich bringe.

Das *Chicken McNugget* exemplifiziert für Patel und Moore das Produkt der Moderne: als ein Prototyp für ein industrielles und extrem günstig produziertes Surrogat für eine tatsächliche Ernährung, das mit echtem Hähnchenfleisch wenig gemein hat. Es steht dabei stellvertretend für die verschiedenen, sich wechselseitig beeinflussenden und mitunter verstärkenden Produktionsbedingungen im „Kapitalozän".

Eine flächendeckende Verteilung von günstigem Fleisch kann nicht sozial gerecht sein, weil sie bei billigen Preisen zwangsläufig mit der Ausbeutung von ArbeiterInnen in den Zuchtbetrieben und Schlachthäusern verbunden ist: So betragen die Lohnkosten pro Fastfoodhähnchen in den USA lediglich 2 Prozent (ebd., 10). Verschärft wird die soziale Ausbeutung dadurch, dass MitarbeiterInnen in Schlachthöfen oft trotz extremer körperlicher Arbeit nicht sozial abgesichert sind, was Patel und Moore als „billige Fürsorge" bezeichnen.

Zur „billigen Natur" gehört die Degenerierung des Huhns: „Diese Tiere können kaum noch laufen, sind innerhalb von wenigen Wochen schlachtreif, tragen besonders viel Fleisch und werden in Mengen aufgezogen und geschlachtet, die für unser Ökosystem von Bedeutung sind (mehr als 60 Milliarden Vögel pro Jahr)" (ebd.).

Der CO_2-Fußabdruck bedingt sich vor allem durch die propanintensive Heizung der Legebatterien, der jedoch im Vergleich zum Beispiel zu Rindern gering ausfällt („billige Energie") (ebd.).

„Billiges Leben" bezeichnet die „Akte des Chauvinismus gegenüber bestimmten Kategorien tierischen und menschlichen Lebens – gegen Frauen, kolonialisierte Völker, Bedürftige, Farbige und Einwanderer –, die immer wieder und immer noch [...] billige [...] Dinge möglich machen" (ebd., 11).

Der Vollständigkeit halber seien noch die weiteren Faktoren von Patel und Moore erwähnt, die hier nicht weiter ausgeführt werden: „billiges Geld" und „billige Nahrung".

Interessanterweise wird die bloße Existenz genau dieser Zusammenhangskette zumindest in Teilen oft negiert, wenn von (Öko-)AktivistInnen eine Änderung des Status quo gefordert wird: Als vermeintliches Totschlagargument gegen den Klimaschutz wird oft eine damit einhergehende angebliche Spaltung der Gesellschaft angeführt. Es ist wohl so alt wie die Klimabewegung selbst und findet sich in seinen unzähligen Variationen gegen fast jede Art bürgerschaftlichen Engagements, zum Beispiel gegen den Feminismus.

Bisweilen etwas platte und populärwissenschaftlich anmutende Allegorien wie der vom Kapitalismus als Krankheit, „die dein Fleisch verzehrt – und die deine Knochen anschließend als Düngemittel vertreibt [...]" (ebd., 26), sollten nicht darüber hinwegtäuschen, dass hier die Zusammenhänge zwischen vorherrschenden Gesellschaftssystemen, historischer Pfadabhängigkeit und sozialer sowie ökologischer Ausbeutung aufgedeckt werden. Dieser Punkt sollte unbedingt berücksichtigt werden, wenn man von *Climate Justice* spricht. Bürgerrechtsbewegungen verleihen den Leuten eine Stimme, ohne die es keine billigen *Chicken McNuggets* gäbe, denn es arbeiten an den Fließbändern im Schlachthaus mehr Frauen und mehr Menschen mit Migrationshintergrund. Damit leisten die Bewegungen einen entscheidenden Beitrag für mehr Fairness – in jeder Hinsicht.

Die Liste ließe sich endlos fortsetzen, nur noch ein kleines Beispiel zum Schluss: Die aus Bangladesch stammende Aktivistin Tonny Nowshin protestierte Ende Mai 2020 bei der Aktionärsversammlung von *Uniper* dagegen, dass das Steinkohlekraftwerk Datteln 4 noch wie geplant 2020 ans Netz angeschlossen wird, „während sich Bangladesch und Indien auf den schlimmsten Zyklon [zubewegen], der sich im Bengalischen Golf gebildet hat" (FFF Germany 2020). Die Aktion kritisiert auch die menschenrechtswidrigen Abbaubedingungen der Steinkohle und wurde nur von Frauen durchgeführt, um darauf hinzuweisen, dass die Klimabewegung die Interessen von Frauen mitdenken muss und feministisch sein muss (ebd.).

Die Trennung von Natur und Mensch, die auch aufklärerische Denker wie Descartes verteidigten, haben die Ausbeutung Ersterer legitimiert – und erst, wenn beide wieder zusammengedacht werden, kann sie beendet werden.

Quellen

Albert, M., Hurrelmann, K., Quenzel, G. (2019): 18. Shell Jugendstudie. Eine Generation meldet sich zu Wort, Hamburg, https://www.shell.de/ueber-uns/shell-jugendstudie/_jcr_content/par/toptasks.stream/1570810209742/9ff5b72cc4a915b9a6e7a7a7b6fdc653cebd4576/shell-youth-study-2019-flyer-de.pdf (letzter Zugriff 18.5.2020).

Astheimer, S. (2020): Wo der Siemens-Chef Recht hat, in: Frankfurter Allgemeine Zeitung vom 6.2.2020, https://www.faz.net/aktuell/wirtschaft/streit-ueber-die-adani-mine-wo-der-siemens-chef-recht-hat-16619293.html, (letzter Zugriff 24.5.2020).

BMU (Bundesministerium für Umwelt, Naturschutz und nukleare Sicherheit und Umweltbundesamt) (2020): Zukunft? Jugend fragen! Umwelt, Klima, Politik, Engagement – Was junge Menschen bewegt. Berlin und Dessau-Roßlau, https://www.bmu.de/fileadmin/Daten_BMU/Pools/Broschueren/zukunft_jugend_fragen_studie_bf.pdf (letzter Zugriff 29.2.2020).

BMU (Bundesministerium für Umwelt, Naturschutz und nukleare Sicherheit und Umweltbundesamt) (2018): Zukunft? Jugend fragen! Nachhaltigkeit, Politik, Engagement – eine Studie zu Einstellungen und Alltag junger Menschen. Berlin und Dessau-Roßlau, https://www.bmu.de/fileadmin/Daten_BMU/Pools/Broschueren/jugendstudie_bf.pdf (letzter Zugriff 29.2.2020).

Bundesregierung (2019): CO_2-Bepreisung, https://www.bundesregierung.de/breg-de/themen/klimaschutz/co2-bepreisung-1673008 (letzter Zugriff 27.5.2020).

Bündnis 90/Die Grünen (o.J.): Wir machen Deutschland zum Vorreiter beim Klimaschutz, https://www.gruene.de/themen/klimaschutz (letzter Zugriff 27.05.2020).

della Porta, D., Diano, M. (2006): Social Movements. An Introduction. Oxford.

Endt, C. (2019): Diese Grafik zeigt, wie wenig ambitioniert das Klimapaket ist, in: Süddeutsche Zeitung vom 21.09.2019, https://www.sueddeutsche.de/politik/klimapaket-bundesregierung-co2-steuer-wissenschaft-1.4610461 (letzter Zugriff 27.05.2020).

FFF Germany (2020): „Stop Datteln4", Twitter, 21.5.2020, https://twitter.com/FridayForFuture/status/1263398855728680960 (letzter Zugriff 24.5.2020).

Fridays for Future Deutschland (2019): Unsere Forderungen an die Politik, https://fridaysforfuture.de/forderungen/ (letzter Zugriff 27.05.2020).

Günther, A., Przybilla, O. (2020): Wo „Fridays for Future" den Grünen Konkurrenz machen, in: Süddeutsche Zeitung vom 16.02.2020, https://www.sueddeutsche.de/bayern/kommunalwahl-bayern-fridays-for-future-gruene-1.4799874 (letzter Zugriff 27.05.2020).

Handelsblatt, dpa (26.1.2020): „Das war kein PR-Gag" – Siemens-Chef rechtfertigt Angebot an Neubauer https://www.handelsblatt.com/unternehmen/industrie/joe-kaeser-das-war-kein-pr-gag-siemens-chef-rechtfertigt-angebot-an-neubauer/25474268.html (letzter Zugriff 24.5.2020).

Heberlein, M. (2019): Weniger CO_2: Welche Pläne sind sinnvoll?, in: Bayerischer Rundfunk vom 16.09.2019, https://www.br.de/nachrichten/deutschland-welt/weniger-co2-welche-plaene-sind-sinnvoll,RcCna4N (letzter Zugriff 27.05.2020).

Höpner, A. (2020): „Potenzielle Pleite" – Siemens-Chef Kaeser sorgt mit Aussagen zu Kohleprojekt für Wirbel, in: Handelsblatt vom 23.1.2020, https://www.handelsblatt.com/unternehmen/industrie/adani-projekt-in-australien-potenzielle-pleite-siemens-chef-kaeser-sorgt-mit-aussagen-zu-kohleprojekt-fuer-wirbel/25464172.html (letzter Zugriff 24.5.2020).

infratest dimap (2019): EuropaTREND im Auftrag der ARD, Mai 2019, https://www.infratest-dimap.de/umfragen-analysen/bundesweit/europatrend/2019/mai/ (letzter Zugriff 27.05.2020).

INSA/YouGov (2019): Wenn am nächsten Sonntag Bundestagswahl wäre ..., https://www.wahlrecht.de/umfragen/insa.htm (letzter Zugriff 27.05.2020).

Kersting, S. (2019): Grüne wollen Mindestlohn und CO_2-Preis anheben, in: Handelsblatt vom 17.11.2019, https://www.handelsblatt.com/politik/deutschland/bundesparteitag-der-gruenen-gruene-wollen-mindestlohn-und-co2-preis-anheben/25237690.html?ticket=ST-3688042-WPQ1ntLIbvhVd6ox9Mheap6 (letzter Zugriff 27.05.2020).

Lipowski, C. (2020): „Wenn man will, geht das", in: Süddeutsche Zeitung vom 28.2.2020, https://www.sueddeutsche.de/politik/kongress-der-gruenen-wenn-man-will-geht-das-1.4825349 (letzter Zugriff 24.5.2020).

Merkur, dpa (18.09.2019): „Fridays for Future"-Aktivistin spricht Klartext – und kritisiert Klimapolitik der Grünen, https://www.merkur.de/politik/fridays-for-future-aktivistin-spricht-klartext-und-kritisiert-klimapolitik-gruenen-zr-12046048.html (letzter Zugriff 27.05.2020).

Patel, R., Moore, J.W. (2018): Entwertung. Eine Geschichte der Welt in sieben billigen Dingen. Übersetzt von A. Schreiber. Berlin.

Siemens AG (2019): Sustainability Information 2019. Berlin und München, https://assets.new.siemens.com/siemens/assets/api/uuid:16c327d3-3e02-427e-952f-e7f610d954fe/version:1575456937/siemens-sustainability-information-2019.pdf (letzter Zugriff 18.5.2020).

Sommer, M., Rucht, D., Haunss, S., Zajak, S. (2019): Fridays for Future. Profil, Entstehung und Perspektiven der Protestbewegung in Deutschland, ipb working paper series, 2/2019. Berlin.

Statista (2019): Ausgewählte Zahlen zur möglichen Einführung einer Steuer auf Kerosin im Luftverkehr in Europa (Stand: Mai 2019), in: Statista, https://de.statista.com/statistik/daten/studie/1006765/umfrage/zahlen-zur-moeglichen-kerosinsteuer-einfuehrung-im-europaeischen-luftverkehr/ (letzter Zugriff 27.5.2020).

tagesschau.de (20.9.2020): Millionen fürs Klima, https://www.tagesschau.de/inland/klimastreiks-friday-for-future-105.html (letzter Zugriff 25.8.2020).

Wetzel, J. (2019): München ruft „Klimanotstand" aus, in: Süddeutsche Zeitung vom 18.12.2019, https://www.sueddeutsche.de/muenchen/muenchen-klimanotstand-stadtrat-1.4729777 (letzter Zugriff 24.5.2020).

Entwicklungsziel „Nachhaltigkeit"!
Und Afrika?

Manfred O. Hinz

1. Eine notwendige Vorbemerkung

Im Jahr 1989 veröffentlichte Hans Magnus Enzensberger ein Buch mit dem Titel *Ach Europa!*; sechs Jahre später verband der Afrikajournalist Bartholomäus Grill das „Ach" mit Afrika.[1] Beiden Büchern ist – so unterschiedlich sie auch sonst sein mögen – gemeinsam, dass ihre Autoren den gerne vertretenen Genrealisierungen zu Europa und Afrika entgegenhalten, dass es die vielen Widersprüchlichkeiten sind, die die beiden Kontinente bestimmen. Grill konnte sich in der Neuauflage von *Ach, Afrika* aus dem Jahr 2012 auf Aktualisierungen beschränken.[2] Zwar gelang es Enzensberger, im letzten Kapitel von *Ach Europa*, in dem er fiktiv das Jahr 2006 vorwegnahm, Einiges zu erahnen, was die Jahre nach 1989 bringen würden, eine Neuauflage heute hätte jedoch Dinge aufzunehmen, an die wir Europäer uns insbesondere dann erinnern sollten, wenn wir von und über Afrika sprechen. Der blutige Zerfall Jugoslawiens ist genauso Teil europäischer Geschichte wie der Austritt Großbritanniens aus der Europäischen Union. So sollten sich alle in Zurückhaltung üben, die vom schwarzen Kontinent sprechen, der über das sozio-ökologische Schicksal entscheide und Europa bedrohe. Damit fordere ich nicht, dass wir die Augen vor afrikanischer Korruption, afrikanischem Regierungsversagen oder Menschenrechtsverletzungen in Afrika verschließen sollen; ich fordere nur dazu auf, dass wir nicht nur, was hier bei uns geschieht, sondern auch die afrikanische Realität im jeweiligen sozio-politischen Kontext sehen und dass wir dabei wahrnehmen, was in Afrika entwick-

---

[1] Siehe Enzensberger 1989; Grill 2003.
[2] Grill 2012.

lungspolitische Potenz hat. Entwicklungspolitische Potenz, die dazu beitragen kann, dass die Menschen in afrikanischen Ländern korrupte Politiker zur Verantwortung ziehen, dafür eintreten, dass die natürlichen Ressourcen ihrer Länder nachhaltig und zum Wohle aller genutzt werden, dass Gerichte Rechtsstaatlichkeit wahren und in ihren Entscheidungen einen Beitrag zum sozialen Frieden leisten. Und damit auch dem entgegenwirken, was von vielen in Europa als Bedrohung Afrikas empfunden wird: die Flüchtlinge, die die Überquerung des Mittelmeeres überleben und Europa erreichen, aber auch diejenigen, die in Nordafrika auf die geschlossenen Tore Europas starren. Für mich folgt eine solche Herangehensweise nicht nur den Geboten sozialwissenschaftlicher Methodologie, sie ist gleichzeitig unabweisbare Strategie, wenn man, wie ich über viele Jahre in einem afrikanischen Land lebt und überlebte.[3]

In diesem Sinne habe ich den *Africa Human Development Plan 2016* des Entwicklungsprogrammes der Vereinten Nationen (UNDP) als besonderen Bezugspunkt meines Beitrages gewählt.[4] Der Bericht trägt den Untertitel *Accelerating Gender Equality and Women's Empowerment in Africa*. Das politische Ziel des Berichtes ist die Fortschreibung der auf der internationalen Tagesordnung stehenden Forderungen in Sachen Gleichberechtigung. Dabei nimmt der Bericht in besonderer Weise in den Blick, auf welche Weise Afrika auf entsprechende internationale Forderungen geantwortet hat und dabei auch, welche Position Frauen in der politisch-sozialen Entwicklung haben. Damit geraten Veränderungen im soziopolitischen Verhalten der Menschen in Afrika und dabei vorab des weiblichen Teils der Bevölkerung in einer sehr beachtenswerten Weise in den Blick. Die in dem Bericht aufgezeigten Veränderungen sind struktureller Art, sie haben entwicklungspolitisches Potenzial – Potenzial, das nachhaltige Entwicklung fördert.

2. ... *notable strides, including women's rights* ...

Dieser Beitrag erlaubt nicht, auf den internationalen Diskurs über Rechte der Frauen im Einzelnen einzugehen. Hier müssen zwei Hinweise genü-

---

[3] Als Berater der namibischen Regierung und Mitglied der Universität von Namibia habe ich von 1990 bis 2010 in Namibia gearbeitet.
[4] UNDP 2016.

gen. Sie stecken das Vorfeld ab, auf dem der *Africa Human Development Plan 2016* des UNDP aufbaut.

Der erste nimmt auf die *Agenda 21* Bezug, die auf der Konferenz der Vereinten Nationen über Umwelt und Entwicklung des Jahres 1992[5] beschlossen wurde. Teil 3 der Agenda behandelt die Rolle wichtiger Gruppen für die Umsetzung des zentralen Anliegens der Konferenz, die nachhaltige Entwicklung. Zwar geht die *Agenda 21* davon aus, dass nachhaltige Entwicklung nur erreicht werden kann, wenn es „breite öffentliche Beteiligung" gibt, d.h., alle in der Gesellschaft am Prozess zur nachhaltigen Entwicklung beteiligt sind,[6] die Agenda hebt aber dennoch eine Reihe von sozialen Akteuren besonders hervor und weist diesen im Einzelnen aufgeführte Aktionsfelder zu. Die erste Gruppe, mit der sich die Agenda beschäftigt, sind die Frauen.[7] Im Abschnitt zur Grundlage für Handlungen, der das Kapitel zu den Frauen einleitet, hält die *Agenda 21* fest, dass die „wirkungsvolle Umsetzung [Frauen betreffender Programme] von der aktiven Beteiligung der Frauen an wirtschaftlichen und politischen Entscheidungsprozessen abhänge und für die erfolgreiche Umsetzung der Agenda 21 von entscheidender Bedeutung sei".[8]

Zum Zweiten ist auf die von der Generalversammlung der Vereinten Nationen beschlossenen Ziele zur nachhaltigen Entwicklung hinzuweisen: *Transforming our world: the 2030 Agenda for Sustainable Development*, die im Jahr 2015, also im Vorjahr der Veröffentlichung des hier näher zu betrachtenden UNDP-Berichts zu *Gender Equality and Women's Empowerment in Africa*, verabschiedet wurden.[9] Eine Welt ohne Hunger, Armut, Furcht, Gewalt, eine Welt mit Zugang zu Bildung, Gesundheit und sozialer Fürsorge ist die Vision für das Jahr 2030.[10] Die neue Agenda, die diese Vision Realität werden lassen soll, führt die Vereinten Nationen zu 17 Zielen für nachhaltige Entwicklung. Die neuformulierten Zielen greifen auf die *Allgemeine Erklärung der Menschenrechte*[11] zurück und

---

[5] *United Nations Conference on Environment and Development*, nach ihrem Tagungsort auch Rio-Konferenz genannt. Zur Agenda 21 siehe UNDP 1992.

[6] Siehe: Rnr. 23 von UNDP 1992.

[7] Siehe: Rnr. 24.

[8] UNDP 1992: Rnr. 24.1 (Übersetzung: der Autor).

[9] UN GA A/Res/70/1.

[10] Ebd.: Rnr. 7.

[11] UN GA Res. 217 A (III) vom 10. Dezember 1948.

wenden sich nach dem Verweis auf die Menschenrechtserklärung dem Thema der Frauenrechte zu. Das menschliche Potenzial für nachhaltige Entwicklung wird sich – so formuliert die Generalversammlung – nicht entfalten können, wenn der Hälfte der Menschheit weiterhin Menschenrechte und Entwicklungsmöglichkeiten verweigert werden.[12] In diesem Sinn verschreibt sich das fünfte der 17 Entwicklungsziele der Geschlechtergleichheit und fordert Selbstbefähigung von Frauen und Mädchen.[13]

Im Blick auf diese allgemein formulierte Politik fragt der *Africa Human Development Report 2016*: Was lehrt uns, dass menschliche Entwicklung in Afrika zunehmend mit Geschlechtergleichheit verbunden ist?[14] Der Bericht antwortet, dass es mehr und mehr Hinweise dafür gibt, dass Gleichstellung der Geschlechter in vielfältiger Weise zur gesellschaftlichen Entwicklung beitrage. Deshalb sei die Förderung der Gleichheit nicht nur rechtliches Gebot, sondern auch wirtschaftlich und sozial geboten. Die 15 Jahre (also die Jahre von der Veröffentlichung des UNDP-Berichtes bis 2030, die sich heute auf 10 verkürzt haben), die zur Erreichung der Ziele zur nachhaltigen Entwicklung noch vor uns liegen, seien eine Zeitspanne, die außerordentliche Chancen aber auch folgenreiche Risiken mit sich bringe. Von den Chancen Gebrauch zu machen, heißt Anstrengungen zu unternehmen, Entwicklung allumfassend und geschlechtsneutral zu machen. Politik dieser Art gehe über das hinaus, was Ziel 5 der Ziele für nachhaltige Entwicklung anstrebe: Politik in diesem breiten Ansatz „wird sehr viel besser in der Lage sein, auf die erwarteten Veränderungen im weltweiten Finanzsystem zu antworten, sie wird den Nutzen, den Demokratie und wirkungsvolles Regieren mit sich bringen, vergrößern und den Welttrend, der mit Technikentwicklung und internationaler Vernetzung verbunden ist, stärken."[15] Die geforderte breite Politik wird zudem auch dem dienen, was unter Klimaschutz auf der Tagesordnung steht.[16]

Was meine Bewertung des *Africa Human Development Report 2016* betrifft, ist zu beachten, dass es hier nicht darum geht, ein der *human development*-Forschung angemessenes, also letztlich durch Zahlen gesichertes Bild zur Situation der Gleichheit der Geschlechter in Afrika zu

---

[12] UN GA A/Res/70/1: Rnr. 19f.
[13] Ebd.: Nach Rnr. 59.- Der englische Text benutzt den Begriff *empowerment*.
[14] UNDP 2016, 14.
[15] Ebd., 15 (Übersetzung wie auch im Folgenden: der Autor).
[16] Ebd.

vermitteln, sondern die Wahrnehmung bestimmter Trends, die einen (vorsichtigen) Rückschluss auf die Möglichkeit der nachhaltigen Entwicklung in Afrika zulassen. Der Bericht weist weitreichende Defizite in Sachen Gleichstellung der Frauen nach: Der Überblick zeigt, dass afrikanische Frauen im Gesundheits- und Erziehungsbereich benachteiligt sind[17]. Häusliche Gewalt gegen Frauen, Vergewaltigungen wie auch ideologisch begründete Benachteiligungen ergänzen das Bild sozialer Diskrimination.[18] Daten zur Wirtschaft belegen, dass Beschäftigung ohne soziale Sicherheit mehr von Frauen als von Männern wahrgenommen wird. 66% der im informellen Sektor der Landwirtschaft Beschäftigten sind Frauen.[19] Zur Beschäftigung ohne soziale Sicherheit gehört Arbeit im Haushalt, die Arbeit für Unterhalt und Erziehung der Kinder eingeschlossen. Im Schnitt gilt, dass für gleichwertige Arbeit einem Verdienst von 1 $ für Männer 70 Cent für Frauen entspricht.[20] Berichtet wird, dass afrikanische Frauen bis zu 250 Stunden pro Jahr mit Wasserholen[21] und bis zu 700 Stunden pro Jahr mit Holzsammeln beschäftigt sind.[22] Obwohl das Recht an Landbesitz in vielen Teilen Afrikas Frauen noch immer verwehrt wird,[23] tragen Frauen dennoch in erheblicher Weise zur Produktion landwirtschaftlicher Produkte und damit zur Ernährung der Familien bei. Die Arbeitssuche, die Männer aus den ländlichen Bereichen vertreibt, hinterlässt Kinder und Frauen in den ländlichen Gebieten, die notgedrungen die alleinige Verantwortung für die Haushalte tragen.

Probleme dieser Art mögen drängender geworden sein, aber sind sie deswegen neu? An sich gesehen sind die Probleme der genannten Art nicht neu. Neu ist, dass sie im Zeichen des Bevölkerungswachstums eine andere Größenordnung erreichen und sich damit größerer politischer Aufmerksamkeit erfreuen.[24] Hand in Hand mit erhöhter politischer Aufmerksamkeit gehen Veränderungen in der Rolle von Frauen in der Politik – *African women in politics and leadership* ist ein besonderer Titel im

---

[17] Ebd., 36ff.
[18] Ebd., 43.
[19] Ebd., 4.
[20] Ebd.
[21] Ebd., 70.
[22] Ebd., 71.
[23] Ebd., 56f.
[24] Hierzu und zum Folgenden: ebd., 76ff.

UNDP-Bericht. So betont der Bericht, dass sich der Anteil von Frauen, die Führungspositionen innehaben, trotz nach wie vor feststellbaren Widerstands erheblich verbessert habe. Das gilt insbesondere für öffentliche Ämter, aber auch für Ämter im privatwirtschaftlichen Bereich. In mehreren afrikanischen Ländern qualifizierten sich Frauen für das höchste Amt im Staat; in 2012 wurde eine Frau Vorsitzende der Afrikanischen Union. In zahlreichen nationalen Parlamenten besetzen Frauen 40 und mehr Prozent der Sitze; Entsprechendes gilt für die regionalen Organe afrikanischer Staaten.

Darüber hinaus betont der Bericht des UNDP die Rolle von Frauen bei der Bearbeitung und Lösung politischer Konflikte. Mit der Rolle und Bedeutung von Frauen in Prozessen der Friedenssicherung hatte sich bereits der Sicherheitsrat der Vereinten beschäftigt.[25] Unter anderem war die *Agenda 2030 für nachhaltige Entwicklung* Bezugspunkt der Entscheidung der Generalversammlung.[26] Die zentrale Forderung der Entscheidung geht an alle Mitglieder der Vereinten Nationen, darauf hinzuwirken, dass Frauen in allen Bereichen, die mit Konfliktlösung und Friedenssicherung zu tun haben, verstärkt zu beteiligen sind.[27]

Der UNDP-Bericht sieht sich auf einer Ebene mit der Resolution des Sicherheitsrates der Vereinten Nationen. Der Bericht beruft sich auf eine Reihe von Fällen, bei denen Frauen eine wichtige Rolle gespielt haben. So hätten Frauen insbesondere im Hintergrund Überzeugungsarbeit bei politischen Führern geleistet, Kundgebungen organisiert und verschiedene dem Frieden dienende Leistungen, wie etwa im Bereich der Wählerausbildung, erbracht.[28] „Die Erfahrungen von Frauen in Konfliktsituationen belegen eindrücklich, dass und auf welche Weise Frauen schwierigen politischen Situationen entgegentreten und dabei entscheidend zur Lösung von Konflikten und nachhaltiger Friedenssicherung beitragen."[29] Zum Beleg verweist der Bericht auf Konflikte und deren Bewältigung in der Demokratischen Republik Kongo, der Zentralafrikanischen Republik, Sierra Leone, Liberia, Guinea und Südafrika. Auch wenn die Beteiligung von Frauen an Friedensprozessen in der Mehrzahl der Fälle auf eher unter-

---

[25] UN Security Council S/Res/2242 (2015).
[26] Absatz 11 der Einleitung.
[27] Absatz 1 der Resolution.
[28] UNDP 2016, 86.
[29] Ebd.

geordneter Ebene stattfand,[30] war und ist der Einfluss von Frauen nicht zu unterschätzen. In den genannten Ländern „haben Frauen immer wieder ihre moralische Autorität als Mütter, als diejenigen, die Leben geben, für Frieden und Friedensstrategien eingesetzt."[31] Der Bericht zitiert Leymah Roberta Gbowee, die wegen ihres aktiven Eintretens für Frieden in Liberia zusammen mit drei anderen Personen in 2011 den Friedensnobelpreis erhielt. Gbowee unterstreicht aus ihrer Erfahrung die Wichtigkeit von Frauen im Aushandeln von Konflikten und in der Sicherung von Absprachen für Frieden: Es sind die Frauen, „die sich um die Familien sorgen und den sozialen Zusammenhalt vor, während und nach Auseinandersetzungen sichern".[32]

3. Eine rechtsphilosophische und entwicklungspolitische Schlussbemerkung

Die Zusammenfassung des internationalen Diskurses zur Rolle der Frau im Prozess zu nachhaltiger Entwicklung führt mich zu einer interpretierenden Schlussbemerkung: ihr rechtsphilosophischer Teil verbindet sie mit feministischer Rechtslehre, ihr entwicklungspolitischer Teil kehrt zum Ausgangspunkt dieses Beitrages – Afrika als Bedrohung für Europa, Bedrohung für das sozio-ökologische Schicksal Europas – zurück.

Was im internationalen Diskurs zur Rolle der Frau im Prozess zu nachhaltiger Entwicklung auffällt, ist eine gewisse Unsicherheit in der Betonung notwendiger Politiken zur Erreichung von Gleichheit von Frau und Mann einerseits und der Einordnung der besonderen Rolle, die ungeachtet bestehender Ungleichheiten Frauen bei Konfliktlösung und Friedenssicherung einnehmen, andererseits. Die Betonung des zweiten Aspekts lässt in der Schwebe, inwieweit es um die Erreichung von Gleich-

---

[30] Ebd., 87. – Unter Bezug auf Castillo Diaz und Tordjman (2012) unterscheidet der UNDP-Bericht zwischen Frauen, die Friedensabkommen mitunterschrieben haben, Frauen, die in führender Position Mediationen leiteten, die bei Konfliktlösungen als Zeuginnen aufgetreten sind, und solchen, die Mitglieder in Verhandlungsteams waren. Die erste Kategorie weist den mit Abstand geringsten Frauenanteil aus.
[31] Ebd., 86. – Eine wichtige Referenz für das im Text Gesagte ist Mazurana/McKay 1999.
[32] Zitiert nach UNDP 2016, 88.

heit geht oder auch und gerade um die besondere und damit besonders zu unterstützende Wertschätzung der Rolle von Frauen, die in dieser Form Männer nicht auszufüllen vermögen. Der Blick in die feministische Rechtslehre zeigt, dass die Unsicherheit des internationalen Diskurses auch die feministische Diskussion mitbestimmt, in der die Frage gestellt wird, inwieweit für Frauen im Gegensatz zu Männern die *connectedness* zum Leben, zur Natur – sie tragen keimendes Leben in sich, sie geben Leben, sie erziehen, sie sorgen sich um den Unterhalt der Kinder – bestimmend ist.[33] Im Ergebnis mag man denjenigen zustimmen, die empirisch argumentieren und sagen, dass die *connectedness* zum Leben wie auch ihr Gegenteil (die Ferne zum Leben) bei Mann und Frau vorkommt, im herrschenden kulturellen Kontext (allgemein wie aber noch mehr in Afrika)[34] jedoch mehrheitlich für die Frau und weniger für den Mann gilt. Es sei dahingestellt, ob dieser empirische Befund aus Gründen der Gleichheit der Geschlechter zu korrigieren ist, wie auch dahingestellt sein kann, ob Presseschlagzeilen wie „Ohne Frauen läuft hier nichts"[35] über den berichteten Einzelfall hinaus begründet sind. Solange der Befund bleibt, solange sollte ihm politisch Rechnung getragen werden, zumal seine Nutzung über Beiträge zum Frieden hinaus die Geschlechterparität stärkt.

Damit sind wir beim entwicklungspolitischen Teil der Schlussbemerkung. Auch wenn in der Statistik der Asylanträge Nigeria als erstes afrikanisches Land hinter Syrien, dem Irak, der Türkei und Afghanistan erst auf Platz fünf liegt und insgesamt der Anteil der afrikanischen Anträge nur etwas mehr als 10% der Gesamtzahl der Anträge ausmachen,[36] so stehen doch die nur mühsam kontrollierten Ströme afrikanischer Flüchtlinge mit den Bildern der mit Schlauchbooten im Mittelmeer Verunglückten und den Bildern der den Stacheldraht um Ceuta und Melilla Stürmenden für Bedrohung. Ursachenbekämpfung, wofür entwicklungspolitisch geworben wird,[37] ist politisch plausibel. Auch wenn hier nicht zu erörtern ist, ob das, was als Ursachenbekämpfung angeboten wird, die Ursachen

---

[33] Vgl. Hierzu West 1988 und zur Diskussion um West Freeman 2014, 1081ff.

[34] Vgl. hierzu: Dimandja 2004.

[35] Zeit Online vom 08.08.2018 (letzter Zugriff 10.02.2020).

[36] Zahl der Flüchtlinge. https://mediendienst-integration.de (letzter Zugriff 09.02.2020).

[37] Menschen auf der Flucht. https://www.bmz.de (letzter Zugriff 09.02.2020).

tatsächlich nachhaltig bekämpft und damit geeignet ist, die Flüchtlingsströme als Anstoß der Bedrohung einzudämmen.

Was durch den *Africa Human Development Report 2016* von UNDP angeregt wird, ist den Stimmen der Frauen entwicklungspolitisch Raum zu geben, sie zum Beispiel mitbestimmen zu lassen, wenn es generell um Rüstungspolitik geht, wenn nach dem Export von Waffen gefragt wird, wenn die Sicherheitskräfte in afrikanischen Ländern auszubilden sind, wenn... Vieles spricht dafür, dass gesellschaftspolitische Öffnungen dieser Art auf das Postulat für Nachhaltigkeit positiv antworten werden. Sie werden neue Entwicklungen provozieren, die die gängige Wissenschaft und die gängige Politik so unerwartet bewegen werden, wie das, was wir etwa in Gestalt der *Fridays-for-Future*-Bewegung selbst in Afrika beobachten können.[38]

Literatur

Castillo Diaz, P.; Tordjman, S. (2012): Women's participation in peace negotiations: Connections between presence and influence, UN women, https://peaceoperationsreview.org/wp-content/uploads/2015/11/womens_partcipation_peace.pdf (letzter Zugriff 10.02.2020).

Dimandja, A. L. (2004): The role and place of women in Sub-Saharan African societies, www.globalaging.org (letzter Zugriff 10.02.2020).

Enzensberger, H. M. (1989): Ach Europa. Frankfurt a.M.: Suhrkamp Verlag.

Freeman, M. D. A. (2014): Lloyd's introduction to jurisprudence. 9. Aufl., London: Sweeit & Maxwell.

Grill, B. (2003): Ach, Afrika: Berichte aus dem Inneren eines Kontinents. München: Goldmann Verlag.

Grill, B. (2012): Ach, Afrika: Berichte aus dem Inneren eines Kontinents. München: Pantheon Verlag.

Mazurana, D. E.; McKay, S. R. (1999): Women and peace-building. Canada: International Centre for Human Rights and Democratic Development.

UNDP (2016): Africa Human Development Report 2016. Accelerating gender equality and women's empowerment in Africa. New York: UNDP.

---

[38] For Africa, Fridays for the Future marches are just beginning. https://africatimes.com/2019/09/21 (letzter Zugriff 09.02.2020).

United Nations (15.04.1993): Agenda 21: Programme of Action for Sustainable Development – The Final Text of Agreements Negotiated by Governments at the United Nations ... 3-14 June 1992, Rio De Janeiro, Brazil.

West, J. (1988): Jurisprudence and gender, in: Chicago Law Review, 1, S. 1-72.

Die sozioökologischen Bedingungen unserer Zeit und wie wir sie gestalten können

Ein Nachwort

Linda Sauer

Wim Wenders, einer der großen Regisseure unserer Zeit, hat im Nachgang zu seinem letzten Dokumentarfilm einige Worte gesagt, die aufhorchen lassen. Denn sie richten sich explizit an die ‚Machthaber' auf diesem Planeten, die seiner Ansicht nach keine Orientierung mehr böten, die unmoralisch und unverantwortlich handelten und ihrer Aufgabe kaum noch gerecht würden (vgl. Wenders 2018).

Im Zeitalter digitaler Demaskierung und eines zunehmend rauer werdenden gesellschaftlichen Umgangstons mögen diese Worte zwar kaum noch erschrecken. Doch geht es Wenders, anders als vielen seiner Zeitgenossen, weder um die Skandalisierung des Politischen noch um die eigene Effekthascherei. Wenders wollte vielmehr zum Ausdruck bringen, dass die gesellschaftlichen Einstellungen und Haltungen, die sich in jenen Machthabenden exemplarisch abbilden, einer Revision bedürfen. Denn die zunehmende Orientierungs- und Richtungslosigkeit auf Seiten der politisch Legitimierten, ihr (Nicht-)Handeln hinsichtlich sozialer und ökologischer Belange und ihre größtenteils strategische Ausrichtung auf rein persönliche Interessen und Vorteile machen auf der anderen Seite nur sichtbar, woran unsere heutigen Gesellschaften, vornehmlich jene aus den westlichen Industrieländern, grundlegend kranken: an zunehmender Gleichgültigkeit, Ignoranz und Selbstbespiegelung und an einem stillschweigenden Konformismus mit eben jenen sozio-ökonomischen Strukturen, die sich auf Basis sozialer Gier und persönlicher Bereicherungssucht fortentwickeln, dabei aber zu immer tieferen sozialen Spaltungen und ökologischen Krisen führen. Zwar werden allerorts die westlichen Prämissen der Gleichberechtigung, Toleranz und Liberalität hochgehalten. Doch lässt man den Gedanken an Gleichheit gerne fallen, wo es um die Sicherung von Status und eigener Lebensverhältnisse geht, tolerant ist man lieber gegenüber Gleichgestimmten, weniger gegen Andersdenkende, und auch die Freiheit wird vornehmlich aus ihrem Negativum heraus verstanden. Frei wähnt man sich gemeinhin dort, wo man von der Anwesenheit der anderen unbehelligt bleibt, verschont von den Anforderungen, die eine Um- und Mitwelt an einen stellt. Freiheit belegt man heute gerne mit den Attributen des Selbstmanagements, der Selbstentfaltung und Selbstoptimierung. Sie sind die soziotechnischen Träume eines neuen Gesellschaftskörpers. Dabei sind Selbstorganisation und Selbsterfahrung keine politischen und sozialen Richtwerte, die eine Gesellschaft im Ganzen voranbringen, ihre Herausforderungen gemeinsam angehen und bewältigen ließen. Sie sind bestenfalls Leitlinien des ‚neuen Menschen', der dabei immer mehr von sich abrückt, eben, weil er nur noch sein Selbst-Sein sieht und das, was er eigentlich draußen vorfinden müsste, in sein eigenes Innenleben trägt.

„Frei sein", sagt Hannah Arendt, „können Menschen nur in Bezug aufeinander" (Arendt 2015, 201), weil kein Mensch für sich selbst oder mit sich selbst *frei* sein kann. Freiheit erlebt man durch andere, erfährt man dort, wo man neue Perspektiven und Möglichkeiten entdeckt. Nicht alleine in den eigenen vier Innenwänden, abgeschottet und eingemauert vor allen anderen, sondern draußen, wo auch andere leben und auch anderes existiert. Dort, wo sichtbar wird, dass wir nicht alleine auf einer fernen Insel leben und auch selbst keine entfernte Insel sind. Menschen, Tiere, Bäume, Flüsse, Berge, Meere, Luft, Erde, Klima – all dies hängt miteinander zusammen, bedingt sich wechselseitig, ist aneinandergebunden wie ein Mosaik aus unzähligen, unteilbaren und unwiederbringlichen Steinen. Entfernt man einen der Steine, entsteht eine Lücke. Entfernt man viele Steine, verschiebt sich das Mosaik. Entfernt man alle Steine, verschwindet es ganz.

Wir leben in einem Bezugsgewebe aus ökologischen und sozialen Zusammenhängen, das nur so fest und stabil sein kann wie die Teile und Teilnehmerinnen in ihm. So wirken sich unsere Handlungen immer in irgendeiner Form auf dieses Bezugsgewebe aus, hinterlassen ihre Spuren, ihre Fingerabdrücke, manchmal große, manchmal weniger große, dafür vielleicht umso tiefere. Und sie wirken umgekehrt auch auf uns selbst zurück. Denn wir sind eingebettet in das Ökosystem namens ‚Erde', produzieren materielle und immaterielle Dinge, bezeugen darin unsere Einstellungen, Erwartungen und Perspektiven und machen geltend, dass wir eben nicht alleine, rein selbstorientiert und selbstoptimiert leben können, sondern angewiesen sind auf andere und anderes. Welche Haltung wir also anderen und anderem gegenüber einnehmen und wie diese umgekehrt auf uns zurückwirken, bestimmt die Physiognomie unseres Planeten. Dies zu begreifen, ist die große Aufgabe unserer Zeit und unserer Generationen. Hier zeigen sich die Orientierungslinien, die den Machthabenden auf den internationalen Parketten scheinbar verloren gegangen sind: verantwortungsvoll mit der Um- und Mitwelt umzugehen, ist eine davon. Und es ist nicht nur Aufgabe der politisch Legitimierten, sondern eine Angelegenheit, die uns alle betrifft, die wir politische Legitimität besitzen. Denn andernfalls könnten wir sie auch nicht vergeben. Wer sich selbst nicht als einsame Insel davonschwimmen sieht, der trägt Verantwortung – für die Welt, in der er lebt und für jene, mit denen er dort zusammenlebt.

Das große Thema dieses Bandes, die *Dialektik von sozialer und ökologischer Gerechtigkeit*, stellt damit auch die Frage nach der *Verantwortung* in den Mittelpunkt der Überlegungen. *Verantwortung* kommt ursprünglich von *antworten* und bedeutete ‚für etwas einzutreten', ‚auf eine Frage zu reagieren', ‚Rechenschaft abzulegen', etwas auf sich zu nehmen und dafür auch die Folgen zu tragen. Der Begriff *Verantwortung* macht also deutlich, dass mir selbst ein *aktiver* Part zukommt. Ich kann mich nicht davonstehlen, sondern muss meine Rolle annehmen, muss die Tatsache, dass ich existiere, auf mich nehmen und ihr *gerecht* werden. Emmanuel Lévinas, wegweisender Verantwortungsethiker des 20. Jhs., hat angesichts der totalitären Bewegungen und des Zusammenbruchs aller geltenden politischen wie moralischen Normen, einen neuen Begriff von Verantwortung geltend gemacht: jenseits abstrakter Wertesysteme und geschlossener Weltbilder kristallisiert sich Verantwortung für Lévinas in der *Beziehung* zum *anderen*. Durch die *Begegnung* mit dem *anderen* erfahre ich Verantwortung, erlebe ich, was es heißt, verantwortlich zu sein. Eine solche Verantwortung gründet letztlich in der *Freiheit*. Ich bin *frei*, meine Verantwortung auszufüllen, wie auch umgekehrt, sie abzuschieben und mich aus ihr herauszuziehen. Doch damit verwirke ich womöglich meine Freiheit, die mich für meine Existenz und ihre Bedingungen auch verantwortlich macht. „Indem der Andere die Freiheit zur Verantwortung ruft, setzt er sie ein und rechtfertigt sie", so Lévinas (Levinas 1993, 282). *Verantwortung* und *Gerechtigkeit* verhalten sich dabei wie zwei Seiten ein und derselben Sache. Denn ohne individuelle Verantwortung kann sich auch keine soziale wie ökologische Gerechtigkeit einstellen. Wer sollte sie garantieren und geltend machen? Umgekehrt gilt: Wo die Gerechtigkeit nicht als normativer Maßstab sichtbar wird, dort wird sich auch niemand seiner individuellen Verantwortung bewusst. So, wie sich die *Verantwortung* im handelnden und sich seines Handelns bewusst werdenden Subjekt kristallisiert, so kristallisiert sich die *Gerechtigkeit* auf der Metaebene als gemeinschaftsbezogener Richtwert, an dem sich die Verantwortung zeigen und bewerten lässt.

Ob etwas *gerecht* ist oder nicht, kann dabei am besten diejenige beurteilen, die von außen auf eine Situation blickt. Die unparteiische Richterin, *iustitia*, die das Gleichgewicht hält, eben weil sie nicht selbst in das Geschehen involviert ist, weil sie nicht teilhat und weder für die eine noch für die andere Seite auf dem Spielfeld steht. Sie urteilt sozusagen vom Zuschauerrang aus und hat deswegen den größtmöglichen Überblick. So wie es der vorsokratische Naturphilosoph Pythagoras in einer Parabel beschreibt, die uns von Diogenes Laertius überliefert ist: „Das Leben ist wie ein Festspiel; zu einem solchen kommen manche als Wettkämpfer, andere, um ihrem Gewerbe nachzugehen, doch die Besten kommen als Zuschauer, und genau so ist es im Leben: die kleinen Naturen jagen dem Ruhm oder dem Gewinn nach, die Philosophen aber der Wahrheit." (Laertius 2015, VIII/ 8)

Vielleicht hat die *Gerechtigkeit* ja deswegen einen so hohen Stellenwert in der gesamten Philosophiegeschichte. Denn gerecht urteilen können nur die, die die Wahrheit lieben. Die auf der Tribüne sitzen und das Geschehen von außen beobachten. Die aus der Höhle hinaufsteigen. Und die den Preis dafür zu zahlen bereit sind. Weniger, weil sie von den anderen, sobald sie wieder hinabsteigen, ausgelacht werden – echten Philosophinnen ist das nicht weiter wichtig. Vielmehr, weil sie dabei auf ihre aktive Teilhabe und Teilnahme verzichten müssen. Denn ohne Rückzug keine Erkenntnis. Theorie leitet sich von *theoria* (*theorein*) ab und bedeutet ‚schauen', ‚betrachten', ein ‚Zuschauer sein'. Nur die, die aus einer Perspektive blicken, die den Teilnehmenden in ihrem engen Radius verschlossen bleibt, können *richtig* sehen und *gerecht* urteilen.

Die soziöökologischen Bedingungen unserer Zeit – Ein Nachwort

Die philosophischen Perspektiven in diesem Band belegen dies auf eindrückliche Weise. Beginnend mit dem Lebensrückblick von **Peter-Cornelius Mayer-Tasch**, der die *Gerechtigkeit* als Leitbegriff einer langen philosophischen Tradition verortet und dabei auch an seine eigenen Lebensstationen anknüpft, die ein halbes Jahrhundert im Brennspiegel politischer wie ökologischer Entwicklungen fassen. Dabei bleibt die Frage nach der soziöökologischen Gerechtigkeit an seinen Lebensweg gebunden wie ein Kreis an seinen Mittelpunkt, prägte ihn und wirkte umgekehrt auch auf die Zeit, die politischen wie ökologischen Entwicklungen zurück. Doch ging es ihm nicht um den einfachen Widerklang, nicht darum, gängigen Trends und Meinungen zu entsprechen. *Gerecht* werden kann man (s)einer Zeit nur dadurch, dass man ihre Widersprüche erkennt und anerkennt, sie bis zum Ende durchdenkt und schließlich auch den Frieden stiften kann. „Neben der Liebe", schreibt Mayer-Tasch gleich zu Beginn, sei die Gerechtigkeit „das wohl bedeutsamste Thema des menschlichen Zusammenlebens". Und ich bin sicher, er hat damit recht. Denn beide sind elementare Kräfte unseres Menschseins. Sie machen Spannungen sichtbar, tragen die wohl wichtigsten Versprechen in sich und bringen die Wonnen wie auch die Melancholien unseres Lebens zum Tragen.

Manuel Knoll, der über ‚*Das Gerechte in der Philosophie*' eine imposante Reise bis zu den Anfängen bei Homer und Hesiod, bei Anaximander und später bei Platon sowie Aristoteles, dem König aller Wissenschaften, unternimmt, macht dabei vor allem den Richtwert der Gerechtigkeit geltend. Diese sei kein Selbstzweck (möglicherweise liegt hier ein entscheidender Unterschied zur Liebe), sondern ein Mittel, um die Praxis in ihren moralischen, politischen und rechtlichen Handlungen zu richten, dadurch auch zu bessern. Die Gerechtigkeit als Wegweiser und Leitvorgabe des politischen Zusammenlebens entblättert Knoll aus ihrer philosophiegeschichtlichen Entwicklungsgenese, die noch heute in den zeitgenössischen Theorien von Rawls bis Walzer, von Nozick bis Nussbaum, vor allem in der sozialen Frage nach der Verteilungsgerechtigkeit sichtbar wird.

Dabei scheint die philosophische Entzifferung der Tradition deutlich zu machen, wie sehr unser Blick auf die Welt, unsere Denk- und Lebensweisen sowie unsere historischen Fingerabdrücke von der anthropozentrischen Sichtweise geprägt sind. Das Anthropozän, das als Epoche zwar erst nach 1945 datiert wird, sofern der Mensch durch selbstkonfigurierte Stoffe wie Plastik, Beton und Nukleotide begonnen hat, eine eigene geologische Schicht in der Erdkruste zu bilden (vgl. Morton 2019, 52), ist eigentlich schon viel früher anzusetzen. Denn das anthropozentrische Verhältnis zu allem Sein, die Hybris des Menschen, sich überall selbst in den Mittelpunkt der Umlaufbahn zu setzen, soziale Fragen gegen ökologische Belange auszuspielen oder einseitig zu priorisieren und sich dabei als alleinigen ‚Herrn des Seins' zu wähnen, bleibt menschliches Vermächtnis wie kosmologisches Verhängnis. Bewusstwerdung, radikales Umdenken und konsequentes Handeln müssten dem Anthropozän also nachhaltig und auf lauten Sohlen folgen.

Insofern fordert **Harald Seubert** in seinem philosophischen Rekurs auf ‚*Oikos und Polis*' denn auch die ganzheitliche Betrachtung der Gerechtigkeit, die er in ihren dialektischen Spannungen zwischen sozialen Anliegen und ökologischen Wechselwirkungen eindrücklich bebildert. Letztlich müsse auch heute, so Seubert, wieder an Platons Grundformel von Gerechtigkeit angeknüpft werden: denn das „ta heautou prattein", das zunächst in der Seele, dann in der Polis aufzufinden ist, eignet sich vor allem für die heutige Zeit, angesichts zunehmender Spannungen und Fragmentierungen, um den Verschränkungen von ökologischer und sozialer Anforderung wieder *gerecht* zu werden.

Den Abschluss der philosophischen Reise bildet **Ulrich Weiß**, der sich mit zwei *Grenzbereichen* des Gerechtigkeitsbegriffs befasst und in diesen nicht nur den eigentlichen Kern und Knackpunkt aller Gerechtigkeitsdiskurse entblättert, sondern auch ihr *dialektisches Moment* aufdeckt, den Umschlagpunkt, wo das Gerechte beginnt, selbstwidersprüchlich zu werden und damit äußerst spannungsreiche Fragen aufzuwerfen. Einer dieser Grenzbereiche befindet sich in der *Billigkeit*, auf die Weiß schon mit seinem Anfangszitat von Gracián aufmerksam macht: „Nichts übertreiben" – alles im rechten Maß. Denn wo der Gerechtigkeit das Augenmaß und das entsprechende Urteilsvermögen fehlt, das sich eben nur anhand konkreter Situationen zeigen und erfahren lässt, dort wird das gerechte Streben blind für das, was es eigentlich gerecht machen sollte und wollte. Man ahnt schon: auch im Guten, Wahren und Schönen gibt es ein *Zuviel*, ein Moment, wo die Sache beginnt, aus dem Ruder zu laufen, wo der ehrenwerte Gerechtigkeitswunsch anfängt, fanatisch, rigoristisch und erschreckend gerechtigkeitsblind zu werden. Weiß führt dies am hervorragenden Beispiel von *Michael Kohlhaas* auf, dessen ursprüngliche Gerechtigkeitsforderung sich zusehends in einen wütenden Rachefeldzug verwandelt. Wenn die Revolution anfängt, ihre Kinder zu fressen, dann wendet sie sich gegen ihre eigentliche Bestimmung, führt nicht zu Freiheit und einer gerechteren Gesellschaft, sondern mündet in Versklavung und Tyrannei. Die *Tyrannei der Werte*, jenen zweiten Grenzbereich der Gerechtigkeit, entziffert Weiß bei Nicolai Hartmann und Carl Schmitt, deren kritische Zeitdiagnosen dabei keineswegs nur für autokratische und totalitäre Herrschaftsstrukturen gelten. Auch unsere heutige Zeit zeugt davon und sollte sich von den liberalen Prämissen lieber nicht täuschen lassen. Gerechtes kann immer ein Zuviel haben und damit sehr ungerecht verfahren – wo Forderungen verabsolutiert und einseitig beansprucht werden und wo vergessen wird, dass das *Gerechte* doch letztlich in der *Mitte* zwischen zwei Extremen gefunden werden muss. So wie es Aristoteles schon erkannte und wie es auch Peter-Cornelius Mayer-Tasch in seinem Buch *Mitte und Maß* wiederbelebt hat.

Wenn sich *Gerechtigkeit* gerade in der Suche nach dem rechten Maß verwirklicht, dann verwirklicht sich *Verantwortung* im gerechten, der Situation angemessenen Handeln. Notwendig dafür ist aber nicht die (wahre) Erkenntnis und auch keine philosophische Liebe, sondern eine Liebe, die sich in unmittelbarem Bezug zum Umfeld und in kontinuierlichem Austausch mit ihm befindet. Die *Verantwortung* beinhaltet zugleich eine *Aufforderung*: ich muss *antworten*, gegenüber mir selbst, aber auch gegenüber anderen und anderem.

Wim Wenders hat das in seinem Dokumentarfilm sehr deutlich gemacht. Orientierung müssen wir uns nicht bei den Machthabenden dieses Planeten holen, sondern bei jenen, die die persönliche Verantwortung vor das persönliche Machtinteresse stellen. Bei jenen, die nicht nur an sich selbst denken, sondern sich selbst als Teil eines größeren Zusammenhangs erfahren. Und die gerade deswegen etwas bewegen und hinterlassen, weil es ihnen nicht um Selbstoptimierung und Selbstbebilderung geht, sondern darum, sich der Welt zu *überantworten*, sich in ihr konkret zu *verantworten*. „Niemand kann sagen: ‚Ich habe nichts damit zu tun.' Wir alle sind verantwortlich!", so der Protagonist aus Wenders' Film. Der Mann, der da spricht, ist kein Politiker. Er hat kein Programm anzubieten, vertritt keine Lobby und auch kein Land. Ihm geht es vielmehr um das Allgemeinwohl der Menschen, das er innerhalb eines ökologischen und sozialen Gleichgewichts verortet und zu dessen Verteidigung er angetreten ist. Und auch wenn er dabei auf nichts weiter zurückgreifen kann als auf die Macht seiner Worte und die Kraft seiner Persönlichkeit, so sind gerade die nicht zu unterschätzen. Zwar ist er kein Popstar, kein

Widerstandskämpfer und auch kein Sozialrevolutionär. Aber die Attribute treffen auf ihn wohl derzeit mehr als auf jeden anderen zu: auf *Papst Franziskus*, der sich gegenüber geistlicher Elite wie weltlicher Macht gleichermaßen unbeeindruckt zeigt; der die Dekadenz des Vatikans als selbstbezogen und narzisstisch kritisiert und für eine ‚arme Kirche für die Armen' plädiert; der sich auf die Seite der Abgehängten und Stimmlosen stellt, in Gebiete geht, die niemand freiwillig besuchen möchte und Tatsachen beim Namen nennt, vor denen andere lieber Augen und Mund verschließen. Der Papst ist furchtlos. Und er ist radikal – im ursprünglichen Wortsinne. Als erster in der päpstlichen Tradition gab er sich den Namen *Franziskus*, in Anlehnung an den heiligen *Franz von Assisi*, mit dem ihn gleichzeitig ein enormes Erbe verbindet. Denn Franz von Assisi war auch ein Radikaler, einer, der auf Glanz und Glorie verzichtete und stattdessen ein Leben in Armut führte, in Einklang mit der Natur und in Verbundenheit mit seinen ‚Schwestern und Brüdern', zu denen für ihn vor allem die Armen, Kranken und Ausgestoßenen gehörten. Assisi hatte ein tiefes Verständnis für das Leid der Schwächsten und Anteillosen. Aber zugleich hatte er auch eine große Fähigkeit: er konnte Hoffnung geben, gerade dort, wo die Zeiten trübe waren, und damit einen Weg aufzeigen, den auch jene, denen sämtliche Wege bereits versperrt schienen, auf einmal gehen konnten. Der Mann, der vor 800 Jahren gelebt hat, war ein Visionär. Einer, der mutig und unerschrocken genug war, inmitten der Kreuzzüge nach Jerusalem aufzubrechen, um dem dortigen Sultan die Hand zu reichen – nicht, um ihn zu bekehren, sondern, um gemeinsam mit ihm in einen Dialog zu treten. Von Assisi gilt bis heute als Wegbereiter des interreligiösen Dialogs und als Vorreiter für Umwelt-, Natur- und Tierschutz. Er war der erste Ökoaktivist, den man noch heute als ‚grünen Heiligen' verehrt.

Die Umwelt im Sinne einer ganzheitlichen Ökologie ist auch das große Thema von Franziskus, dem er dafür eigens eine Enzyklika mit dem Titel *Laudato si'* gewidmet hat. In dieser hält er mit Worten nicht zurück, sondern spricht klar aus: Keiner kann sich davonstehlen, jeder Einzelne ist für *eine Welt* verantwortlich, die nicht in eine erste, zweite oder dritte aufgeteilt werden kann. Verantwortlich damit auch für einen Planeten, der sich zunehmend in eine Mülldeponie verwandelt, der von Abfällen überschwemmt wird und von einer Wasser- und Klimaverschmutzung zeugt, deren Ursachen zwar hauptsächlich bei den Industrienationen liegen, deren Auswirkungen aber vor allem die Entwicklungsländer tragen (vgl. Papst Franziskus 2015).

2015 hält Franziskus vor der UN-Vollversammlung in New York eine Rede, die den anwesenden Zuhörerinnen und Zuhörern, eben jenen Machthabenden unseres Planeten, nicht geschmeichelt haben dürfte:

„In allen Religionen ist die Umwelt ein grundlegendes Gut. Ihr Missbrauch und ihre Zerstörung jedoch sind Begleiterscheinungen eines unaufhaltsamen Prozesses der Ausschließung. Die Ärmsten sind diejenigen, die am meisten unter diesem Prozess leiden, und zwar aus drei schwerwiegenden Gründen: Sie sind aus der Gesellschaft ausgeschlossen, gleichzeitig sind sie gezwungen, von den Abfällen zu leben, und sie sind auch noch die Leidtragenden der Folgen der Umweltverschmutzung. Dieses Phänomen entspricht der heute weitverbreiteten und sich unbewusst verfestigenden ‚Wegwerfkultur'" (O-Ton Franziskus).

Wie kommt es nun, dass ein Papst die aktuellen globalen Entwicklungen, die sozialen Schieflagen, wirtschaftlichen Fehlentscheidungen und ökologischen Auswirkungen scheinbar deutlicher erkennt, als jene, die sich tagtäglich damit beschäftigen? Jene, die die politische Macht haben, insbesondere auch dazu, etwas zu verändern? Jene, die für wirtschaftliche Regulative zuständig sind, Gutachten anfertigen und auf solche zurückgreifen können und damit Umweltschäden bereits im Vorfeld abschätzen und abwenden müssten? Politikerinnen, Wirtschaftsexperten, Beraterinnen und Entscheidungsträger – sie alle zeigen sich ratlos, kraftlos, verantwortungslos, besonders dort, wo es anfängt, unangenehm und konfliktreich zu werden. Manchmal scheint es fast so, als seien sie angesichts der Komplexität unserer Welt in Opposition zu ihren eigentlichen Aufgaben getreten.

Damit kommen wir zum zweiten großen Thema dieses Bandes, nämlich dem der *dialektischen* Spannungen und Herausforderungen angesichts der globalen sozio-ökologischen Krisen und Problemlagen. Die *Dialektik* ist ein philosophischer Terminus, der dabei auf sehr reale und konkrete Phänomene verweist: auf die Antagonismen und Unstimmigkeiten, denen wir im Leben ausgesetzt sind; auf den Treibstoff, den das Widersprüchliche für alle Entwicklung und jeden Prozess bereithält; sowie auf den Ausgleich, den alle Widersprüche und Kontraste letztlich anstreben. Die *Dialektik* macht deutlich, dass nichts und niemand in der Welt einfach *so* existiert, d.h. als einförmiges, konvergentes und in sich selbst identisches Etwas. Alles, was ist, ist die Folge einer Entwicklung, die durch Negationen und Umkehrungen bedingt ist. Alles, was ist, kann nur dadurch fortexistieren, dass es sich immer wieder aufhebt und wandelt. Alles, was ist, kann nur dort weiterwachsen und lebendig bleiben, wo es immer wieder aufs Neue mit den eigenen Kehrseiten und Ungereimtheiten konfrontiert wird.

Philosophisch hat das kaum ein Denker so vielschichtig und vieldeutig zur Anschauung gebracht wie Hegel. Man könnte fast sagen, Hegel hat die Dialektik durch seine Philosophie noch *dialektischer* aussehen lassen. Bei ihm gibt es keine unvermittelten Antworten, kein unvermitteltes Bewusstsein, keine unvermittelte Wirklichkeit. Alles, was ist, ist nicht einfach da, sondern existiert aus seinen Zusammenhängen, ist durch diese geprägt und mit diesen verwoben. Die Zusammenhänge liegen dabei nicht fein säuberlich und stimmig vor uns, sondern werden erst sichtbar, wo sie Brüche offenlegen, Spannungen markieren und Gegensätze aufdecken. Der Prozess der Versöhnung dieser Gegensätze, der schließlich Weg und Ziel allen Existierens ist, vollzieht sich dabei durch die Zeit: Wie sich jeder Begriff in der Zeit entwickelt und zu einer begriffenen Erkenntnis erst dort werden kann, wo er zeitlich *geworden* ist, so liegt auch das Materielle in der Zeit begründet, bildet sich mit ihr, aus ihr, durch sie hindurch. Unser Bewusstsein, unsere physische Existenz, unsere Geschichte, unsere Evolution, unsere gesamte Zivilisation – alles entwickelt sich in einer Stufenfolge fort: widerspruchsvoll und dynamisch. Jede These beinhaltet schon die Antithese und beide münden notwendigerweise in eine Synthese, die das Vorige nicht einfach negiert, sondern auf eine neue (höhere) Stufe hebt, damit also in einem dreifachen Sinne *aufhebt*: sie bewahrt, vollendet, erhöht. Danach wird die Synthese zu einer weiteren These und so dreht sich das Rad von Sein und Denken immerfort.

In der Theorie klingt das sehr plausibel. Es wirkt lebendig und letztlich auch harmonisch. In unserer lebensweltlichen Praxis zeigt es sich meist weniger harmonisch, bringt uns an Grenzen, lässt uns häufig ohnmächtig, wütend und frustriert zurück. Bis wir dann auf einmal doch wieder aufstehen, Kräfte mobilisieren und eben den Ausgleich, die Versöhnung anstreben. Wer kennt nicht die Erfahrung, aus persönlichen Krisen gestärkt hervorzugehen – auch wenn dies nur Etappen sind und keine Endziele. Aber bei der nächsten Krise ist man schon etwas stärker geworden und erfahrener als vorher. Die Dialektik (als philosophische

Methode und Erklärungsmuster) kann dabei helfen, Widersprüche in der Welt wie im eigenen Leben anzuerkennen und nicht vor ihnen zu resignieren, sondern sie im Gegenteil als Chance für Wachstum, Veränderung und Entwicklung zu sehen. Auch die Beiträge in diesem Band zeugen davon. Sie geben uns einerseits Analysewerkezeuge an die Hand, um die Zusammenhänge und Grenzlinien der sozio-ökologischen Bedingungen unserer Zeit, eben der *Zeitenwende*, aufzudecken und zu begreifen. Und sie bringen andererseits auch Möglichkeiten und Potenziale zum Vorschein, um sich am Umschlagpunkt neu zu orientieren, um mit den Problemen umzugehen, sie auszugleichen und auszubalancieren.

Franz Kohout macht schon in seinem Titel ‚*Können wir Soziales und Ökologisches versöhnen?*' deutlich, dass es innerhalb der sozioökologischen Bedingungen Spannungen gibt, die letztlich zum Ausgleich streben. Er zeigt die Widersprüche und Wechselwirkungen anhand ihrer globalen, sektoralen und intergenerationellen Zusammenhänge auf und drängt schließlich zur Frage nach dem Handeln angesichts eines globalen wie intergenerationellen Ungleichgewichts. „Moralisch wie politisch stehen wir vor einem ernsten Problem, wenn nicht vor einem Dilemma", so Kohout. Denn die Verbindungslinien „zwischen ökologischen Erfordernissen und sozialem Ausgleich verkomplizieren sich nochmal im 21. Jahrhundert", sofern in der globalisierten und digitalisierten Welt die politischen Wechselbeziehungen und sozioökologischen Abhängigkeiten überdeutlich werden. Die Frage nach dem ‚*Wie*' des Handelns und damit auch die soziale Frage nach der Verteilungsgerechtigkeit, wie sie von Manuel Knoll philosophisch dargelegt ist, erfährt dabei noch eine neue Dimension, bedarf damit auch veränderter politischer Prioritäten.

Die Prioritätsfrage stellt vor allem **Kurt-Peter Merk** in den Vordergrund seiner Analyse über den ‚*Sozialstaat vs. Umweltstaat?!*'. Auch wenn beide Staatsprinzipien grundlegend als gleichwertig rangieren, so wird in der politischen Praxis doch deutlich, dass sozialstaatliche Anliegen vorrangig vor umweltschutzpolitischen Maßnahmen gelten. Diese Schieflage, die insbesondere auch durch wahlkampfstrategische Gründe motiviert ist, auszugleichen, sei die politische Aufgabe der Zukunft. Einfordern und geltend machen lässt sie sich nur dort, wo Kindern und Jugendlichen effektive politische Partizipation zukommt und wo die künftige Generation eine politische Stimme und ein aktives Wahlrecht erhält. Denn ohne partizipative Mehrheiten lasse sich, so Merk, auch keine konsequentere Umweltpolitik organisieren.

Die ersten und entscheidenden Schritte hierfür sind bereits gelegt worden: Die Fridays-for-Future-Bewegung zeugt, insbesondere durch ihre Protagonisten und die Initiatorin Greta Thunberg, in historisch wie kulturell erstmaliger Weise davon. **Linus Pohl** und **Joana Bayraktar** zeigen in ihrem Beitrag ‚*Kooperation statt Konkurrenz: Die Grünen und Fridays for Future*‘, wie diese neue Zeitenwende aussehen und sich gestalten lassen kann. Ziviler Protest geht dabei Hand in Hand mit institutionalisierter Politik, die sich wechselseitig bedingen und befördern. Auch so kann Dialektik aussehen, die gerade deswegen auch nicht immer harmonisch ablaufen kann. Doch schaffen beide Kräfte, die der Straße wie die der institutionalisierten Politik, darüber hinaus noch etwas sehr Wesentliches, das in Wahrnehmung und Analyse von politischen Wandlungsprozessen noch immer zu wenig Beachtung findet: die gesellschaftliche Bewusstwerdung durch die Öffentlichkeit. Gerade die internationalen Klimaproteste haben deutlich gemacht, wie wirksam es sein kann, ein breites öffentliches Bewusstsein für die Gefährdungen und Risiken des Klimawandels zu schaffen und damit eine Trendwende in Gesellschaft und Politik voranzutreiben. **Winfried Schulz** macht in seinem Beitrag ‚*Der Greta-Effekt*‘ deutlich, welche Rolle die Medien in ihrer Funktion als Transportmittel wie Prägekraft unserer Wirklichkeit bzw. unserer Wahrnehmung von ihr spielen. Durch gezieltes Agenda-Setting und entsprechendes Framing verändert sich unser gesellschaftliches Bewusstsein, verändern sich damit auch individuelle wie gesellschaftliche Einstellungen zu bestimmten Problemen. Die Schaffung von Problembewusstsein bei gleichzeitiger Förderung des individuellen wie kollektiven Engagements bedingen das öffentliche Handeln und mobilisieren dadurch auch politische Willensbildungs- und Entscheidungsprozesse, insbesondere auf institutioneller Ebene. Solche institutionellen Veränderungen beleuchtet **Monika Csigó** in ihrem Beitrag über den ‚*institutionellen Wandel in Zeiten der ökologischen Krise*‘. Ein solcher Wandel, dem ein politischer, sozialer wie ökologischer Wandlungsprozess folgt und gleichzeitig von ihm getragen wird, wird durch das institutionelle Lernen flankiert. Es macht sich geltend in staatlichen Rahmenbedingungen, transnationalen Abkommen und supranationalen Verordnungen wie auch, und insbesondere, im Bereich schulischer Bildung und gesellschaftlicher Bildungsinstitutionen. So sei es gerade für ein Aufzeigen von sozialen wie ökologischen Zusammenhängen unerlässlich, so Csigó, das Unterrichtsfach ‚Ökologie‘ in schulische Lehrpläne zu integrieren, um die Kinder von heute zukunftsfähig für morgen zu machen und sie an ein verantwortungsvolles und gemeinschaftsbewusstes Handeln im Kontext der soziökologischen Bedingungen heranzuführen. Denn letztlich, so attestiert Csigó mit Amartya Sen, müssen die gegenwärtigen Theorien Engagement hervorbringen statt Resignation. „Engagement brauchen wir heute mehr denn je!"

Ein solch zivilgesellschaftliches Engagement bezeugt **Severin Böhmer** vor allem den zeitgenössischen basisdemokratischen Gruppierungen, denen er in seinem Beitrag über das ‚*Potenzial junger soziökologischer Bewegungen*' politische Zugkraft zuerkennt. Aufkommen und Auftreten neuer Basisgruppen, wie sie in der Fridays-for-Future-Bewegung zum Vorschein kommen, schaffen es, die politische Bühne zu erweitern und damit gerade jenen Themen einen politischen Resonanzboden zu geben, die vorher zu wenig Beachtung fanden. Denn wo es keine öffentliche Stimme und keine traditionelle Lobby gibt, dort haben Themen und Interessen auch politisch kein Gewicht. Insofern sind die jungen Akteurinnen und Akteure, die sich durch digitale Informations- und Kommunikationskanäle vernetzen, nicht nur *demokratiefördernd*, sondern auch *solidarisierend*. Sie schaffen es, sich für etwas zu mobilisieren, was mehr ist als Selbst- und Einzelinteresse: für Klima, Umwelt und Ökologie; und darüber hinaus auch für die soziale Frage, die, so Böhmer, in den ökologischen Debatten und öffentlichen Diskursen sichtbar werde. Denn der jungen Generation sei in ihrem Engagement für Umwelt und Klima vor allem eines bewusst: dass *Solidarität* gegenüber der Natur auch die *Solidarität* gegenüber den Mitbürgerinnen und Mitmenschen voraussetzt. Eine solche *Solidarität* kann nicht mehr nur auf nationalem Boden stattfinden, sondern bedingt eine globale Gerechtigkeitsperspektive, von der letztlich auch der nationale Frieden und Zusammenhalt entscheidend abhängen wird.

Gerade die gelebte Form von *Solidarität* scheint damit jene politische Initiativkraft freizusetzen, die für Hannah Arendt die Grundfähigkeit politikfähiger BürgerInnen bleibt: die Fähigkeit, Neues zu beginnen, eine Reihe von sich selbst her neu anzufangen und im gemeinsamen Handeln Realitäten zu verändern (vgl. Arendt 2007). „Initium ergo ut esset, creatus est homo, ante quem nullus fuit – damit ein Anfang sei, wurde der Mensch geschaffen, vor dem es niemand gab." (Arendt 2010, 215ff.) Ein Satz, den Arendt Augustinus zuschreibt und den sie bei Kant wiederentdeckt. Für Kant liegt das *Anfangen-Können* im Element der *Spontaneität* begründet und ist damit essenzieller Bestandteil jeder politischen wie geistigen *Freiheit*.

Vielleicht ist der Papst ja auch ein solcher *Neuanfänger*. Einer, der um die Möglichkeiten weiß, die Neuanfänge mit sich bringen; der die Potenziale kennt, die im *Initiativwerden* liegen. Einer, der nicht wegschaut und sich nicht duckt, sondern eintritt und sich Gehör verschafft. Einer, der sich nicht im Vatikan versteckt hinter purpurnen Umhängen und Hermelin, sondern lieber seiner wahren Bestimmung, seiner eigentlichen Aufgabe folgt: ein Sprachrohr zu sein für jene, die keine öffentliche Stimme haben; an die zu appellieren, die zwar nicht ihre Stimme, dafür aber ihr Gewissen verloren haben; und jenen einen Weg zu zeigen, die angesichts ihrer prekären Lage die Aussicht auf eine bessere Zukunft längst verloren haben. So hat er zum Beispiel in seinem ersten Amtsjahr ein Forum in Bolivien geschaffen, das Bürgerinitiativen, Volksbewegungen, Arbeiterinnen, Bauern und indigene Bevölkerung versammelt. Auf einer Reise nach La Paz spricht er zu den dortigen Arbeiterinnen, Gewerkschaftsvertretungen und indigenen Bevölkerungsgruppen folgende Worte:

„Haben wir ernsthaft erkannt, dass etwas schiefläuft? In einer Welt, in der es so viele Bauern ohne Land gibt, so viele Familien ohne Zuhause, so viele Arbeiter ohne Rechte, so viele Menschen, deren Würde verletzt ist? Wir müssen erkennen, dass etwas schiefläuft, wenn Erde, Wasser, Luft und alle Lebewesen der Schöpfung unter ständiger Bedrohung stehen! Wenn wir all das erkennen, müssen wir ohne Furcht sagen: Wir brauchen und wir wollen einen Wandel! Wir wollen einen Wandel in unserem Leben, in unseren Gemeinden, bei unseren Löhnen und in unserem Alltag. Sagen wir ‚Nein' zu einer Ökonomie, die ausschließt und ungleich macht, in der das Geld regiert anstatt uns zu dienen. Diese Ökonomie tötet. Diese Ökonomie schließt aus. Diese Ökonomie zerstört unsere Mutter Erde." (O-Ton Franziskus)

Die Worte erinnern in ihrer Sprachgewalt an große Revolutionsführer wie Nelson Mandela, Mahatma Gandhi, Ernesto Che Guevara oder Martin Luther King. Nur dass der Papst keine Bürgermiliz und auch keine politische Macht hinter sich hat. Das hindert ihn aber nicht daran, von der Macht seiner Worte Gebrauch zu machen. Er denkt nicht daran, angesichts der ungerechten sozialen wie ökologischen Zustände zu resignieren und sich hinter seinem Amt, das traditionell nicht mit revolutionären

Thesen in Verbindung stand, zu verstecken. Franziskus ist ein Mann, der Perspektiven aufzeigt und als mutiges Vorbild vorangeht.

Ich höre in meinem Umfeld oft, in einer Mischung aus Selbstgefälligkeit und Frustration, dass die Welt einfach zu komplex geworden sei, die meisten Mensch ohnehin dumm und bequem seien und die vielen Zusammenhänge ja doch nicht verstünden oder sehen wollten. Deswegen sei es besser, alles beim Alten zu lassen und einfach so weiterzumachen wie bisher. Nur: Die Welt, wie wir sie kennen, die wird sich nicht mehr lange nach der Welt anfühlen, die wir mal kannten, wenn wir an unserem Bezug zu ihr nicht etwas Grundlegendes ändern.

„Wenn wir wollen, dass alles so bleibt, wie es ist, muss alles sich ändern." (Tomasi di Lampedusa 2019) Tancredi, der junge und ambitionierte Anhänger der Republik, sagt diesen Satz (im Roman ‚der Leopard') zu seinem Onkel Don Fabrizio, dem Fürsten von Salina und Vertreter des niedergehenden sizilianischen Adels. Beide wissen um die Veränderung, die ihnen, ganz Italien, ganz Europa im Niedergang des Feudalismus bevorsteht. Doch wo der eine die *Zeitenwende* als neuen Segen empfindet und sich voller Zuversicht in die Zukunft wirft, dort verbindet der andere den Wandel mit Schmerz und Zerfall, dem er mit melancholischem Gemüt beiwohnt. Seine Melancholie ist verständlich, denn sie gilt vor allem ihm selbst, der in der alten Welt zuhause war, sich in ihr gut eingerichtet hatte. Er verbindet sie mit Sicherheit, mit Übersichtlichkeit und auch mit Gerechtigkeit. Aber er schaut dabei nur aus seiner eigenen Perspektive, nicht aus der, die die Zukunft an ihn legt. So naiv der junge Tancredi in seinen Hoffnungen und Träumen auch sein mag – er glaubt an die Veränderung und daran, dass der Mensch an einem *Morgen* teilhaben muss, dass er die Zukunft handelnd mitgestaltet. Vielleicht ist der Glaube an ein *Morgen* eine wichtige, sogar die entscheidende Kraft, die uns zum Handeln veranlasst. Andernfalls würden die jungen Menschen, die sich zu weltweiten Klimaprotesten organisieren und politische Lösungen einfordern, sicher nicht jeden Freitag auf die Straße gehen.

Statt also alles beim Alten zu lassen, sollten wir es lieber Franziskus oder den jungen Protestierenden gleichtun, nicht die Augen zumachen, wenn es zu unübersichtlich wird, nicht bequemlich werden, weil uns alles andere zu mühsam erscheint, nicht resignieren angesichts zunehmender Probleme und komplexer Sachlagen. Stattdessen sollten wir öfter mal an *morgen* denken, öfter mal an *andere*, denen es vielleicht etwas weniger gut geht, an jene, die irgendwo anders sitzen, auf einem Müllberg vielleicht und sich von unserem Müll ernähren oder mit dem Müll Handel treiben müssen, um ihre Familien durchzubringen. Wir sollten öfter mal an das denken, was wir tun, und vor allem, warum wir es tun. Denn in einer Welt, in der es kein *Morgen* und keine *anderen* mehr gäbe, gäbe es auch uns nicht mehr.

„Wenn man nur an sich denkt, kann man nicht glauben, dass man Irrtümer begeht, und kommt also nicht weiter. Darum muss man an jene denken, die nach einem weiterarbeiten. Nur so verhindert man, dass etwas fertig wird" (Brecht 1984, 82), schreibt Bertolt Brecht in den Geschichten vom Herrn Keuner, der wahrscheinlich sein Alter Ego darstellt und gerne ironische Parabeln über das menschliche Dasein erzählt. Die oben zitierte trägt den Titel „Irrtum und Fortschritt" – ein Begriffspaar, das nur scheinbar konträr zueinandersteht, sich bei genauerem Hinsehen jedoch häufig als ein und dieselbe Sache entpuppt. Wie sagt doch gleich nochmal der Papst: „Wie wunderbar wäre es, wenn das Wachstum von wissenschaftlicher und technischer Innovation Hand in Hand gehen würde mit mehr Gerechtigkeit und sozialer Inklusion" (O-Ton Franziskus). Ja, denn damit würde der Fortschritt mal nicht in seine eigene Falle tappen.

Wie so etwas funktionieren kann, davon handelt der Beitrag ‚*Zur Dialektik ökologischer und sozialer Gerechtigkeit*' von **Franz-Theo Gottwald**. In seinem ‚*Versuch am Beispiel der Landwirtschaft*' stellt Gottwald das Prinzip der Gleichwertigkeit von sozialen und ökologischen Interessen in den Vordergrund und macht dies am Ansatz der Agrarökologie dingfest. Deutlich wird hier, dass es ohne ökologische auch keine soziale Gerechtigkeit geben kann; dass es dafür ökologisch-sozialer Gestaltungsprämissen bedarf, die nicht im *Nebeneinander* stehenbleiben, sondern sich als *zusammengehörig* erkennen; und dass es jenseits der konventionellen Modelle gerade die inklusive Sichtweise ist, die den Weg in eine perspektivenreiche Zukunft bahnt. In dieser gehen Agrarökologie, Agrarökonomie und Agrarpolitik Hand in Hand, statt sich im Kampf um den priorisierten Platz gegenseitig auszubremsen. Gottwald macht dafür den agrarökologischen Ansatz fruchtbar, der Wege zukunftsfähiger Landbewirtschaftung und Ernährungssicherung aufzeigt, die lokal und regional angepasst sind und die Prämissen der Umwelt- und Sozialverträglichkeit in die jeweiligen realen Gegebenheiten einlassen. Darunter fallen insbesondere auch die Wechselwirkungen, die zwischen *Natur* (Böden, Wasser, Luft, Klima) und *Kultur* (politische, soziale und ökonomische Rahmenbedingungen sowie historische und technologische Entwicklungen) entstehen und in die der Mensch entsprechend hineinhandelt. Je besser also menschliches Handeln auf diese Faktoren abgestimmt ist, je mehr Kenntnis darüber besteht, wie die einzelnen Faktoren aufeinander wirken, desto fruchtbarer wird der Austausch zwischen *Natur* und *Kultur*, desto weniger muss sich das eine auf Kosten des anderen entwickeln und desto mehr entspricht der Mensch schließlich im Denken und Tun seinen eigenen Bedingungen. Die Agrarökologie, die insbesondere auch das gemeinschaftliche Handeln ins Zentrum stellt, macht die Beziehung und das Koexistieren von *Kultur* und *Natur* geltend und begreift die Einfassung in ökologische wie soziale Funktions- und Sinnzusammenhänge als Zukunftskonzept für den soziökologischen Ausgleich.

Vor dem Hintergrund der immer dringlicher werdenden Notwendigkeit, den technologischen Fortschritt nicht auf Kosten des sozialen und ökologischen Rückschritts zu proklamieren und dabei eben jenem Irrtum anheimzufallen, von dem uns Herr Keuner berichtet, bedarf es neuer Wege des Miteinanders, des Koexistierens von Um- und Mitwelt. Eine solche Neugestaltung beansprucht auch Timothy Morton, zeitgenössischer Philosoph und ökologischer Querdenker, der seine Forderung des „Ökologisch-Seins" bzw. des ökologischen Seins mit neuen Denkanstößen untermalt. Angesichts der Erderwärmung und des weltweiten Artensterbens plädiert er für ein entschiedenes Umdenken und damit auch für einen radikalen Wandel in unserem bisherigen Handeln und Sein. Dabei geht es ihm nicht um bloße „Faktoide", um die Anhäufung und Produktion von noch mehr Daten und Fakten, die der Welt ja längst bekannt sein dürften, unsere Einstellungen aber trotzdem nicht ändern. Stattdessen plädiert Morton dafür, die soziökologische Krise unseres Zeitalters vor allem emotional spürbar und erlebbar zu machen. Erst wenn wir die Verbindung mit dem nicht-menschlichen Leben anerkennen und uns *selbst* als *ökologisch* wahrnehmen, als *Natur*, werden wir wirklich handlungsfähig. Morton geht es um die Art, wie wir über uns selbst nachdenken, wie wir darüber zu einem neuen Bewusstsein von *Natur* gelangen und insbesondere auch die Ebene der Kunst und der Sprache, also die Ebene der *Kultur* nutzen können, um diese neuen Schritte, die neue Synthese des Soziökologischen zu gehen. Insofern verwendet er auch nicht die üblichen Begrifflichkeiten von „Klimawandel" und „globaler Erwärmung", sondern spricht von einem „Massenaussterben", dessen Prozess wir nur durch eine entschiedene Veränderung unserer bisherigen Lebens- und Weltsicht aufhalten können (vgl. Morton 2019).

Dass die *Sprache* nicht nur ein Kommunikationsmittel ist, sondern auch und insbesondere unser Bewusstsein schafft, indem sie unsere Wahrnehmungen prägt, unsere Einstellungen formt, gesellschaftliche Regeln definiert und damit auch Realitäten erzeugt, machen **Maria-Elisabeth Stalinski** und **Nicki K. Weber** deutlich. In ihrem Beitrag ‚*Die soziale Bedingtheit des Ökologischen. Vom Ausschluss im Kulturprozess*' unternehmen sie den Versuch, die Wechselbeziehung von *Natur* und *Kultur* als zusammengehörig zu begreifen, sie in ihrer wechselseitigen Verschränkung bewusst zu machen. Der Mensch, so schreiben sie gleich zu Beginn, sei nach wie vor, „auf der Suche nach seinem Platz innerhalb der *Natur*", nach seinem „Platz zwischen dem Tier und den Göttern".

Hat nicht Aristoteles schon davon gesprochen? Der Mensch, so heißt es bei ihm, sei das Wesen, das in Gemeinschaft lebt und dessen herausragendes Charakteristikum der *logos* sei, also die Sprache und das Denken, die wiederum Gemeinschaft bedingen. Tiere bilden auch Gemeinschaften, haben aber keinen *logos*, damit auch keine *Kultur* und keine Vorstellung von *Natur*, eben weil sie ihr Zusammenleben nicht bewusst und sinnhaft erfahren, sondern instinktiv. Sie sprechen nicht über die Freiheit, die Gerechtigkeit und die Liebe; sie denken nicht über ihre Sterblichkeit nach und über verrückte Möglichkeiten, diese auszutricksen; sie gehen nicht freitags auf die Straße oder samstags zum Großeinkauf, bauen sich keine technischen Geräte, vor denen sie dann irgendwann Angst bekommen, und machen ihren sozialen Status auch nicht von ihren ‚followern' auf Instagram abhängig. Tiere machen solche Dinge nicht, weil sie keinen *logos* haben. Götter auch nicht, und wenn, dann müsste es ein *Superlogos* sein, umfassender und komplexer als jeder Quantencomputer. Aber Götter brauchen weder Quantencomputer noch Kultur. Das erledigt schon der Mensch für sie, so wie er überhaupt alles auf diesem Planeten erledigen möchte und dafür entsprechend viel *logos* braucht. Er, der *logos*, ist also die große Maschine, die uns Menschen antreibt. Sie gerecht und verantwortungsbewusst zu steuern, ist die große Aufgabe, die uns Menschen künftig mehr antreiben sollte. Stalinski und Weber zeigen dies über den Weg der Diskursanalyse, mit der sie *Sprache* und *logos* vor allem in ihrer kritischen Dimension offenlegen: als Analysemittel sowie als Mechanismus, der unsere Kultur und die Grenzen, die wir innerhalb dieser Kultur ziehen, steuert. Sichtbar werden dadurch Grenzlinien, die wir meist dazu benutzen, um unsere Sicherheit (oder das, was wir damit verbinden) nicht zu gefährden; oft auch, um Macht auszuüben, sozusagen als instinktiver Überlebensmechanismus, der noch nicht ausreichend kultiviert wurde; und am häufigsten einfach nur, um dazuzugehören, zu einer Gruppe, einer sozialen Identität, einer Spezies, die uns schützen soll – gegenüber dem *Fremden*, dem *Anderen*, gegenüber jenen, die wir nicht als Teil unserer Gemeinschaft anerkennen und lieber von hinten sehen oder auf einen anderen Erdteil verweisen, weil wir Angst haben, dass es zu eng wird an Platz und Ressourcen, oder umgekehrt zu viel an Teilhabe, Mitsprache, Mitversorgung, Mitverantwortung.

All diese Mechanismen, die dabei oft noch sehr instinkthaft bleiben und in denen bestimmt allerhand *Natur* mitschwingt, werden über den *logos* kultiviert. *Wie* wir diesen *logos* dabei gebrauchen, wie wir ihn einsetzen und vor allem, für was wir ihn einsetzen – nur für unsere eigenen Interessen, unseren Status, unser Selbstbild oder auch für andere und anderes, das genauso zu uns gehört, uns jedoch nicht unmittelbar befriedigen und bereichern wird –, das wiederum kann nicht *der* logos entscheiden, sondern dazu bedarf es *vieler* logoi und vor allem unterschiedlicher, damit am Ende nicht wieder nur *ein* logos herauskommt. Je mehr *logoi* ich in den Blick nehme, desto umfassender wird mein eigener Blick, desto mehr umschließt er all die Dinge, die außerhalb meiner selbst liegen, mein Selbst aber genauso mitbedingen und mitdefinieren. Denn *logos* macht *Differenzen* nicht nur als Ausschlussverfahren, sondern auch als *Pluralität* geltend. Die *Pluralität* war auch das große Thema von Aristoteles, die für ihn die Bedingung jedes Gemeinwesens blieb. Der Staat, so Aristoteles, ist seiner „Natur nach [...] eine Vielheit" und Vielheit besteht „nicht nur aus vielen Menschen, sondern auch aus solchen, die der Art nach verschieden sind" (Aristoteles 2001, 126a). Denn nur aus der Vielheit kann sich Neues entwickeln, können Menschen ihren *logos* erweitern, Sprache ausbilden, Grenzen bewusstmachen, Grenzen verschieben, Realitäten strukturieren, Realitäten verändern. Als unterschiedslose Einheit, als Masse, die nur dem *Einen* hinterherdenkt, geht so etwas nicht. Nicht einmal dann, wenn uns irgendwann ein großer Quantencomputer durch die Welt navigiert.

Sprache, so machen Stalinski und Weber eindrucksvoll deutlich, zeigt Differenzen auf und bildet Unterschiede ab. Denn wären wir alle gleich, müssten wir auch nicht miteinander sprechen oder uns über Dinge unterhalten, die wir anders sehen und auf verschiedene Weise wahrnehmen. Die Differenz ist an sich kein negatives Phänomen, sondern gehört zum

Faktum unseres Daseins, unseres Existierens in der Welt. Es kommt aber darauf an, wie wir mit Differenzen umgehen. Gebrauchen wir sie, um uns über andere zu stellen und über die Natur zu setzen, auch die vermeintlich *fremde* Natur von *anderen* Menschen, dann kommen wir alsbald an neue Grenzen, die dabei immer tiefer und unüberbrückbarer werden. Wir reißen Gräben, die irgendwann so tief werden, dass wir sie kraft unseres eigenen *logos* kaum noch schließen können. Der Rassismus zeugt davon, der unseren eurozentrischen Blick auf den *Anderen*, das Fremde, das Verdrängte widerspiegelt; politische Radikalisierungen und soziale Exklusion belegen dies jeden Tag; Geschlechterdiskriminierungen, die die gesamte Geschichte durchziehen und dabei Machtinteressen und soziale Hierarchien abbilden, die letztlich wieder nur die Angst vor dem *Anderen* entblößen; ökologische Ausplünderungen, die jahrzehntelang anhielten und bis heute anhalten, weil wir auch die *Natur* als das Fremde, das von uns abgetrennte erfahren. Sprache als *logos* ist ein Werkzeug. Und es ist *das* Werkzeug. Es bestimmt unser Denken, unser Handeln, unser Sein. Sprachanalytiker wie Foucault, Bourdieu und Butler haben unseren Fokus auf die Sprache gelenkt, damit wir aufmerksam werden und begreifen, was es mit diesem immensen Werkzeug auf sich hat. Sie dient in ihrer kritischen Dimension als Negativfolie kultureller Ausschlusspraktiken und gesellschaftlicher Spaltung. Aber Sprache ist auch das große Werkzeug der Verständigung, der Versöhnung und des Ausgleichs. Sprache vollzieht Grenzüberschreitungen, setzt Entwicklungs- und Emanzipationsprozesse frei, führt zu mehr Teilhabe, führt zur Artikulation von Standpunkten, die vorher im Dunklen lagen, im gesellschaftlich Unerkannten und Verdrängten. Insbesondere auch auf globaler Ebene.

Manfred O. Hinz macht in seinem abschließenden Beitrag ‚*Entwicklungsziel „Nachhaltigkeit"! Und Afrika?*' demnach die Potenziale geltend, die das Andere, hier der afrikanische Kontinent, in sich trägt. Diese Potenziale werden von uns noch immer verzerrt und marginalisiert wahrgenommen, sofern wir die eurozentrische Sichtweise über Jahrhunderte kultiviert haben und dadurch auch Grenzlinien mitsamt ihren negativen Begleiterscheinungen wie der sozialen Borniertheit und des Anspruchs auf Exklusivität starr zu verteidigen suchen. Hinz hingegen legt den Blick nicht auf die Grenzlinien, sondern auf das Emanzipationsmaterial, das der *logos* in sich trägt. Er zeigt, dass es insbesondere die Geschlechtergleichheit ist, die dabei das größte Entwicklungspotenzial birgt. Zu sehen ist dies an Initiativen wie dem *Africa Human Development Plan 2016* der

Vereinten Nationen, der den Untertitel *Accelerating Gender Equality and Women's Empowerment in Africa* trägt und für eine Fortschreibung in Sachen Gleichberechtigung, Teilhabe und Mitsprache eintritt. Denn gerade die afrikanischen Frauen sind es, die dem Kontinent eine neue Richtung weisen, die also Veränderungen auf der kulturellen, politischen, sozialen wie ökologischen Ebene sichtbar machen und dadurch innerafrikanische wie auch – in ihrer Rückbezüglichkeit – globale Einstellungen und Verhaltensweisen langfristig verändern werden. Zu sehen ist dies an wirtschaftlichen und politischen Entscheidungsprozessen, an denen Frauen verstärkt partizipieren; an fortschreitender rechtlicher Gleichstellung und Geschlechtergleichheit; an einer wachsenden politischen Aufmerksamkeit hinsichtlich sozialer Absicherung, Gesundheit und Bildung; und insbesondere an der kontinuierlichen Forderung, Frauen im Bereich der Konfliktlösung und Friedenssicherung verstärkt zu beteiligen. Hier werden also, so Hinz, neue Entwicklungen provoziert, welche die gängige Wissenschaft und Politik unerwartet bewegen werden, ähnlich wie das, was wir in Gestalt der Fridays-for-Future-Bewegung auch in Afrika beobachten können.

Jacques Ranciere, zeitgenössischer politischer Philosoph, würde seine Theorie wohl bestätigt finden: Politik ereignet sich für ihn dort, wo sich Grenzen auftun und zu erodieren beginnen; wo die Sprachlosen zu sprechen anfangen und ihren Anteil fordern; wo die Unsichtbaren in Erscheinung treten und sich Gehör verschaffen; wo Menschen, die lange im Dunklen standen, auf einmal die Bühne betreten und sich Zugang zum Öffentlichen bahnen (vgl. Ranciere 2002). Durch die Artikulationsfähigkeit politischer Subjekte verschieben sich Macht- und Handlungsstrukturen, verändern sich also Kulturprozesse, erschließen sich Welten, die vorher noch nicht gesehen werden konnten, eben weil sie nur sprechend zum Ausdruck gebracht und erfahren werden können.

Sprache ist unsere *Natur*. Und sie schafft unsere *Kultur*. Es steht uns frei, sie so oder so zu benutzen, sie als Mittel zu sehen, unseren Logos klein und begrenzt zu halten; oder ihn umgekehrt zu erweitern und zu erhöhen, *Welt* als Vielzahl von Perspektiven zu erfahren, *Natur* als Vielheit zu erkennen, zu der auch wir gehören; *Kultur* als Prozess zu entdecken, der lieber nicht fertig werden sollte – denn das würde nicht nur dem Herrn Keuner als ein großer Irrtum erscheinen.

Hier liegen also die sozioökologischen Bedingungen unserer Zeit, die, einmal erkannt, auch entsprechend gestaltet werden können. *Natur* und

Kultur sind keine Gegensätze. Sie bedingen sich wechselseitig. Wo die Natur geplündert wird, dort leidet auch die Kultur, dort entstehen soziale Schieflagen und gesellschaftliche Ungleichgewichte, die, wenn sie nicht ausbalanciert werden, immer tiefere Grenzen ziehen. Und wo die Kultur nicht dazu genutzt wird, eben diese Grenzlinien immer wieder aufs Neue auszugleichen, dort erfahren wir, dass Menschen in eben jenen tiefen Schlaf zurücksinken, aus dem sie irgendwann nur noch die Weckrufe der Natur hervorholen können – dann aber in einem Ausmaß, das jeden einzelnen *logos* übersteigen wird.

Wim Wenders hat seinen Dokumentarfilm über, oder besser gesagt mit Papst Franziskus mit dem Untertitel *Ein Mann seines Wortes* versehen. Für manche, die noch an die Macht der Gewalt glauben, mögen Worte wenig ausrichten können. Die Geschichte hat uns jedoch anderes gezeigt. Gewalt kann zwar auf unverzüglichen Gehorsam setzen und ganze Kulturen und Völker dem Erdboden gleichmachen, Tiere, Bäume, Meere und Klima vernichten. Aber was Gewalt niemals kann, ist, auf Zustimmung stoßen und auf Legitimität bauen. Das kann nur die Macht der Sprache, die eben darum die stärkste Kraft ist, die der Mensch besitzt. Eine solche Macht, die sprechend und handelnd zum Ausdruck kommt und nur gemeinsam mit anderen erfahren werden kann, lässt neue Prozesse initiieren und eröffnet der Welt nachhaltige Perspektiven. Der Papst weiß um diese Macht. Wir sollten klug genug sein und es ihm gleichtun.

Der Band hat den Versuch unternommen, in der Heterogenität seiner Beiträge, Beitragenden und sprachlichen Ausdrucksweisen eben jene Perspektivenvielfalt aufzuzeigen, die unserer Zeit und ihren Bedingungen innewohnen. Und er hat gleichzeitig den Versuch unternommen, die Vielfalt dieser Perspektiven rückzubinden an ein gemeinsames Thema, das uns letztlich alle verbindet und antreibt: die Welt als einen lebensfähigen und bewohnbaren Ort zu erhalten. Gestaltet werden kann dieses Unternehmen nur als *Miteinander*. Bewusstmachen muss es sich jeder und jede Einzelne: *Natur* und *Kultur* sind keine Gegensätze, *Ökologie* und *Soziales* hängen voneinander ab, sie bedingen und verpflichten sich. Dies in den Blick zu nehmen und entsprechend zu erhandeln, ist die Aufgabe, die die *Zeitenwende* an uns alle stellt.

Abschließen möchte ich mein Nachwort und damit auch diesen Band mit den Worten einer Frau, die angesichts von Krieg, Terror und Vertreibung, inmitten einer *Zeitenwende*, die wohl jenseits dessen liegt, was unser *logos* je begreifen wird, nicht aufgegeben hat, an die Kraft der Veränderung und an die Macht der Worte zu glauben: Rose Ausländer.

Rose Ausländer

Sprich

Sprich
Lieber Freund
Ich weiß
Du kannst zaubern

Mach aus der Welt
Ein Wort

Dein Wort
Ist eine Welt

Bibliographie

Arendt, Hannah (2007): Was ist Politik? Fragmente aus dem Nachlass. 6. Aufl., München/Berlin: Piper Verlag.

Arendt, Hannah (2010): Vita activa oder Vom tätigen Leben. 9. Aufl., München: Piper Verlag.

Arendt, Hannah (2015): Zwischen Vergangenheit und Zukunft. Übungen im politischen Denken I. 3. Aufl., München: Piper Verlag.

Aristoteles (2001): Politik, hg. v. Otfried Höffe. Berlin: de Gruyter.

Ausländer, Rose (2015): Gedichte. Frankfurt a.M.: S. Fischer Verlag.

Brecht, Bertolt (1984): Geschichten vom Herrn Keuner. Frankfurt a.M.: Suhrkamp Verlag.

Laertius, Diogenes (2015): Leben und Meinungen berühmter Philosophen, hg. v. Klaus Reich und Hans Günter Zekl, Philosophische Bibliothek. Hamburg: Felix Meiner Verlag.

Lévinas, Emmanuel (1993): Totalität und Unendlichkeit. Versuch über die Exteriorität. 3. Aufl., Freiburg/München: Karl Alber Verlag.

Morton, Timothy (2019): Ökologisch sein. Berlin: Matthes & Seitz.

Papst Franziskus (2015): Laudato si'. Über die Sorge für das gemeinsame Haus. 3. Aufl., Stuttgart: Verlag Katholisches Bibelwerk.

Ranciere, Jacques (2002): Das Unvernehmen. Politik und Philosophie. Frankfurt a.M.: Suhrkamp Verlag.
Tomasi di Lampedusa, Giuseppe (2019): Der Leopard. München: Piper Verlag.

Interview mit Wim Wenders (2018)

Filmgespräch zu „Papst Franziskus. Ein Mann seines Wortes", mit Wim Wenders und dem Würzburger Bischof Franz Jung im Kino Central Würzburg, abrufbar unter: https://www.youtube.com/watch?v=VdrItQOU1f8

Filmmaterial mit O-Tönen von Papst Franziskus

Wim Wenders: Papst Franziskus. Ein Mann seines Wortes, 2018.

Über die Autorinnen und Autoren

Joana Bayraktar, studiert Politikwissenschaft an der Hochschule für Politik in München. Seit 2017 ist sie bei Bündnis 90/Die Grünen auf verschiedenen Ebenen aktiv. Dabei beschäftigt sie sich insbesondere mit Rechtsextremismus, Feminismus, Digitalisierung und Beteiligungsprozessen. Zudem ist sie seit der bayerischen Kommunalwahl 2020 als Stadträtin und Kreisrätin tätig.

Severin Böhmer, B. Sc., hat an der Hochschule für Politik der TU München studiert und ist derzeit im Masterstudium (Soziologie und Politikwissenschaften) an der LMU München. Seine Forschungsschwerpunkte gelten der Demokratietheorie, neuen politischen Bewegungen, der digitalen Öffentlichkeit sowie der Umweltpolitik im nationalen und internationalen Vergleich. Er ist Mitglied im Bundnaturschutz und Mitarbeiter im BMI-geförderten Projekt „AWO l(i)ebt Demokratie" des AWO Landesverbandes Bayern.

Monika Csigó, Dr. rer. pol., M.A., studierte Politikwissenschaft und Volkswirtschaftslehre an der LMU München und an der University of California in Davis. Sie arbeitete unter anderem am Geschwister-Scholl-Institut der Ludwig-Maximilians-Universität München und an der Hochschule für Politik München. Sie ist Autorin des Buches „Institutioneller Wandel durch Lernprozesse" und lebt in Wien.

Manfred O. Hinz, Prof. (em.) für Öffentliches Recht, Politische Soziologie und Rechtssoziologie an der Universität Bremen sowie Honorarprofessor für *Law and African Studies* an der Jacobs University Bremen. Nach Arbeit im Umweltrecht verfolgte er seit den 80er Jahren verstärkt entwicklungspolitische und völkerrechtliche Interessen. Die Unabhängigkeit Namibias (1990) führte ihn ins südliche Afrika. Er lehrte und forschte an der von ihm mitbegründeten Rechtsfakultät Namibias bis 2010. Seit 2010 ist er zurück in Deutschland und unterrichtet Völkerrecht, Rechtsvergleichung, Rechtsethnologie und Rechtsphilosophie an der Jacobs

University. Der Rechtsentwicklung im südlichen Afrika ist er u.a. als Mitherausgeber des *Namibia Law Journal* weiterhin verbunden.

Franz-Theo Gottwald, Dr. phil., Dipl. Theologe, Organisations- und Politikberater, Stiftungsexperte, Publizist und Autor von Fachpublikationen in den Bereichen Ethik, Nachhaltige Entwicklung, ökologische Agrar- und Ernährungskultur sowie Bewusstseins- und Zukunftsforschung. 1988-2020: Vorstand der Schweisfurth Stiftung für nachhaltige Agrar- und Ernährungswirtschaft. Seit 2010: Vorsitzender des Vereins *Kulinarisches Erbe Bayern*. Er forscht und lehrt als Honorarprofessor für Agrar-, Ernährungs- und Umweltethik an der HU Berlin und ist Mitglied zahlreicher Fachorganisationen in Wissenschaft und ökologischer Praxis.

Manuel Knoll, Professor für Politische Theorie und Philosophie an der Türkisch-Deutschen Universität Istanbul, Mitglied von Instituto „Lucio Anneo Séneca" (Universidad Carlos III de Madrid). Forschungsschwerpunkte: Politische Philosophie und Ethik, insbesondere antike und zeitgenössische Gerechtigkeitstheorien, Sozialphilosophie und Kritische Theorie, klassische griechische Philosophie. Veröffentlichungen: 10 Bücher und Sammelbände, 70 Artikel und Buchbeiträge. Weiterführende Hinweise: www.manuelknoll.eu

Franz Kohout ist Professor für Innenpolitik und Vergleichende Regierungslehre an der Universität der Bundeswehr München. Seine Forschungsschwerpunkte sind: politische Systeme im Vergleich, das politische System der Bundesrepublik Deutschland, die Internationale Politik sowie die Politikfelder Umweltpolitik, Verfassungspolitik und Verfassungsrecht. 2015 erschien sein Buch über den grünen Ausnahmepolitiker ‚Sepp Daxenberger. Eine grüne Biographie' im Volk Verlag.

Peter Cornelius Mayer-Tasch, Dr. iur., Habil. für Öffentliches Recht, Rechtsphilosophie und Politikwissenschaft an der Universität Mainz. Seit 1971 Prof. für Politikwissenschaft und Rechtstheorie an der LMU München. 1974 Gründung der Forschungsstelle für Politische Ökologie. 1998-2010 Prorektor und dann Rektor der Münchner Hochschule für Politik. Autor zahlreicher Bücher, u.a. Mitte und Maß (2006), Hinter Mauern ein Paradies (2016), Die Himmelsleiter (2015), Die Buchstaben der Philosophie (2017), Kleine Philosophie der Macht (2018), Vom großen und vom kleinen Glück (2019), König Enzio von Sardinien (2019). Im Druck: Kleine Philosophie der Zuversicht (2020/21).

Kurt-Peter Merk, Studium der Rechtswissenschaft und der Politikwissenschaft; Rechtsanwalt 1979; Promotion 1983; Wissenschaftlicher Assistent am Geschwister-Scholl-Institut der LMU München; Dozent an der HfP; Habilitation 2000; Privatdozent für Politikwissenschaft an der LMU; ab 2009 Professor für Recht in der Sozialen Arbeit im Fachbereich Sozialwissenschaften der Hochschule Koblenz. Hauptarbeitsgebiete: Generationengerechtigkeit, Kinderrechte, Europäisches und deutsches Sozialrecht und Sozialpolitik.

Linus Pohl, studiert Politikwissenschaft an der Hochschule für Politik an der Technischen Universität München und Philosophie an der Hochschule für Philosophie. Er engagiert sich bei Fridays for Future und der Grünen Jugend. Außerdem interessiert er sich für Entwicklungspolitik, Sustainable Finance und die Auswirkungen der Digitalisierung auf Politik und Gesellschaft.

Linda Sauer, Dr. phil., Politikwissenschaftlerin, forscht und lehrt an der Professur für Political Data Science der TU München. Ihre Forschungsschwerpunkte liegen an der Schnittstelle von Digitalisierung, Politischer Theorie und Sozialphilosophie sowie in den Bereichen politische Radikalisierung und digitale Öffentlichkeit. Sie ist Mitarbeiterin am IHRA-Forschungsprojekt gegen Antisemitismus an Schulen und Hochschulen. Jüngst erschienen: Verlust politischer Urteilskraft. Hannah Arendts politische Philosophie als Antwort auf den Totalitarismus (2020).

Harald Seubert, ordentlicher Professor für Philosophie und Religionswissenschaft an der STH Basel und Vorstandsvorsitzender der Martin-Heidegger-Gesellschaft. Er forscht und publiziert über antike Philosophie, Philosophie des deutschen Idealismus, Philosophie der Moderne; Fragen der Politischen Philosophie, Rechtsphilosophie, Ethik, Ästhetik und Ontologie. Jüngste Buchpublikationen: Heidegger: Ende der Philosophie oder Anfang des Denkens (2019); Digitalisierung. Die Revolution von Seele und Polis (2019); Vernunft, die in die Tiefen steigt: Zur Philosophie des 20. Jahrhunderts (2020). Weiterführende Hinweise: www.harald-seubert.de

Winfried Schulz, studierte in München und Berlin Sozialwissenschaften, promovierte und habilitierte sich an der Universität Mainz, war ab 1977 Professor für Publizistik- und Kommunikationswissenschaft an der Universität Münster, 1983-2004 Inhaber des Lehrstuhls für Kommunikations- und Politikwissenschaft der Universität Erlangen-Nürnberg, danach Lehrbeauftragter für digitale Medien. Schulz ist Ehrendoktor der Karls-Universität Prag und Fellow der International Communication Association. Er forscht und publiziert u.a. zu politischer Kommunikation und Medienwirkungen.

Maria-Elisabeth Stalinski hat in München an der Hochschule für Politik studiert und ist im Bereich der politischen und stadtteilbezogenen Bildungsarbeit tätig. Schwerpunkte sind dabei medienpädagogische Programme zum Thema „Politik im digitalen Raum" sowie praxisorientierte Bildungsformate zu nachhaltigem Konsum. In ihrer Diplomarbeit über die „Politik des Performativen bei Judith Butler" beschäftigte sie sich mit dem Prozess der Subjektwerdung anhand von postmodernen und poststrukturalistischen Theorien. Diese sowie gender- und queertheoretische Perspektiven prägen seitdem ihr philosophisches Interesse.

Nicki K. Weber kommuniziert im Digitalen und Politischen und engagiert sich in der Politischen Bildung. Er hat in München Politische Wissenschaften und Philosophie studiert. Seine Interessensbereiche bewegen sich zwischen Politischer Theorie, Dekolonisationstheorien und Sozialphilosophie. Aktuell erforscht er politisch-philosophische Konzeptionen afrodeutschen Denkens zwischen europäischem Existenzialismus und *black existentialism* hinsichtlich liberalismuskritischer Perspektiven.

Ulrich Weiß, Prof. Dr., Jahrgang 1947; habilitierte sich in Philosophie an der Universität Augsburg; lehrte und forschte als Universitätsprofessor für Politische Theorie an der Universität Passau (1993-1998) und an der Universität der Bundeswehr München (1998-2012). 1994/1995 war er Stiftungsgastprofessor für Philosophie am Humboldt-Studienzentrum für Geisteswissenschaften der Universität Ulm. Er lehrte an der Hochschule für Politik München (1979-2019) und war dort lange Jahre Lehrbereichsvertreter für Theorie der Politik. Seit 2012 nimmt er einen Lehrauftrag an der Carl von Linde Akademie der TU München wahr.